本书系

·马来亚大学短期研究项目“马来西亚华人名人辞典”（项目编号：RG468-14HNE）部分成果

·马来亚大学中文系马华文学研究中心“中文系典藏”（项目编号：PV071-2021）部分成果

马来西亚

华文作家小传

（1919—2018）

[马来西亚] 马　仑
[马来西亚] 潘碧华 ／编著

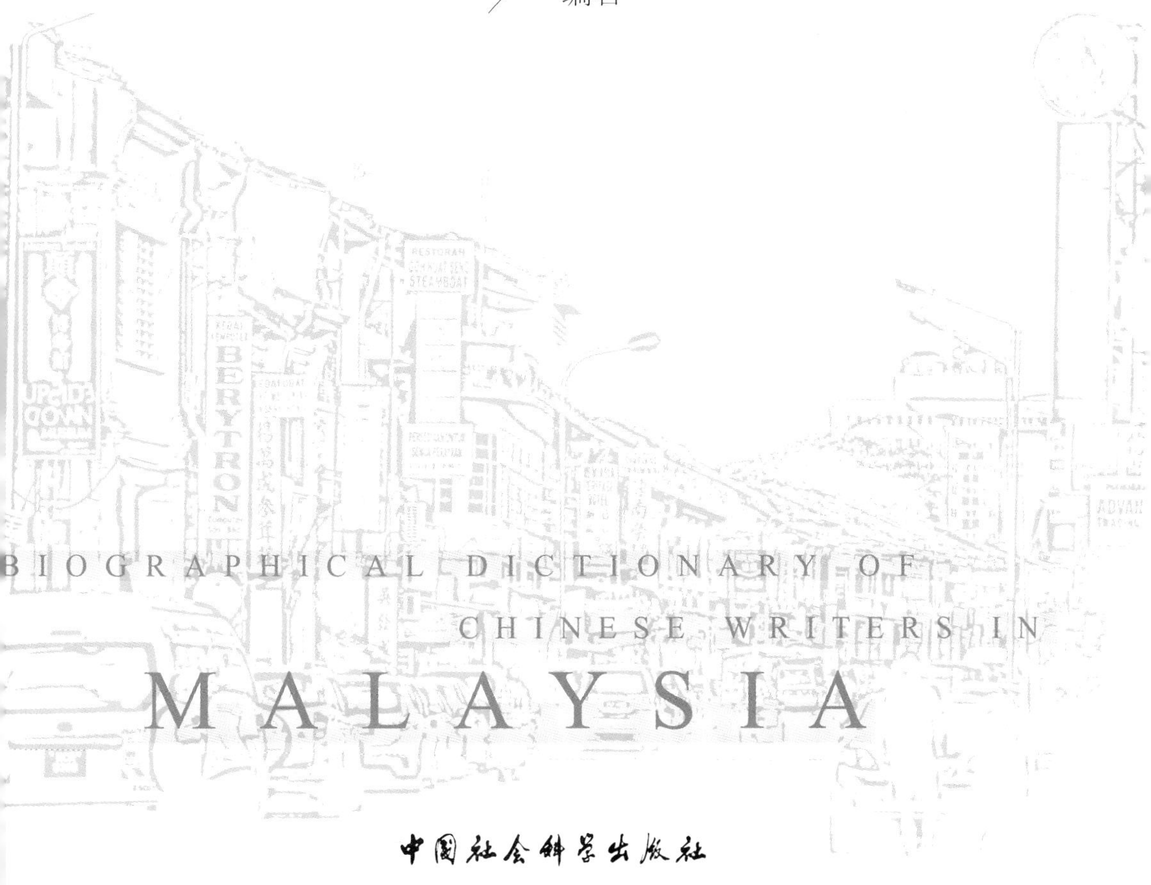

BIOGRAPHICAL DICTIONARY OF
CHINESE WRITERS IN
MALAYSIA

中国社会科学出版社

图书在版编目（CIP）数据

马来西亚华文作家小传：1919—2018 /（马来）马仑，（马来）潘碧华编著.
—北京：中国社会科学出版社，2022.3
ISBN 978-7-5203-9753-7

Ⅰ.①马… Ⅱ.①马… ②潘… Ⅲ.①华文文学—作家—列传—
马来西亚—1919—2018 Ⅳ.①K833.385.6

中国版本图书馆 CIP 数据核字（2022）第 027920 号

出 版 人 赵剑英
责任编辑 宋燕鹏
责任校对 李 硕
责任印制 李寡寡

出　　版 中国社会科学出版社
社　　址 北京鼓楼西大街甲 158 号
邮　　编 100720
网　　址 http://www.csspw.cn
发 行 部 010-84083685
门 市 部 010-84029450
经　　销 新华书店及其他书店

印刷装订 北京君升印刷有限公司
版　　次 2022 年 3 月第 1 版
印　　次 2022 年 3 月第 1 次印刷

开　　本 710×1000 1/16
印　　张 25.5
插　　页 2
字　　数 355 千字
定　　价 139.00 元

序一　生死殊飘忽

——向已故马华文人敬礼

2017—2018年，我的生活格外繁忙，大部分的时间栽进旧书报堆里头，翻箱倒箧地不断翻找资料，连每天惯有的作息时间也给弄乱了。

这个过程让我觉得很辛苦，却非常有意义，因此再辛苦也要苦撑下去。老天让我在古稀之年有机缘再度编写马华文人作家的传略，我感到任务重大，也很荣幸，因此无论如何都要致力完成与潘碧华博士合作编撰的专集——《马来西亚华文作家小传（1911—2018）》。

当我决意接受这项任务后，约有两周的时间，“辗转相忆心”后便陷入了迷茫恍惚、彷徨乏助的状态中，我常吟咏着唐朝白居易《长相思》的名句：“思悠悠，恨悠悠，恨到归时方始休。”我多希望能够为马华文坛多做点事，多留下文献记录。

但转瞬间，我即惊觉自己当下所叙述的文人墨客皆已亡故——只有“逝日”哪有“归时”？

故友已乘黄鹤去，我连吟哦沈佺期的“情为契阔生，心由别离死”名诗也不行呐！我是否有重提他们光环的能耐？

于是，“寂寞书斋里，终朝独尔思”（唐朝杜甫诗句）、“黄鹤西北去，衔我千里心”（南朝汤惠休诗句），我在日记簿里抄录清朝方以智的佳句：“死生容易事，所痛为知音”——而今，我的知音安在？

马来西亚华人文人不太受到重视，多少年来，多少文坛史事已随逝水东流，数以百计先贤生命已殒落，是不可能再有访问探究根由的。

幸而打从40年前（即1977年）起，我尝试编撰一些马新作家及文化人的生平事略，曾先后投函结交不少的本土文人，获得许多回音、赐教、创作小史及影照等，让我有机缘在1979—2016年间，相继出版了编纂文人小传专集，计有：《马华写作人剪影》（1979）、《新马华文作家群像》（1984）、《新马文坛人物扫描》（1991）、《新马华人作者风采》（2000）、《新马文人集影》（2010）、《柔华作家百人文集》（2008）等，那都是全凭三四十年来马新文友们惠助资料的成果。

我自信是全马结交最多文友的写作者之一，令我抱歉的是，由于个人太忙碌，与这批文人作家长期保持联络的并不多，经常互访者更少，因此这么多年来，只能“相忆无期见，中宵独上楼”（唐朝崔道融诗句）、“久别名山凭梦到，每思旧友取书看”（宋朝陆游名句），而逝水悠悠，生命有限，“一朝摧玉树，生死殊飘忽”（唐朝李白诗句），多少文友已相继辞世了。然而，斯人已远，但文气犹在，遗著弥足珍贵，我们不该就此遗忘他们。

于是，根据个人原有的文人传略集，然后竭尽所能参阅积存的旧报书刊，和相关的文史工具书，加上数十则刊登报端的讣告、敬告知文、噩耗讯息、泣谢及挽词等剪报，摭拾整合成篇。有些着实缺乏新资料、逝期及图照等，明知他们已永别文坛，也无法一并列入本书，乃这部史料集一大憾事。

宋朝范成大的名诗《喜收旧知书》正转达了我的心声：“故人寥落似晨星，珍重书来问死生。笔意不如当日健，鬓边应也雪千茎”，令我吟味再三。

为了编好这部马新文坛上较少出现的“本土文人敬悼集”，更须“感恩前尘当下”！面对诸多困阻后，不能不承认我的能力有限，我近乎是在抑郁症的状态中，加上我左边的眼疾（青光眼）引起干扰，可说心力交瘁。所幸得到马大中文系潘碧华博士，也是现任马来西亚华文作家协会会长（2019）的协助，获得马大马来西亚华人研究中心提供研究经费、马大中文系师生为文稿打字、校对及修饰，以及中国社会科学出版社的答应出版的支持力量，方使我有无限动力完成这项任务。

为此，我祈祷在天有灵的物化故友保佑，让这本饱含集体记忆的书问世之后，能够得到更多的关注，向这些故世的马华文人缅怀、效仿与敬礼！

马仑

2019 年 3 月 31 日士姑来公主园小丘楼

序　二

本书编辑、出版工作极为波折，幸得马仑先生不辞劳苦，经过无数日夜，终于完成。

马仑是马来西亚重要的文史工作者，一生致力于文坛史料的收集，以个人力量完成几部重要的著作，特别是马华文人资料汇编之《马华写作人剪影》（1979）、《新马华文作家群像》（1984）、《新马文坛人物扫描》（1991）、《新马华人作者风采》（2000）、《新马文人集影》（2010）、《柔华作家百人文集》（2008）等，收录了许多在时间长河中逐渐让人遗忘的名字和照片，为研究马华文学者留下珍贵的资料。

由于马仑个性谦和，不擅交际，其书出版鲜少得到外界资助，大部分必须自己出力出资，所以在编辑和出版方面都显得简陋，销售管道也欠缺，也从没从出版中获利，然而心热不减，从没有停止过为文人发声的工作。

马来亚大学马来西亚华人研究中心自 2016 年开始“马来西亚华人词典”的收集项目，我负责华文作家部分，想起马仑先生收集马新文人材料多年，又出版过许多文人的资料，基本材料已经具备，因此邀请马仑加入我们的团队。为了减少争议，我们这项人物词典的选择以“已故”为主要标准。马仑没有太多的犹豫就答应了我们的邀请，而且马上开始收集工作。

日以继夜了 2 个月，马仑交上了第一批资料。一张张的资料由书页、报章新闻剪贴而成，加上手写的添加文字，根据汉语拼音顺序的作家资料，亲自到吉隆坡交到我手上。他一再交代这是他几十年来的心血结晶，万万不能遗失，即使最后无法出版，也要交还予他。

面对如此复印、手写、箭头拉过来拉过去的资料，我们开始了漫长的打字、组合工作。中间马仑唯恐有遗漏，继续收集新的资料，陆续寄来新的文稿。2018 年是马华文坛哀伤的一年，多位作家逝世，马仑又补加了多笔资料。

由于这些文人的资料来自不同年代，撰写的方式也有所不同，有些简略，有些详尽，我们进行一次整体的整理，统一了格式和用词。也和马仑进行多次的商讨修改。终于在 2019 年 10 月 31 日定稿，并得到中国社会科学出版社的同意出版，历经 3 年的筹备终于完成。

此外，作为马来亚大学马来西亚华人研究中心的项目之一，编委会也将从此书选出多位人物小传，翻译成英文，收录在“马来西亚华人词典”中，由马来亚大学出版社出版。

我们期待这部《马来西亚华文作家小传（1919—2018）》的出版，能够为马来西亚华人研究者提供一些帮助。更重要的是，能如马仑先生所愿，通过这本书，向这些曾经在马来西亚国土上努力过的马华文人缅怀、效仿与敬礼。

潘碧华

2019 年 11 月 1 日

编撰缘起

编撰本书的旨意，乃欲提供较新而翔实的马华文艺界资讯，藉以弥补多年前数种版本介绍本土文人、作家或文化人的专集之不足，甚且修正一些不确或失误之处。

跟新加坡的华文文艺界一样，马华文坛亦有不少的作家及写作者，虽然他们已辞世，然而生前为文艺志业而奋笔，终其一生，誉乎众望，文绩同钦；有者在多年后，至今仍然令人景仰高风、缅怀不已。本书所简介的已故303位马华文人，都在马来西亚的华文文艺界活动过、耕耘过，特予简介其生平事迹，加以赞许与表扬，深切悼念和追思。

本书所简介的“传主”，期限是自1919—2018年（约为100年间），他们有的是属于“二战”后，1946—2018年的笔耕者，其中不乏早在“二战”前已在本土文艺界活跃的前辈，曾为繁荣马华文艺而备尝艰辛，更令后人追思致敬。

当然，本书也没遗忘多位1946年后出生的早慧作者，他们具有才华洋溢的创作天份，然而却天不假年，生命有如彩虹般消逝。这令人有千古文章未尽才之叹，在无限唏嘘之余，亦收录他们早逝事迹予以追思悼念。

本书也收录那些在马来西亚出生、成长或生活过，后来移居外地成为名家者，例如：杜运燮（吴进）、韩萌、米军、易水、刘柳、夏浓、晓帆等。

在此特定的100年间，由于掌握不到许多作家的生卒日期等资料，因此只好挂漏了，希望日后能够以“补述”的方式，再给他们定位。

本书对传主的简介，尽可能搜集到较正确的事迹，力求叙述其原名、生卒日期（或年份）、祖籍、出生地、学历、居留地点、工作单位、笔名、曾参与的文艺社团活动、从事哪一类文体创作或擅长的体裁、发表作品的报刊名称、选集及著作的出版年代等，务求简明扼要，藉以提供基本史略予跟进之专研者参考。

本书所记述的时间或年份，概以公元为准，生卒年月日亦然。

一般的作者，常使用数个署名或化名；本书条目，乃依笔名或原名最为读者所熟识者而定。

马来西亚华人尚有依照方言发音的罗马拼音名字（身份证上的名字），由于无法一一寻找加上，故本书所简介的人物编排，是按汉语拼音字母顺序为准；同一姓氏或名字之内，先列单名，后列双名，其编列次第，仍以汉语拼音顺序排列。

本书的条目编写，主要是依据马仑个人收集，其亲属友侪、马来西亚华文作家协会、文艺研究会和其他组织所提供的材料，或已故作家本身发表的小传文章、报端所刊登的讣告、挽词或泣谢文等资讯，同时，参考各家文学史与有关研究资料，力求史实准确可靠，以作更翔实的记载。

在费时搜集多年备存的较新资料两个月后，本书从 2017 年 2 月 20 日开始正式书写，直到 2018 年 4 月完稿，唯其间尚有文字增删、调整及修订等工作，迨至 2019 年 10 月 1 日方告结束。

本书尚有不足之处，希望以后可以修正及完善。

目　录

001　艾雁（1940—2008）

原名潘经智，马华散文作家，生于1940年10月10日，祖籍中国福建省永春县蓬壶镇溪前乡。初中毕业于巴生中华中学，1959年新加坡中正中学高中毕业。居住于雪兰莪州丹绒加弄市镇，是一位佛教徒。

曾任临时教师，兼任华文报通讯员多年。自1962年担任银行分行出纳主任，迄1995年底退休，共33年。中学时代开始对写作有兴趣，文章散见各报副刊。自称由于各种因素，对写作总不能锲而不舍，时写时辍，于1980年后封笔。1972年出版散文集《青春的痕迹》。碧澄主编的《马华文学大系·散文（一）·1965—1980》（2001），收录艾雁写于1977年和1978年的3篇佳作：《贺年片·回忆·祝福》《缅怀》和《又是清明》。

艾雁约于2008年上半年往生，享年68岁。

002　白鹤（1913—1969）

马华诗人暨教育家。白鹤是吴鹤琴的笔名。他原籍中国福建诏安，1913 年 12 月 12 日生。5 岁丧父，由大哥吴太山栽培长成。赋性聪颖，善读书，在乃兄自办的松斋义学读完高小，即升当地县立的诏安中学，每试辄名列榜首。初中毕业后，又进厦门集美中学，完成高中课程。嗣后再负笈申江，进上海复旦大学攻读文科至毕业；举行毕业式时，适逢日人发动侵华战争，复旦移校于重庆，白鹤随校方西北上，住陪都三载，替国家做后方宣传工作，甚得好评。滇缅公路筑成后，他历 12 天长途跋涉之苦，取道仰光，转入马来亚，与乃兄相聚。

南来森美兰宁宜，行装甫卸，即受聘于吉隆坡中华中学执教；2 年后，又应聘于新加坡中正中学，甫一载而日军南侵。于仓猝之间，携未婚妻冯金玉回宁宜太山庄避难，并与冯金玉举行结婚仪式。马来亚光复后，先应聘于槟城钟灵中学，继则历任实兆远南华中学、太平华联中学等教职，然后重返槟城钟灵中学任教多年。其于吉隆坡执教时，曾兼任《联邦日报》副刊编辑一年半。1947 年，他在槟城主编综合刊物《教育新闻》；1949—1950 年，担任《星槟日报》的副刊编辑。后来，他在《北斗报》当编辑，写了不少的社论及其他文体的作品。又担任过政府设在槟城的师资训练班讲师。自钟灵中学退休后，旋被聘为槟城佛教义学校长，直至逝世。由于他是虔诚的佛教徒，所以生前热心协助推动佛教事业。

白鹤多才多艺，对于琴棋书画均有涉猎，虽不是名家，却样样能之。常用的笔名尚有：吴逸牛、吴牛、一尘、白翁、牛溲斋主等。出版过 3 本书：杂文小品集《牛溲斋随笔》（分上、下二集）、诗集《苦难篇》和文史小品集《文史札记》。他的诗集《苦难篇》，好语如珠，具有象征主义的倾向，为读者所称颂。

白鹤不幸于 1969 年因故疾肠癌复发，虽经槟城与吉隆坡两地中央医院尽力抢救，终难挽回天命，与世长辞，得年 58 岁。

003　毕洛（1942—2012）

原名张齐清，祖籍中国广东乐会（今属海南），有“魔鬼诗人”之称，马华诗人暨报人。1942 年 2 月 14 日，出生于森美兰芙蓉。曾从商，兼任大马电视台采访员，后来出任《建国日报》总编辑，并任马来西亚编辑人（华文）协会总务。他在台北出版第一本诗集，并于 1976 年 7 月易名为《玻璃鱼》，在吉隆坡再版。另著有散文集《西出澳洲有故人》。

毕洛移居澳洲之后，定居在墨尔本。曾任澳洲华文作家协会墨尔本分会会长。他为本地保健月刊《大家健康》定期撰写有关最新医药与保健课题的“健康专栏”多年，话题十分生活化且深入浅出，知识性与可读性皆很高，在字里行间，他还不时勉励读者要及早保健，以便步入高龄时，能够“寿而康”，过上快乐的晚年生活。

从澳洲返回吉隆坡，与结交 50 余年的好友游枝相聚时，他自嘲“身中数刀”来形容他几次开刀做手术的经历。作家游枝在悼念文章《给齐清送行》里头写道：

“张齐清，如果他活在古代，是肯定的侠客。他在人生江湖数十年，接近他的，都受过他侠义的照顾。我不觉得他的远去是我失去一位贵重的好友。他与我共生五十余年，风雨同宿，祸福共当，他往那里去了，都永远活在我的世界里。”（载 2012 年 3 月 30 日《南洋商报 · 商余》）

毕洛于 2012 年 3 月 22 日在澳洲墨尔本辞世，享寿 70 岁。

004　斌子（1932—1979）

1950 年代中期马华作家；原名陈光平。1932 年 6 月 21 日生，祖籍海南省文昌县，原居彭亨州，在关丹受英文教育。

1957 年曾到柔佛州北干那那某小学当英文教师，不久移居新加坡，出任澳洲广播电台东南亚华文部主任。1964 年 11 月，创办《恒光》月刊，共出版 5 期，于 1966 年终刊。1956 年前后，发表了不少的小说与散文。1958 年，出版了第一本书《阳光下的人群》（短篇集）；翌年 1 月，又印行了散文集《生命的浮雕》。代表作《森林里的枯骨》已被译为几种语文。

1964 年 11 月 1 日，由斌子主持的新加坡恒光出版社出版了《恒光》月刊创刊号。这是一本印刷装帧精美不俗的文艺杂志，选登不少文艺创作、学术论文和一些漫画及奇文怪论。

约于 1968 年后，他返回彭亨州居住；之后，似未有新作发表。马仑于 1980 年 12 月主编的《马华当代文学选 · 第二辑（小说）》（大马华人文化协会 1984 年版），录用了斌子的作品《黑流》（第 114—119 页）。由于患肾脏病，他不幸在 1979 年 11 月病逝于新山中央医院，享年 47 岁。

005　冰梅（1931—已故）

1950 年代初杰出的杂文家，原名杨志针。1931 年 10 月 29 日出生，父母是菲律宾华侨，母亲返回中国生下他。1947 年南来马来亚。1951 年，在吉隆坡西岭华侨小学执教。

1955 年移居新加坡，在《星洲日报》报社任职。1956 年 7 月间，积极地联络各地文友拟组织“文艺写作者协会”却不成功。他主要的笔名有：冰梅、司徒娟娟、PM、铁口、唐吉、李槟森、洋奴才等等。著有杂文集《99 哲学》（1954）、《穷荒野草》（1954）等。

1957 年出境 2 个月后抵达中国，改名为“杨益春”。1960 年毕业于厦门大学外文系，留校任助教。已婚，育有两个孩子；由于家变改变了他的整个人生观，携二子到香港（时为 1975 年），曾在一家酒店任职，后从商。

现已离世多年。

006　伯圆（1914—2009）

伯圆长老是雪兰莪州湖滨精舍开山住持，平生禅净双修，弘法利众 77 年，门下求法弟子不下 10 万人，法雨遍及国内外，善缘广泽佛、政、经、文、教界，德高望重，备受尊崇。

伯圆长老生于 1914 年，俗名李德福，原籍福建福安，童年入读私塾，早结翰墨因缘，遍览名迹法帖。他于 19 岁依止释门，在狮峰广化寺礼静绳禅师出家，22 岁时在福州鼓山十方丛林涌泉寺受具足戒于一代高僧虚云禅师座下，随即入禅堂，后入石鼓佛学院，担任鼓山丛林知客师。

他好学不倦，逢缘求教，年轻时向静绳禅师的好友，即中国近代思想家梁启超的学生贾梦鱼学习国学，是梁先生的再传弟子。

1947 年，伯圆受鼓山派遣到南洋的丛林分院、东南亚第一名刹槟城极乐寺出任监院，任重道远。1961 年，伯圆受邀到吉隆坡弘法，摄受者众，便应十方善士之请，驻锡首都，建湖滨精舍，弘法利生。

弘扬禅教之余，伯圆更精进书画，丹青墨宝遍及世界各地。数十年来广结善缘，与文化、艺术、教育界时有过从，同时也受邀出任多个公益团体顾问，并曾为众多慈善团体以及文教团体举行很多次义展，泽被众生。

伯圆博学审思，明辨笃实，诗书画艺已臻化境，平素清淡自娱，以规律生活为养生之道，自号湖滨闲人，每以书画调和禅心，著有《睡狮身上的疤痕》《松涛声里话前尘》《五台山上一行者》《心清安详——伯圆上人的禅艺世界》《翰墨因缘——伯圆上人与刘庆伦师徒作品集》等。

伯圆之书法作品分别于1991年和1992年被选刻立碑于中国“神墨碑林”，2000年更受马来西亚国家美术馆邀请举行个展，成为在该馆举行大型书画个展的第一人。

伯圆集才华、修行与艺术于一身，一生安于清净自修，广受敬佩。

一代高僧于2009年4月10日晚间安详圆寂，世寿96，僧腊74载。

007　蔡洪钟（1916—2003）

砂拉越华人文学重要诗人，原名蔡钟英。笔名一粟、洪钟等。1916年2月27日生于中国福建莆田，后毕业于上海美术专科学校，1941年7月南来砂拉越，曾任诗巫中兴中学、古晋中华中学和古晋中华第一中学教师。1978年退休。

蔡洪钟是公认的艺术家，工于现代诗、绘画、音乐、书法，喜园艺。曾任数届星座诗社顾问、多届诗奖评审员。1980年任砂拉越华人社团书画诗歌赛评审员。

蔡洪钟在日本南侵时，写反侵诗歌。二战前在中国与南来砂拉越所写的现代诗，多收录于诗集《海潮集》（1953）。另著有《塑像集》（1992）、《池畔集》（1993）等。

诗人于2003年3月31日辞世，享寿87岁。

008　蔡任平（1893—1969）

马华教育家暨写作者。蔡任平，1893 年生于中国广东梅县，是备受敬仰与赞誉的马华文人暨教育家。他在怡保育才中学掌校，凡 33 载，并曾于 1953 年出任马来亚华校教师会总会第二届主席。

麦翔据蔡任平公子蔡元评（学者兼作家）相告，记录了蔡任平的生平：

“蔡任平毕业于广东平远中学。年轻的蔡氏一如当年许多热血少年，向往军事救国，径直报名军官学校。但遭母亲极力反对作罢，负笈日本明治大学医学系，因家庭经济不济，未及完成学业返国，执教母校平远中学。1930 年受聘南来，任霹雳怡保育才中小学教务主任。当时董事长为梁燊南，校长则为蔡猗桐。1934 年蔡氏接掌校长之职。此时马来亚正值蓬勃兴盛的阶段。蔡氏心怀贡献侨教的夙愿，在专心致志管理下，学生逐年增加，1940 年增设高中与师范，成为马来亚最早的完整中学之一。

1945 年 8 月日本投降，蔡氏旋即受重聘，经两年紧锣密鼓的复校努力，育才成了最早复校的中学之一。1948 年中学部始克迁至大会堂上课，原怡保休罗街旧址改充小学校舍。战后新生如潮水般涌来，大会堂校舍瞬间爆满，见拒者不少。蔡氏与张珠、锺森两任董事长合作，1960 年完成战后三期扩建的浩大工程。育才中学软硬体设备几乎臻至顶峰，号称北马最高学府之一，成绩卓著。1963 年改制，育才独立中学全校学生从 2500 名的顶点急剧下滑，1973 年跌至只剩 157 名，几乎关闭。蔡氏 1969 年逝世，教总林连玉与陆庭谕、董事长锺森等亲临执绋。”①

1961 年，吉隆坡上海出版社印行蔡任平的著作《潜慧斋文集》。

① 引录麦翔撰写的《儒者的奉献》，载何启良主编《马来西亚华人人物志》，马来亚国拉曼大学中华研究中心 2014 年版，第 26—29 页。

009　蔡寰青（1907—1970）

新马著名诗人、画家及书法家，出生于中国广东省澄海县，毕业于澄海县立教师国学研究室。

南来新加坡后，曾任南洋中华金石书法室的出版主任。擅写古体诗和近体诗词，作品多发表在陈振夏主编的《南洋商报 · 和平》（1946—1950）。

曾应聘为新加坡南洋大学中国语言文学系讲师。1958 年前后，到龙引新文龙中华中学执教。古典诗专著《战马吟》于 1959 年 5 月由新加坡时中出版社印行，全书 74 页。印刷者为香港九龙友联印刷厂。马仑主编的 73 人合集《龙中文采》（士姑来书辉出版社 2013 年版），收录蔡寰青的古体及近体诗 31 首，见第 13—19 页。蔡寰青是《蕉风》刊物编辑彭子敦的岳父、吉隆坡女作家兼报人彭早慧（拾一果）的外公。

蔡寰青于 1970 年离世，终年 63 岁。

010　蔡有辉（1915—1993）

战前马华写作人，生于中国海南琼海县卜鳌墟东坡村。1938 年他因逃避抽壮丁而南渡。蔡有辉长期居于以盛产甘梦鱼而闻名的渔乡邦咯岛，大半生捕鱼，日侵时期曾在下霹雳双怡仗、曼绒县莫珍歪买卖土产。1967 年起在吉隆坡文良港协助堂弟蔡忠强（前篮球运动界闻人）打理业务。1969 年“5·13”事件后回邦咯岛，在当地琼州公会任职。所写如《万里投荒》《壮丁的南逃》《大鲨的回忆》等一系列纪实性散文，发表于《南洋商报》及《星洲日报》各副刊。

其散文集《渔火浪光》由邦咯岛琼州公会出版。著有 4 部小说：《别妻去南洋》《解囊兴学》《陵水大饥荒》和《钓鱼钓到宝槽》，但无机会出版。

011　蔡正健（？—？）

马华报人兼散文作家，原名蔡正健，笔名有蔡农、蔡一郎等。住在雪兰莪州加影，曾任《中国报》助理编辑。刘果因是他高中时代的一位华文导师。他开始写散文，继而写新闻专题，其后写政论。曾获得马来西亚华人文化协会颁发的第三届文学奖——散文奖和新闻专题写作奖（1980）；1981 年，则荣获马来西亚华人公会青年团（马青）主办的政治论文比赛冠军。

马来西亚华人文化协会于 1978 年颁发第一届文学奖；第二和三届文学奖分别于 1979 年、1980 年颁发。第三届文学奖各组的得奖人是：小说组黄光佑（宋子衡）、戏剧组魏国芳（巍萌）、文学理论奖谢川成；其余 2 个文学奖即散文奖和新闻专题写作奖，却由蔡正健一个人获得。蔡正健 2 篇得奖的作品是：散文《狗有灵性，会助人办事》及《养鸟是赏心悦事，既娱乐己又娱乐人》；新闻专题写作《舞狮是艺术，历史悠久》。同时得到两个奖，可谓名震一时。

1981 年，蔡正健获马青主办的政治论文比赛冠军，题目是《评论华裔传统价值观》。另一篇作品《应如何缩短种族之间的鸿沟》，也获得入围奖。蔡正健写作有年，议论洋洋洒洒，不过时写时辍，该次全国政治论文赛得冠，可说是他从写散文开始，继而写新闻专题，而后写政论的最大收获。

其生卒年不详。

012　曹莽（1940—?）

诗人暨寓言写作者。已故。原名刘茂发，1940 年 4 月 12 日生于霹雳州金宝，祖籍广东河源。1952 年在美罗中华小学毕业，1953 至 1954 年在金宝培元中学肄业；停学 3 年后又返校，1958 年毕业于美罗中华中学初中部。1961 年日间师训班毕业。自初中时代（1957 年左右）就开始写作，又署名巴路、童景、秦木芜等，著有诗集《流萤》（1962）、《金色的时辰》（1964）、寓言集《画象》（1967）、《回声》（1979）。

周粲编选的《新马华文文学大系・第 6 卷〈诗歌卷〉》里，选录了曹莽的 6 首诗：《当我们年幼的时候》《阿凡》《诗人和诗神》《金色的时辰》《我把窗儿打开》以及《等待》。

013　**陈凯**（1921—2001）

马来亚共产党（马共）作家之一。原名陈立发，另有多个笔名：陈鲁、陈云凯、杜嘉林、阿和、陈立发。

经历抗日与抗英两次战争，先后约45载，曾任马共中央委员。遗著三部：《为独立而战》《回忆槟吉玻人民抗日斗争》及《山高太阳红》。其代表作《山高太阳红》，甚受欢迎。

陈凯于2001年逝世，享寿80岁。

014　陈平（1924—2013）

马来亚共产党（马共）总书记兼写作者，本名王文华，祖籍福州，1924 年 10 月 21 日于霹雳州实兆远出生，在南华中学读书，后转入英校，1940 年加入马共为党员。

日军南侵前，他在怡保万里望一家印刷厂工作，马共地委安排他在霹雳马共机关报《人道报》当钢板手，抄写印发的新闻。

后来，陈平升任马共区委，负责领导霹雳中部怡保与朱毛、布先的马共地下组织。

日军南侵后，他协助筹组朱毛抗日军，负责领导霹雳州马来亚抗日同盟，搞民运组织，发动群众支援人民抗日军。由于当时霹雳州马共领袖少人通晓英语，一些英国军官在霹雳落难，便由会讲写英语的陈平负责庇护处理。

1998 年 3 月中旬，陈平在泰国曼谷接受《星洲日报》专访（黄永安报道）时，首次透露为马共总结历史，同时表示他准备撰写回忆录的计划。他强调，马共党员由于长期在不稳定的地下与森林斗争中度过数十年，很多资料已失散或遭毁灭。陈平于 1998 年约 4 月间，远赴英国接受广播公司和《观察家报》的专访和搜集马来亚近代史资料，以方便进行撰写回忆录的工作。1999 年 2 月 27 日，陈平在澳洲首都堪培拉的国立大学，完成他的回忆录资料研究工作后，飞往中国。

马共自建党以来，一共由 11 名总书记领导过，除了陈平，还包括黎光远、林庆充、符鸿纪、何文汉、欧德修、李启新、陈良、蔡白云、杨少民以及莱特（他后来被证实为法国、日本与英国的三重间谍，被开除出党，逝于曼谷）。

陈平在 2000 年通过法律途径申请回国，2005 年遭高庭驳回，2008 年上诉再遭上诉庭驳回，主要是陈平无法出示他在大马出生的证明文件，而陈平声称其证件在 1948 年的警方突击中被充公。联邦法院在 2009 年 4 月 30 日驳回其申请，使他最终回国无望。根据报道，陈平有 5 名兄弟，分别是在怡保的一名退休校长、在槟城的一名商人、两名在新西兰的工程师及一名在曼绒的退休校长。虽然陈平无法踏入马来西亚，但他之前经常到澳洲、新加坡、泰南等地。

陈平于 2013 年 9 月 16 日逝世，终年 89 岁。

陈平于 2004 年由新加坡 Media Masters Pte. Ltd. 出版其专著《我方的历史》。这位领导马共逾 60 载的风云人物，会被世人永远述说。

015　陈田（1923—1990）

马来亚共产党（马共）史上的重量级政治人物。1923 年在新加坡出生，祖籍中国广东省澄海县。原名高才杰，在马共内部以“陈田”“庄声”为名；跟英军联系时，则采用查理（Charlie）等化名。

他父亲从商，在新加坡经营海产生意。他曾随祖母到祖籍地念小学，约 12 岁重返新加坡，毕业于端蒙学校，后到莱佛士书院接受英文教育。早在 1941 年就通过剑桥 9 号考试，能讲一口漂亮的英语。

他在中学毕业前已秘密成为马共党员。1942 年 2 月间，日本侵占马、新后，他潜入柔佛南部丛林参加马来亚人民抗日军，开始易名为陈田。

之前，他参加过铜锣合唱团，四处宣传抗日救亡。这时期他结识了女高音李真，彼此产生情愫，于 1947 年结婚。这对恩爱夫妻却为了抗日、抗英及革命而聚少离多。更不幸的是，1950 年 8 月 25 日，李真在彭亨文冬遭英军袭击，中弹身亡，得年 29 岁而已。1965 年，陈田再婚了，妻子李明是被流放到中国的马共传奇女子。陈田是“革命之声”广播电台的总编辑，李明是该电台的资料员。他俩在 25 个年头的幸福婚姻生活中，共同为马克思主义而鞠躬尽瘁。李明生于 1926 年，卒于 2012 年，终年 86 岁。

从陈平《我方的历史》（2004）、方山《马泰边区风云录（第三集）》（2006）、林雁、贺巾和文羽山编撰《华玲和谈马共代表——陈田纪念文集》（2008）、郑昭贤《李明口述历史：马共奇女子——陈田夫人》（2007）等书中，可读到陈田一生中的不寻常事迹。他最大的贡献是于1969年担任湖南长沙四方山马共电台《马来亚革命之声》总编，成为1969年至1981年电台的主导人之一。陈田也是能写善译的写作者，译著有:《马来亚的游击战》《红色的森林》，编撰《马来亚共产党史料》《星洲沦陷前》等纪实文章。

1990年9月，陈田在中国病逝，享年67岁。

016　陈璧颖（1958—已故）

马华女作家，原名陈璧颖（碧英），笔名双鱼、筑梵、程亚枫、陈灵、锡都娃、陈姿、老二等等。1958 年 3 月 1 日出生于马来西亚霹雳州怡保。原籍中国琼海县（前广东省乐会县）朝阳市北门村。美国爱荷华大学毕业。先后任职台北 ICRT 电台、纽约 Lecrillin Ltd. 和洛杉矶 Asia System Media Inc. 。1980 年以小说《魔》获得马来西亚《光华日报》庆祝创刊 70 周年全国小说创作比赛入围奖。曾为马来西亚华文作家协会永久会员。1973—1983 年，她以多样化的题材，在各报章杂志发表了大量的作品。

1994 年，她的《根》《嫁妆》和《魔》，被收入《新马海南女作家选集》及 2004 年 5 月出版的《新马台海南作家作品选集》。另有《新年》《夜读》等 4 首诗作被莫河编选在《亚细安海南作家作品选》（2015 年 11 月）。

她在怡保因病去世，令人叹惜天妒英才。

017　陈观斗（1882—1964）

砂拉越华人写作者、教授暨牧师；1882 年，生于中国福建省古田平湖。陈观斗别号星村，字仰长。1901 年率领第一批 72 位福州人来诗巫开垦。不久，到美国留学，获哲学硕士。

陈观斗二战前出任《南钟报》主笔。于 1945 年和 1949 年到诗巫布道，与诗巫福州垦场、诗巫卫理公会有密切关系。

他擅长写作，作品《砂拉越诗巫榕侨开荒史》发表在《诗巫福州垦坛五十周年纪念特刊 1901—1951》（1951）。著作有：《征道文集》《砂拉越诗巫榕侨开荒史》。

陈观斗于 1964 年逝世，享年 82 岁。

018　陈蕾士（1919—2010）

陈蕾士是琴筝名家，1919 年诞生在中国广东省潮州庵埠，号伯桐。根据马来西亚乡音考古工作者张吉安的资料，陈蕾士毕业于燕京大学历史系，一生对中国文学、历史、古琴、古筝、椰胡、琵琶、茶艺、书法、水墨画深入钻研，是名副其实“琴棋书画”兼通的文人雅士。

1938 年，日军侵华，战火逼近潮州，他只身坐船逃难到马来亚，初到落脚的地方就是马六甲。后来，他分别在马六甲的圣玛丽小学、育民学校等校执教。二战后，则先后在槟城钟灵中学、麻坡中化中学和新加坡公教中学任职。

1950 年，陈蕾士远赴英国伦敦大学东方学院专研中国音乐史，由于他对中国琴筝学有专长，即刻受邀参与英国老牌唱片 HMV 公司联同牛津大学出版的 *The History of Music in Sound*（《有声的世界音乐史》）的古筝演奏录音，兼撰写中国音乐史，后来这一套黑胶唱片，成了近代世界音乐史的重要教材。同一时期，他也受邀在伦敦大英博物馆整理和搜集中国音乐史料，撰写中国古典音乐的发展史。他的琴艺弹筝成了中国音乐近代史的珍贵篇章。

1970 年代末，陈蕾士再造另一个中国音乐的创举！古琴和古瑟是姐妹乐器，“琴瑟合鸣”一词可证之，但古瑟在南北朝之后逐渐失传，为此他做了许多考究和搜集，发现唐朝传入日本的古筝依然沿用着古音、形式和质料，比中国目前沿用的古筝更古老。

孜孜不倦于钻研中国南北音乐史料和变革，特别是 1978 年出版了《潮乐绝谱二四谱源流考》一书，是陈蕾士一生中，留给后人最重要的音乐瑰宝。这项重大发现，让中国失传已久的潮州音乐的古老记谱“二四谱”重见天日。传世的“二四谱”已不在中国潮州原乡，而是储存于新加坡潮州民间乐团的行囊旧稿里，这引起中国音乐学者重新断定，新马一代的华人社会里，肯定收藏着不少已在中国绝迹的文化艺术的传统史料。另外，陈蕾士也曾发表一篇论文，让更多人知悉：源自南北朝、流传了1400余年、现存最古老的古琴谱手卷《碣石调·幽兰》，现藏于日本东京国立博物馆。

他是驰名新加坡、马来西亚、中国香港、中国台湾的古筝演奏家、名教授兼书法家。曾在马来西亚华文中学任教，历任台湾文化大学和香港中文大学教授，并任香港中文大学中国音乐资料馆馆长。1987年10月底，他在吉隆坡举行古筝演奏会。他于1950年代初期著有《欧游鳞爪》一书。

2010年1月中旬，陈蕾士在马六甲安息，世居91岁。

019　陈立训（1914—1992）

砂拉越银行家兼写作人；1914 年 6 月 13 日在中国福建古田县临水横洋乡出生，在福州中学受教育。1937 年来诗巫。有关陈立训生平与创作经历，可参阅《陈立训七秩华诞双庆纪念册》。1994 年编印的《陈赞汤公诞辰一百周年纪念册》，则记叙其父亲的人生阅历。

日本南侵时，他参与筹赈会工作。诗巫沦陷，被系囹圄月余，1951 年筹组福华银行，担任重职。喜书画古董。曾任诗巫古田公会主席 35 年及多个社团要职。商余仍不忘写作，长年以来撰有：《诗巫广东恳场开辟记略》，发表在《诗巫福州垦场五十周年纪念刊》，第 112 页。著有游记《环球琐记》。

其哲嗣陈锡监也是位写作者，喜阅读、藏书、收集文物。长期为砂拉越华族文化协会服务，现为该会会长。2005 年，担任首次在诗巫举行的婆罗洲华人国际研讨会的筹备会主席，为其父陈立训设立天猛公拿督陈立训出版基金，至 2007 年，已资助 6 本由砂拉越华族文化协会出版的图书经费。合编有：《砂拉越华人历史古迹》（2001）、《诗巫旧影像》（2002）、《加拿逸旧影像》（2015）。

陈立训于 1992 年 1 月 20 日逝世，享年 78 岁。

020　陈立惠（1934—2013）

砂拉越华人写作者，1934 年生。字莲清，祖籍中国福建古田。砂拉越师训学院毕业。任教于启蒙、兴文和道南小学。他也是知名的书法家，自幼勤习书法，其书法自成一家，称“莲体书法”。他喜好诗词、音乐、太极拳。

1990 年代初，任诗潮吟社秘书。主编《马来西亚日报 · 诗潮之声》。他是鹅江诗书协会发起人之一，该社于 1999 年 6 月 15 日成立筹备会，他担任副主席。他教导诗钟作法，作品收入《春草集》。

陈立惠于 2013 年离世，享寿 79 岁。

021　陈祈锭（1957—2014）

马华写作人，原名陈供，祖籍福建厦门，1957 年出生于马六甲马士丹那板底渔村一个贫寒家庭。在马士丹那华小毕业，中学就读于马士丹那中学。考获马来西亚教育文凭后，进入新山莫哈末卡力师训学院。1979 年被派往北干那那育民一校执教。

1995 年到古来县士乃华小担任第一副校长，1997 年在乌鲁槽敬业华小当校长，1999 年在昔加末利民达一校掌校，却不幸遭遇严重车祸，而在 2000 年被调回北干那那育民一校掌校至辞世。其贤内助蓝国晖为北干那那育民二校教师。

在担任教师期间，陈祈锭受马来西亚国家语文出版局委任前往中国台湾，为大专生担任马来语讲师，并受邀在国内为 UPSR、PMR 与 SPM 马来语科考生主讲，也出版马来语模范作文书，并以笔名“雨浪”写了不少文章。4 次获得“教育服务辉煌奖”，2008 年获颁首批“卓越校长”奖，2011 年自修考获宏愿开放大学公共行政硕士学位。

2008 年获得全球和平联盟（UPF）颁发“UPF 和平大使”荣誉，2011 年则获国家元首陛下颁赐 KMN 勋衔。

其多篇散文作品被马仑选编入合集《笨珍恋歌》（2012）及《印象笨珍》（2015）。

陈祈锭于 2014 年 9 月 5 日往生，终年 58 岁。

022　陈强华（1960—2014）

1960年生于槟城大山脚。台湾政治大学教育系毕业，考获中国南京大学中文硕士学位。曾任教于大山脚日新独立中学，尔后曾短期担任韩江学院中文系兼任讲师，再到亚罗士打吉华独中执教。曾创办“魔鬼俱乐部”诗社（1991年4月），以及《魔鬼俱乐部》诗杂志（1994年9月），并曾主编《金石诗刊》，参与编辑《马华当代诗选》（陈大为主编，1996年）。

著有诗集《烟雨月》（大马棕榈出版社1979年版）、《化装舞会》（台湾大马新闻杂志社1984年版）、《那年我回到马来西亚》（德麟文丛第3辑，1998年）、《幸福地下道》、《一天，一天》（与赵少杰及黄丽菁合著，大马一天出版社1997年版）；散文集《请把爱情当一回事》（马来西亚日新独中华文学会，1992年）。他有7首诗作收录于《马华当代诗选·1990～1994》。1999年12月18日，荣获第五届“花踪”文学奖新诗组推荐奖。2003年，荣获第七届“花踪”文学奖新诗组推荐奖。

2012年，陈强华确诊患有肾病，同时也患有糖尿病和心脏病，他不幸于2014年3月3日被人发现倒毙在亚罗士打购物广场洗手间，享年54岁。

023　陈楣康（1939—2014）

马华写作者，原名陈楣康，笔名玄阴、弦音、梅康、十三郎、疏影、游侠、浪荡子。1939 年 5 月 16 日生于马来亚霹雳积莪营，祖籍中国广东梅县。1957 高中毕业于霹雳怡保育才中学。自 1983—1984 年，他担任新山中华公会三小组之一教育组的委员。

他擅长杂文，是名家文怀朗的学生，著有杂文集《新闻以外》（1984 年 4 月）。

陈楣康于 2014 年 10 月 2 日离世，享寿 75 岁。遗孀为岑玉英。育有 2 男 1 女，均事业有成。

024　陈晴山（1894—1960）

1920 年代初期马华作家，在清光绪二十年（1894）于中国福建莆田县出生，毕业于福建师范学堂。1920 年代南渡马来亚，曾在怡保霹雳女子中学任语文教师，是怡保扶风社（诗社）创办人之一。

笔名有晴山、晴、山等。他在《南洋时报·荔》第 45 期写《编辑后话》，可见他也是《南洋时报·荔》的负责人之一；同时他也是该副刊发表量次多的作者，作品包括新诗、散文、论文、旧诗词和剧本等。他被公认为"新兴文学运动"时期（1927—1931）的一位先驱小说家。

早在 1936 年，陈晴山就在家乡莆田出版过短篇和诗剧集《荔子情》。后来又出版《晴山诗集》等。2002 年 11 月，新加坡八方文化创作室出版他的遗著《荔子情》，此书为中英双语，由他现居新加坡的长子陈敏良和现居美国的次子陈敏华医生进行中文英译工作。

2010 年 5 月，八方文化创作室所出版的陈照明评注的《晴山古道》（马华先驱作家陈晴山·古诗文评注），亦由其两位公子陈敏良和陈敏华进行背景考证。此书共收录陈晴山古诗 60 题 85 首、文 3 篇。进行注释、语译、评析之陈照明，为新加坡国立教育学院中文系教授。晴山精于诗、深于情，诗作往往能摇荡性情，令人回味。王赓武教授在序中指出：

"本书作品中之思想感情，无论是夫妻父子之情，朋友师生之义或是家国之思、人生之叹，皆植根于中华诗歌传统。……通过本书，读者可更理解 20 世纪初的华侨的心态。这些华人，侨居在英属马来亚，虽然念念不忘故国，但最终定居异域，心情复杂。从这角度看，本书可说是难能可贵的教学用书。”

陈晴山于 1960 年 6 月 6 日病逝于怡保，享年 66 岁。

025　陈庆佳（1940—2011）

政治工作者兼写作人，民主行动党前领袖以及国、州议会议员。

1940 年 8 月 31 日生于雪兰莪州加影。1947 年就读于加影华侨小学，1948 年举家迁居柔佛州麻坡，转读麻坡中化小学，1958 年高中毕业于麻坡中化中学，1963 年大学毕业于台湾师范大学。

1967 年参加民主行动党；1974 年选为霹雳华都牙也区国会议员；2 年后他为了捍卫华教，拒绝向强权低头而坐过冤狱；1977 年担任全国宣传秘书；1978 年大选蝉联原区国会议员，并中选霹雳州大和园区州会议员；1981 年出狱；1982 年大选在槟城丹绒区竞选国会议席失利，以 834 票败给国阵（民政党）的许子根博士；1986 年及 1990 年大选，他又中选为大山脚区国会兼州议会议员。

陈庆佳曾任行动党全国副主席、宣传秘书、组织秘书、纪律委员会主席，担任行动党中委长达 27 年，从政 30 年，为一名全职的政治工作者。1994 年 6 月出版《严守岗位——我的政论选》，是他从政的言论选集。1998 年初辞去中委，淡出政坛。他于 2008 年 8 月荣膺槟州元首封赐 DSPN 拿督勋衔。

他于 2011 年 5 月中旬逝世，享寿 71 岁。

026　陈庆昌（1927—2015）

教育和音乐工作者，也是小说作者及书法家。他于 1927 年 11 月生于柔佛州麻坡，祖籍中国广东省潮安县东凤乡。

二战前肄业于麻坡中化学校初中部；战后柔佛华校师资训练班（第 2 届，1952 年 2 月）毕业。自 1946 年起，开始积极参加麻坡启智书报社的多项活动，领导启智合唱团和铜乐队多年。他在麻坡教育界服务近 40 年，教余常奔波于峇株巴辖和昔加末，从事音乐活动，传授弹钢琴指法，数十年如一日。1982 年杪退休，告别杏坛。

1950 年前后，他曾用君莞、隐、隐秋等笔名，开始在当时的报章如《南洋商报·和平版》《星洲日报·晨星》《南方晚报·绿洲版》和《南方晚报·咖啡座版》《夜灯报》以及《南洋月报》等发表文章。1982 年 8 月，柔佛居銮的曙光出版社印行他的处女作《在海的另一边》（小说集）；书前有许简（许光道）和年红的序文，内收 10 个创作短篇。另出版《文天祥正气歌》（书法作品，再版）、1998 年 1 月出版《我们的理想》（歌曲集）。

陈庆昌于 2015 年 1 月 11 日逝世，享寿 88 岁。

027 陈汝桐（1919—2006）

战前新山旧体诗人，1919 年出生于中国广东潮阳县，1930 年南来马来亚新山。其后返回故里，早岁在潮州思成国文专科学校毕业，1938 年再度南来定居新山，在亚福街经营洋货生意，创立同华商店。

陈汝桐擅写旧诗及对联，他与陈儆三、陈志云 3 位是当年新山著名的旧体诗人。他曾任柔佛颍川陈氏公会理事兼义务秘书、新山百货布匹商公会中文文书、新山小商公会副会长及中文文书等。他于 2006 年 5 月 8 日病逝，享寿 87 岁。

028　陈少白（1924—？）

砂拉越华人写作者，1924 年 12 月 29 日出生于中国福建。曾在厦门等地受教育，后南来古晋任教职。

较后从商，余暇喜作诗，著有《愚趣斋诗集》（1987）。谢世已多年。2000 年，由陈绍丰编辑的《陈少白纪念集》问世。

029　陈绍唐（1916—2003）

砂拉越华人写作者，生于 1916 年。毕业于广东岭南大学。为了避开国民党的逮捕，于 1940 年辗转来到砂拉越，时年 24 岁。

先在石隆门当店员，后组织石隆门青年社，宣传反英抗日，与伍蝉等人组织中华教育社，联络文教界推动华教改革。他也积极参与筹组古晋华侨青年社。1950 年代，他在古晋印度街开设大光书店。他也是《新闻报》及南华书店负责人之一。颇有才华，擅写诗词。1962 年被英殖民政府遣回中国。后来于 1995 年回到古晋，撰著《遥寨马当山》。

陈绍唐于 2003 年 1 月 3 日辞世，享寿 87 岁。

030　陈世荣（1905—2001）

陈世荣原籍闽省永春，乃马来西亚华人政坛元老、深受爱戴的森美兰州社会贤达，对华社贡献良多。

他大半生积极投入华教工作，曾为芙蓉中华独立中学（芙中）服务长达40年，把芙中带向更稳健的发展，为华教付出从不言悔。

在华团方面，陈世荣也积极参与社会工作，出任多个社团要职，如曾担任森美兰中华大会堂主席、森美兰华校董事联合会（森董联会）主席，也领导森美兰福建会馆多年。

陈世荣生前与人合股经营杂货店生意，对于华教与华团捐献从不吝啬，出钱出力，许多华社后辈都对他献身社会的精神敬佩不已，以他为学习榜样。陈世荣偶尔也在报刊上发表时评文章。他于1989年12月中，获得第二届华教节“林连玉精神奖”，获奖理由是他献身华教近半个世纪，数十年如一日，为华教在大马的发展做了卓越的贡献。陈世荣于1992年出版《马华与新村》，内容叙述马来西亚450个华人新村的历史悲情。

他于2001年4月8日与世长辞，享寿96岁。

031　陈文龙（1949—2010）

沙巴优秀作家之一。原名陈文龙，笔名陈不名、八公等。祖籍中国广东潮安。1949 年出生于沙巴拿笃，他以 5 年时间修完华小课程，转念英文中学 2 年。由于家贫而辍学，投入社会大学当学徒、推销员、市场主任而至副经理，后转行为报社采访编辑。

他是拿笃青年文艺协会发起人之一，主编过《新潮》《文艺钟》《潮讯》等文艺副刊。后为山打根《自由日报》采访编辑，兼主编该报多个文艺园地。自 13 岁开始写五言古诗，后从事新诗、散文、短篇小说、杂文等创作。作品收录于散文集《繁星集》（合集）、《破晓》等。1999 年 3 月 1 日，台北出版的第 54 期《亚洲华文作家杂志》，收入他的佳作《古树萧萧》。

陈文龙于 2010 年 5 月 16 日辞世，终年 61 岁。

032　陈雪风（1936—2012）

崛起于1950年代末期的马华文艺评论家、诗人及杂文名家；笔名郁人、梅雨天、竹聿久火、纪照等等。原名陈思庆，祖籍中国广东揭阳，1936年3月20日生于柔佛麻坡，2012年10月31日在雪兰莪加影离世。

他于1950年代末期到新加坡，在《民报》担任助理编辑。1962年8月，北上吉隆坡，先后担任《南洋商报》校对组副主任、新闻编辑、高级编辑、副编辑主任、编辑主任和副刊组主任。同时主编同一报馆的《青年文艺》《生活与知识》《华风》等等副刊。1993年自《南洋商报》退休后，先后出任《新通报》副刊执行员、华社资料研究中心出版部主任、华总助理秘书、吉隆坡东方人文艺术馆文宣主任等职。

他也自1950年代末期开始进行文学批评、杂文和诗歌的写作，问世著作共13种：《陈雪风文艺评论集》（文学评论集，1962年）、《多重的变奏》（诗集，1988年）、《无叶的果实》（散文集，1989年）、《墨笔丹心》（文学评论集，1990年）、《风生不谈笑》（杂文集，1992年）、《关于文学的思考》（文学评论集，1995年）、《我吟我吼》（诗集，1996年）、《走下去就是道路》（文学评论集，1998年）、《无非关心》（杂文集，1999年）、《雪风之际》（文学评论集，2010年）、《美感风流》（绘画评论集，2010年）、《人民需要马华文学》（文学评论集，2012年）、《落英起舞》（诗集，2015年），共7部评论集、1部散文集、2部杂文集和3部诗集。最后出版的新诗集

《落英起舞》乃由马华文艺史料家李锦宗编理成书，出版于2015年10月31日，全书214页。

他曾主编学生杂志《碧海》、文学刊物《长堤月刊》、学术刊物《资料与研究》、商业月刊《商联》和《马华文艺布罗阁》等等刊物。他经常出席国内外文学会议和研讨会，并发表有关专题演讲。他多次出任各种文艺创作比赛和文学奖的评审工作。

033　陈应德（1938—2007）

马华诗人、学者暨马来文翻译家，本名陈应德，又名陈家纶。1938 年 8 月出生于吉打港口，祖籍中国广东潮安。1963 年进入马来亚大学（马大），先后考获文学荣誉学士（1966）、语言学硕士（1968）、教育文凭（1969）、马来亚大学哲学博士（1991）等学位，用过陆韵风、莽夫、陈晓芦、晴川等笔名。从 1968 年起在大专任教，历任拉曼学院、马大中文系讲师，1991 至 1995 年任副教授。1995 年 5 月退休后从事写作、翻译、编字典及文化活动。曾任华社研究中心研究员。

已出版之中、英、巫文著作逾 13 种。中文著作包括散文集《待风集》（1984）；诗集《迟开的玫瑰》（1985）；社会评论集《吾爱吾乡　吾爱吾土》（1993）；文学评论集《梦平小说研究》（1998）。1980 年代以原名在各大报刊发表社会、文化评论。他的马来文诗歌创作曾于《祖国日报》（*Watan*）、《沙莉娜》（*Sarina*）、《语文局文学月刊》（*Dewan Sastera*）等刊物上发表。他曾与马大英文系副教授黄武荣合作，将康乃馨、方娥真、原甸等诗人的作品译成英文。译著有《知识分子升官图》（柯嘉逊原著，1987）、《在民主行动党的日子（1990—1995）》（柯嘉逊原著）等。曾任《马华文学大系》编委会主任兼《评论》编委。

2007 年 8 月 13 日，陈应德在家病逝。遗孀为林仁英（时年 67 岁），遗有 3 名儿子。

034　陈育青（1944—2003）

马华写作者兼马来文学者。原名陈育青，1944 年 11 月 27 日生于雪兰莪州乌鲁音南马，祖籍中国广东梅县，马来西亚公民。1964 年毕业于吉隆坡中华中学，随后负笈新加坡义安学院马来学系。1973 年留学印尼，进入雅加达国立印度尼西亚大学文学院攻读；在印尼文学批评大师 H. B. 椰辛教授指导下撰写题为《日本时期的印尼短篇小说》的论文。该毕业论文收集了当时最完整的资料，影响了印尼短篇小说内容与发展的各个外在因素，并达致若干与短篇小说发展规律有关的结论。获得博士候选人资格返国后，在新山宽柔专科班马来学系担任讲师及系主任多年。1980 年代中期，开始以华文、马来文在报刊发表评论作品，笔名 Asruchin、古马拉、古培拉、育青等。此外，他所作的杂感、访谈、短篇小说、诗歌译作等亦散见于国内各华、马来书报杂志。曾任吉隆坡国家语文局属下各族翻译咨询委员会会员、马来西亚翻译与创作协会副会长和新山华社文化团体顾问。

陈育青不幸于 2003 年 8 月 15 日病逝，享年 59 岁。

035　陈征雁（1937—2006）

活跃于1950年代中期的马华剧作家暨小说家，本名陈达人。1937年在巴生出生，祖籍中国福建省永春县鸿榜十五都。曾到当时位于新加坡的马来亚大学念完先修班。1963年，毕业于东京日本放送协会电视训练班。1960年代曾在新加坡主编《电视与广播》数年。陈征雁在年轻时期曾是学运与工运积极分子。他约于1973年返回巴生，曾参政一段时期。后任马来西亚福联总会署理会长。陈征雁生前事迹可分成3个阶段：文学事业、政治事业及文化社会事业，同时也在1984年获得马来西亚最高元首颁赐JSM勋衔。

大约自1954年起至1960年代中期，他是多产作家之一，出版单行本如短篇小说集《穷途》（1961），中篇小说《升旗山下》，剧作集《夜渡》《封锁线》《征雁剧作集》，散文集《后方的诗篇》等。较后的著作有：别集《在高天外看春秋》和回忆录《回首话当年》。

他于1973年开始踏足政坛，曾担任雪兰莪州马华公会青年团团长、雪兰莪州马华公会联络委员会组织秘书、马华公会青年团中央委员、马华公会中央委员及马华公会总会长李三春顾问成员，负责文化事务。同年，马来西亚最高元首委任的首相署直辖区全国教育服务委员会成立，他也是委员之一，工作10年，统管全国各源流十数万教育官员（教师）的递补、晋级、调职与纪律工作。

后期，他在马来西亚华社推动文化社会活动，历任多个华人社团要职，如巴生福建会馆署理会长、青年团顾问及马来西亚福建社团联合会署理会长。他通过这些团体，推广华人文化活动，这些活动规模之大、影响之广，极受赞赏。

陈征雁于 2006 年 1 月 6 日寿终正寝，享年 69 岁。他是南洋报业基金董事陈达真胞弟。他遗下孀妻冯爱瑛和二男二女。马华史料家李锦宗为他编印了一部《陈征雁文集》。

036　赤阳（1939—？）

已故马华作家，柔佛州居銮人。他原名陈家求（驾求）。1960 年代初毕业于居銮中华中学。他与同期崛起的青年作家马阳（蒋明元）、采人（郑中进）、毛兵（黄科信）等都是当年居銮活跃和激进的作者。

赤阳擅长美术与书法，离开居銮到新山从事广告设计业，曾与诗人李寿章略有交往。

赤阳处世低调，极少参与新山的文艺活动。他的散文与小说都写得甚佳。早在 1962 年 1 月，香港艺美图书公司就出版了赤阳的小说散文集《山间铃响情歌来》，集前附有艾阳写的序文。新华名家赵戎编的《新马华文文学大系——散文（二）》选录了赤阳的作品《红土山之恋》。

1960 年代中期，赤阳完成中篇小说《赤道沉雷》，虽由新加坡某大出版社刊登新书预告，后来似未出版成书。出现在本土文坛却文路不大顺遂的赤阳，已物故多年，如今犹未读到其文友所撰的缅怀文章。

据李寿章后来告知："1982 年 6 月 19 日，马华写作人协会与新山中华公会联办的'欢迎新加坡作协访问团'（一行 25 人），当天赤阳先生曾应邀出席并拍大合照。可惜当时没文友替我介绍或引见。"此乃目前所见的最新资料。

037　初阳（1937—1999）

1950 年代中期马华作家，本名戴线粦。1937 年 12 月 12 日出生于怡保，祖籍中国广东梅县。长期居住在万里望。早年在怡保育才中学和美以美英校肄业。1954 年开始写作和发表文学作品；1977 至 1980 年之间写得较勤。用过山城佬、初阳、九郎、萧萧、春晓等笔名发表各种文类作品，曾主编教会的《接棒》《信义之声》等多种刊物。曾任职于他昔工业区某石棉水泥有限公司。

初阳的诗作《键盘上的手指》（50 页）被主编何乃健选录在《马华文学大系・诗歌（一）・1965—1980》（2004）。

他不幸于 1999 年 3 月 2 日辞世，享年 62 岁。

038 戴炳权（1942—2005）

散文作家。笔名狄迟荐，1942 年 10 月 5 日出生于吉打州瓜拉姆拉县巴东伦武新村，祖籍中国广东省惠来县，在双溪大年新民小学及中学受教育。1960 年赴新加坡南洋美术专科学校学习西洋画。

1958 年开始于《光华日报》发表作品，继之于《星槟日报》《学生周报》《蕉风》《星期六》《南洋商报》等报章杂志发表作品。1998 年写得较勤。1999 年 10 月出版散文集《平淡日子的情趣》，吉中艺术协会永久常务顾问蓝光在《〈平淡日子的情趣〉序》中写道："这一本小册子，据知是作者从事业余写作数十年来，陆续发表在各报刊杂志，从累积数百篇作品中，精挑细选出来，先行付印一部分的，所以可说每一篇的可读性都很强。"

他于 1967 年在胶园工作，从事橡胶行业，迄 1997 年 4 月结束营业。1997 年 6 月起，任建筑公司经理职。曾任吉中艺术协会会长、瓜拉姆拉射击公会总务，亦为马来西亚华文作家协会永久会员、世界华文文学学会永久会员。2005 年 8 月 5 日谢世，享年 63 岁。

039　戴大伟（1970—2016）

马华诗人。1970 年生，祖籍中国福建莆田。1994 年毕业于槟城马来西亚理科大学药剂系。生前担任药剂师及生命教练。作品收入《众星喧哗：天狼星诗作精选》，由秀威资讯科技股份有限公司于 2014 年出版。

戴大伟在大学时代，也活跃于词曲创作。他是位理想派现实主义者；自称活了一大把年纪才把诗书写成形。

温任平于 2015 年 6 月主编出版的《天狼星科幻诗选》，收入戴大伟写于 2014 年的 12 首诗作。温任平在序文中如此赞誉：

“戴大伟采取中英混杂的 hybrid 策略，食髓知味，在 8 月 29 至 31 日三天写了《记忆体》、《抵达》、《相遇》、《迷途》、《Pandorium 深空失忆》。大伟的这些诗掀起了诗社同侪把想象触须伸向太空、科幻、科技神话领域的热潮……”

他英年早逝，于 2016 年辞世，享年 46 岁。

040　戴英浪（1907—1985）

二战前马华作家暨美术家，笔名戴隐郎；原籍广东惠州，1907年农历五月出生于吉隆坡郊区沙戟（小镇）。曾回中国，肄业于上海艺术大学，又在上海艺术专科学校西画系毕业。返马后，居怡保多年，以绘画为生，与画友们创办了南洋艺术研究社。后移居新加坡。

大约1937至1939年之间，他在写作界表现得更加活跃，也擅长木刻和漫画，是当时美艺界的有名健将。常用的笔名有：英浪、隐郎、疾流、殷沫、马康等。他曾经是1930年代末的著名编辑，先后主编过《南洋商报》的《狮声》（1937年4月中旬至同年6月底）、《文漫界》、《今日文艺》、《今日艺术》、《今日漫画》、《今日科学》、《今日电影》等副刊。

马华女学者钟瑜在何启良主编的《马来西亚华人人物志》一书中给予戴英浪甚高的评价：

"戴隐郎不仅撰写很多推动新兴艺术的文章，也发表过不少木漫作品；木刻版画作品，如《推进》、《逃荒》、《挥动》、《怒视》、《先驱》、《缝衣妇》、《工厂一角》、《小憩》等；漫画，如《意识形态》、《人上人》、《当心啊》、《摩登悲喜剧》、《望》等，都成为研究马华木刻版画、漫画艺术重要的图片资料。

"戴隐郎以其创作经验建立了一套具前瞻性的南洋木刻、漫画的创作理论，强调作品题材应该适合它的存在场合和环境。他所提出的'客观环境'与马华文艺界呼吁的'南洋色彩'观点是不谋而合的。"

自1970年代末期起，他在杭州浙江美术学院任教授。1985年6月8日殁于杭州，终年78岁。

041　貂问湄（1920—1984）

原名吴谦裕，笔名：貂问湄、吴冰、李音、司马牧丁、周章、鲁彬等。1920 年生于彭亨州，祖籍中国福建。吉隆坡尊孔中学毕业，任雪兰莪州蕉赖九支华小校长近 30 载，于 1978 年年杪荣休。他曾主编定期刊物《中马文艺》，也曾在新闻界服务过一段时期，后转进教育界任职。

早在二战前即 1930 年代末，貂问湄便是饮誉马来半岛中部的名诗人。战后，他几乎放弃了写诗，转而专攻小说。他的诗歌和小说都有了定评。1953 年间，是他创作最旺盛的时期。著有：短篇小说集《小鬼春秋》（1957）、《腐蚀》；中篇小说集《金马梭胶园》；诗集《号角》。周粲选了貂问湄的三首诗，编入《新马华文文学大系》诗集里。

貂问湄于 1984 年 3 月 16 日逝世，享年 64 岁。

042　丁家瑞（1916—2000）

1940 年代中期活跃于马新文艺界的南来作家。笔名丁家瑞，原名许之正，又名许诺。他于 1916 年出生于中国安徽省芜湖市。1946 年至香港参加中国歌舞剧艺社，同年 12 月转往新加坡，就职于晋江小学。同时与作家张漠青一道发起组织星洲青年文艺研究社出版丛书，举办文艺演出晚会、诗歌朗诵会等活动；又与诗人米军一起编辑《读书生活》，在这期间出版了长篇朗诵诗《怒吼吧！新加坡》。他还与杨嘉一道主编《爱华周刊》，同时在当时出版的《星洲日报·晨星》《妇女》《音乐、诗歌、戏剧》和《风下》等报刊，用青青、钱博、蔡蕤等笔名发表作品。1956 年 12 月香港上海书局出版他的诗集《脚印》。

丁家瑞是许之正在 1940 年代取用的笔名。1948 年年底，他转往香港，第二年初，进入东江解放区，直到广州解放；此后 30 多年来一直住在广州，先后担任文化、新闻、出版等部门领导工作，写作仅仅是业余的。因工作的需要写过独幕话剧《雪英下厨》《拆墙记》《雾散云开》《一家人》《水落石出》等，已在广州出版单行本。1950、60 年代在报刊上，也写过一些文艺评论文章。在“文化大革命”十年浩劫中，曾遭诬陷及关押，1972 年才得复职。晚年任《广州日报》副总编辑，并任广东省归侨作联副理事长。1993 年 7 月间，曾从广州返新加坡访友。

丁家瑞于 2000 年谢世，享寿 84 岁。研究马华文学的读者，都会从他留下的诗集《脚印》缅怀他。

043　东方月（1914—1989）

二战前南来的马华作家暨教育工作者。笔名东方月，原名陈运通。1914 年，出生于广东汕头市，即广东潮阳，与早逝诗人冯蕉衣同年、同学，关系十分密切。1938 年春，二人先后来新加坡；4 月中，名作家郁达夫南来主编《星洲日报·晨星》，倡导“抗战文学”，激发了一班青年写作人，铁抗、惠风、侠魂、蕉衣等都干得热火朝天。东方月却赴佛国，在曼谷参与泰华文艺行列，以笔名“老运”写“抗战方言文艺”；亦写诗，大多发表于《华侨日报》副刊。和平后回槟城，在《光华日报》写球评、剧评；曾以评中国万岁剧社公演的《飘》一文，大受主笔庄心在的激赏，推介入钟灵中学任教。

东方月长期从事教育工作，在马来西亚多所中学任教。1958 年出任柔佛州昔加挽昔华中学副校长，一度代理校政。他在马来西亚教育界服务垂 30 年，1972 年退休，可谓桃李满联邦。他长期热爱文艺与写作。不遗余力地鼓励并督导学生从事文艺习作。常用的笔名是：东方月、王统、公孙牛、瘦斋夫、舍上舍、沛沛、公孙白等，不下 20 个。1971 年 11 月，国际文化公司出版其小说集《火玫瑰》。他退休后一直住在槟城。

1989 年 6 月 13 日，东方月逝世，终年 75 岁。

044 杜边（1914—1997）

二战前马华戏剧家，本名苏仲人，原是中国福建厦门人。1914年出生，1936 年南来，曾在士姑来辅华学校、光轮小学（后来各别改名为辅士学校和国光学校）、拉央拉央励群小学（已易名拉央华小）任教。

从 1930 年代开始，杜边就在柔佛州新山及其周围地区从事新文学活动。他多才多艺，先后以苏夫、拓夫、许涯、力一等笔名发表了许多作品。

抗日时期，服务于“马来亚人民抗日军第四独立队司令部宣教团”，一度被捕。日本投降后，出任新山市人民委员会主席，同时兼任宽柔学校校长，1946 年离开新山，前往新加坡，继续从事戏剧活动。1949 年被逐出境。从 1930 至 40 年代，杜边创作的剧目，洋洋大观，计有：《活路》《巨魔》《爱国心》《情与法》《万恶公司》《战地泪花》《他的末日》《狮岛夜话》《她疯了》《二年》《反迫迁》《反扫荡》《父与女》《中马印一家亲》《明天的太阳》《宝星》《野心家》《王八蛋才疯》《野孩子》《海滨渔妇》。他一手创建的“南岛旅行剧团”，在二战前积极宣传救亡抗日，其半职业建制，为本地“剧运”指出了一条未来的发展方向。

同时，杜边的论文《抗日卫马文艺与马华文艺的独特性》，也指出马华文艺应走的方向。他认为“马华文艺应有其独特性，要立足于反映与各族共命运的华人社会现实”，因此，他的戏剧运动，后来由“抗日救亡”转为“抗日卫马”。

新加坡邵氏公司第一部华语电影的主题曲就由他所创作。1997年2月2日，杜边在中国病逝，享寿83岁。

迄今有关杜边生平事迹的著作，计有1994年面世的《杜边与马华（新马）剧运》和1998年出版的《逐日者》。《逐日者》是杜边夫人温刚女士策划出版的纪念集，他的两位公子杜锐、杜啸鸿从香港寄赠50本，由马仑赠予读者及文教机构、图书馆等。广州花城出版社则于2002年2月印行温刚与张惟主编的《杜边文集》第1卷及第2卷，令其佳作广为流传。

045　杜运燮（1918—2002）

笔名吴进、吴达翰等，祖籍中国福建古田，于1918年3月17日出生在马来半岛霹雳州实兆远甘文阁附近的山芭里。在农村的新民学校念小学，后来到新邦安拔的一所中学念完初中。跟着到福州英国教会办的三一中学念高中，然后在昆明西南联合大学念外文系。

大约1945年，英军在印度及缅甸作战，中国派远征军去，彼此统一战线，由于作战关系，必须有翻译，杜运燮即是当时调去充任翻译者之一。就因此，杜运燮离开了中国。日本投降后，他从印缅南下新加坡。1947年在南洋女中教书，1948年在《星中日报》任翻译，1949年到华侨中学任教，直到1950年聘约解除回返中国大陆。杜运燮著名的诗作《诗四十首》是巴金主编的《文学丛刊》第8集里的一种，初版于1946年10月。

他南来新加坡后，执教之余，也不断从事文艺创作，主要是散文，于1951年汇成一本集子，题为《热带风光》，笔名“吴进”。1980年7月间，他在一封公开信里写道：“散文集《热带风光》中的十几篇文章，是我于1947至1950年先后在新加坡南洋女中和华侨中学教书时业余写成的。”

1950年，他在香港一家晚报担任翻译兼编副刊，跟着名武侠小说家梁羽生做了大约半年的同事。1951年，他从香港回到北京，初时从事新闻工作，后来到设在临汾的山西师范学院外语系任教。

1980年，曾接受联邦德国有关方面的邀请，赴联邦德国访问。同年6月，他发表的散文《海的怀念》，仍然深深怀念着实兆远附近的海，海周围的故人、故地和往事！1981 年，他与 8 位诗友出版合集《九叶集》，其新诗接近现代派，唯别创风格，成为中国新诗史上重要的一支流派。

1991 年 3 月 2 日，已成为中国“九叶派”诗人的杜运燮先回到北马探亲，并于 17 日续程前往新加坡探友。在他逗留期间，一些报章和文学刊物发表了有关新闻和文章。有关杜运燮的文章计有孟沙的《一颗不老的诗心》（《南洋商报·南洋文艺》）、楼外楼的《“九叶”诗派诗人杜运燮莅马探亲》（《写作人》）。

杜运燮并于 1992 年 3 月间重访他的第二故乡，这个也说是“我爱的第一个”的地方，阔别 40 余年，在乡情、亲情与友情的冲击下，创作了多首新作品，后在实兆远等地的文友协助下，如愿于 1993 年 5 月间出版新书《你是我爱的第一个》。他于 2002 年在中国逝世。

046　杜志昌（1924—2017）

马来西亚华人知名政治工作者、诗人暨作曲家。笔名杜宇声。1924 年生于吉隆坡，祖籍中国广东顺德。其祖父杜南是孙中山先生的革命同志，辛亥革命之后，获孙先生以临时大总统身份颁予旌义状。其父亲杜著新也因参加革命而获颁勋章。

杜志昌在二战前毕业于吉隆坡尊孔中学（初中），后转入美以美英校，1953 年毕业于香港大学医学院，返马后非常关心社会和国家，曾出任董总第二任主席。

1970 年吉隆坡发生大水灾，次年，杜志昌发动筹办救灾义演活动，他被推为筹委会主席，邀请了香港银星义演团 50 位团员前来吉隆坡义演一星期，拉开了马中建交的序幕。

他的作品有：《唐诗宋词英读九十九首》（把唐诗宋词译成如唐诗宋词般有规格和押韵的英文诗，得到世界桂冠诗人在英国举办的诗人大会的奖状，也得到中国文化部的书面赞扬）、《杜宇声》（散文集）、《杜鹃集》（诗集）、《杜宇声文艺歌集》（杜志昌谱曲，欧阳瑶艺编钢琴伴奏）、《徐志摩现代诗歌剧》（徐志摩词，杜志昌曲，余家和编钢琴伴奏）、《杜宇声诗歌创作》、《旧诗谱曲百首》、《马中古今华英诗歌选集》、《杜宇声浮生二十六唱》；还有 CD 二项，即徐志摩现代诗歌剧《生死恋》，有男女高音清唱和钢琴伴奏；《唐诗宋词之夜》，唐宋诗人词、杜志昌谱曲、东方华乐团伴奏。

一生对文化推广活动不遗余力的杜志昌医生，于 2017 年 8 月 31 日逝世，享寿 93 岁。

杜志昌先生于 1924 年出生在茨厂街，于 1956 年在苏丹街开诊医疗至逝世，他自称是“茨厂街最年老的街坊”，同时也是位让人永怀不忘的医生！

047　端木虹（1939—1996）

1950 年代末马华作家，原名黄爱民。1939 年 6 月 2 日生于马六甲瓜拉，祖籍中国海南琼东县。毕业于马六甲培风中学和高级师范班，出任华小校长多年至退休。自 1956 年开始写作，先后用过端木虹、叶谛、巴力门、亮羿、静雁、亮汀、蓝勋等笔名。他积极从事文艺社团活动，担任过青春出版社社长、南马文艺研究会副会长，1988 年担任大马华文作家协会副主席，亦曾任该协会秘书。退休后，曾出任吉隆坡某出版社编辑。

他外形洒脱健硕，为人不拘小节。从 1956 年开始，就已崭露头角；也勤于中译马来文学作品，藉以沟通华、马文学，促进文化交流。1967 年 1 月 14 日开始编《华商报·文艺》副刊。

著有小说集《塞纳姑娘》、《魔沼》、《从黑夜到天明》和《含笑青山》；散文集《重亮的爝火》；诗集《山雀的早晨》、《湖的传说》、《坚守》；评论集《话文艺的桑麻》、《巨木和云烟》等等。

他的小说《伙伴》和散文《重亮的爝火》《莎玛河合唱》及《潮露》，分别被选入《新马华文文学大系》小说二集及散文二集中。于 1967 年写成的中篇小说《含笑青山》，是以作者的故居黑水村为背景，内容故事发生于 1950 年代的末期。马仑主编的《马华文学大系·中长篇小说（1965—1996）》，即收录他的中篇小说《含笑青山》。

端木虹不幸于 1996 年 12 月 22 日辞世。

048　邓国先（1939—2017）

马华写作人暨文史工作者，笔名文君等。1939 年 8 月 18 日生于柔佛古来，祖籍中国广东罗定。毕业于古来华小和新山宽柔中学。约于 1952 年开始学习写作，常常投稿至《马青月刊》《我的月刊》和《时代儿童》等刊物。担任过马、新多家报社的通讯记者，有近 50 年的采访与写作经验；也与文友合搞过儿童刊物的出版工作。长期从事报业发行工作。编著有《古来今昔》（1993）、《往日的旧梦》（1994）、《古来旧貌新颜》（1995）、《古来怀旧篇》（1998）及《古来风云录》（2000）、《古来河流传奇》（2003）、《客家情流水缘》（2004）、《龟来河》（2006）、《民俗趣谈和沙翁河故事》（2007）、《古来历史图片集》（2008）、《歌唱古来未来的发展》（2009）、《旧貌新颜话古来》（2010）及《古来历史汇编》（2011）。

邓国先所编撰出版的古来专集甚多，惟内容多有重复，学术性不强，但他都设法捐献各书给国家档案局储藏，以方便后人参考古来的历史资料。国家档案局也给予证书作为纪念。他这种积极耕耘地方志的精神确实难得。

此外，邓国先也捐献 11000 本给教育、慈善机构、会馆及社团等，其中 6500 本捐给新山古来宽柔中学作义卖之用。

邓国先 2017 年 4 月 30 日病逝于古来。

049　方户（1941—2001）

砂拉越华人作家。原名房年胜，笔名方户、尼尔逊、元胜。1941年出生于古晋盐柴港。祖籍中国广东东莞。1962 年开始发表文艺作品。1966 年毕业于南洋大学，获文学士学位。撰写论文，创作戏剧、杂文、诗歌，喜好书画。曾在沙巴、文莱、美里培民中学、诗巫黄乃裳中学等中学任校长。大马华文作家协会会员，马来西亚书艺协会诗巫联委会首任主席。从 1970 年开始，主编过至少 5 部学校社团及公会特刊。

曾任《诗华日报》主笔。撰《拉惹时期 1841—1946 加帛华人社会演进史》，发表于 1989 年诗巫《诗华日报》。著作计有：《简易汉语拼音》（1975）、《从永安亭碑记追溯诗巫大伯公庙的历史》（1993）。主编《诗巫华族史料集》（1992，另有编者：朱敏华、何君灿、徐元吉、蔡宗贤、孙春富）、《侨长魏葆熙传略》（1993）、《诗巫华人社团大观》（1996）等。

方户于 2001 年 10 月 26 日辞世，终年 60 岁。

050　方北方（1917—2007）

马华文坛多产作家，原名方作斌，祖籍中国广东惠来，1917 年 5 月 29 日生于中国广州。肄业于汕头南华大学。1928 年南来；1937 年已在新马报刊发表作品，同年返回中国。1947 年 4 月 1 日返槟。先后在槟城中华中学、韩江中学和麻坡中化中学任教，前后 41 年。其中 17 年出任槟城韩江中学华文主任，也担任了 3 年的校长，于 1989 年 11 月 30 日提早退休。1989 年 11 月成为第一届马华文学奖得奖人。1990 年 7 月，槟城州元首华诞日，他获得 PKT 奖章。笔名尚有：方里、方向之、作兵和黑金等。主要著作有：长篇《春天的故事》《迟亮的早晨》《刹那的正午》《幻灭的黄昏》；中篇《娘惹与峇峇》《说谎世界》《槟城七十二小时》；短篇《思想请假的人》以及散文集《笑的世纪》等。较新的著作有《马来亚三部曲》——《树大根深》《头家门下》《花飘果坠》；评论集《看马华文学生机复活》等。

方北方著作无数，享誉海内外。他曾获首届马华文学奖、第二届亚细安文学奖、亚洲华文作家文艺基金会颁发终身成就奖，历任大马华文作家协会会长，曾任该会顾问。

方北方于 2007 年 11 月 11 日逝世，享寿 90 岁。

全套 16 册的《方北方全集》，已于 2009 年 12 月 1 日正式问世。由潘碧华与杨宗翰主编的《马华文学奖大系 · 方北方小说选集 · 爸爸过劫》，于 2012 年 8 月由台北酿出版社印行。

051　方水双（1931—2017）

马新独立前，方水双是新加坡左翼工运和政治领袖。他于1931年10月27日在柔佛州新加兰出生，祖籍中国广东惠州。他在当地接受小学教育。1949年在峇株巴辖华侨中学（即今日的华仁中学）念初中一年级，后来转往新加坡华侨中学念初中二年级，与来自柔州笨珍县的林清祥同班，两人志趣相投，积极参与学潮活动，遭校方开除后旋与工运结缘，被推选为工运领导之一。

《新明日报》报道，前左翼政治人物和早期工运领袖方水双，2017年2月4日下午在家中逝世，享寿85岁。新加坡总理李显龙在发给方水双遗孀陈宝珍的唁函中，对方水双的辞世表示惋惜，并强调其对于新加坡建国史上一场激烈的政治斗争的观点。

2017年2月7日，《中国报》也刊载李显龙对于父亲政治对手的看法。他说，两个阵营麾下都是“全心付出、守纪律、深具勇气之士”，但由林清祥和方水双组织的社阵如果在当年的斗争中胜出，“新加坡的历史就会截然不同”。李显龙称：“没经历过这些事迹的新加坡人很难理解那个时代背景的壮志情怀。那是对社会持截然不同愿景的两组人之间的一场激烈的思想交锋。……所幸的是，他们没胜出，多名与他们同道的人在事过多年、尘埃落定后也认识到这一点。”

1954年，方水双和林清祥通过朋友介绍，在欧思礼路38号结识李光耀，并同意共组人民行动党；方水双也担任行动党首届中委。

李显龙说，行动党当时以受英文教育人士为主，而受华文教育者的圈子一直是共产主义势力经营的影响范围，李光耀在林、方两人身上看到“衔接行动党与受华文教育者世界的桥梁”。

从方水双的著作《方水双的回忆录》里头，可知1963年在新马合并前夕，方水双再度被扣留。他在麻坡扣留营度过了4年6个月。1967年马来亚独立10周年，他获得自由，自此退出政坛从商。

方水双在扣留期间曾考取英国剑桥普通和高级水准文凭，退休后通过圣克里门远程大学核子无线电和工艺学院的学习课程，考获硕士和管理博士学位。

方水双1960年和工会活动分子陈丽英结婚，育有一女二子。长女秀敏为专业绘测师，长子永进为电气工程师，幼子永胜为机械工程师。

052　方壮璧（1926—2004）

马来亚共产党（马共）史上举足轻重的领导人物。1924 年在新加坡出生，祖籍中国广东潮州。1939 年是新加坡华侨中学在籍学生。他在求学时期，是位出色的赛跑名将。

方壮璧早年是新闻从业员，曾任新加坡《南侨日报》记者。据说，方壮璧曾经是新加坡地下组织的领导人，积极地搞过华人记者俱乐部。方壮璧另用李兵、方平安等化名，长期在马泰边界活动。

他是马共高级领导人，陈平派领袖。当时新加坡政府以“马共全权代表”这个名称来指这个人。其特长不是指挥游击战，而是主持外交，谈判事务。随着泰国政府于 1994 年 9 月 2 日开始为他们正式发出居留证件后，这批原籍马、新的前马共成员可安心为生活奋斗，而其下一代也可成为泰国公民。方壮璧也代表全体和平村村民感谢泰国政府、军方及各有关方面，为履行《合艾和约》所作出的诚恳及有效的协助。方壮璧的《我们这一代》丛书，即《新加坡啊！新加坡——一个独立斗士的呼声》《马泰边区风云——森林游击生活片断》及《李兵的诗——一片生疏的天地》，3 本新书于 2000 年 1 月 3 日在吉隆坡举行推介礼。

1950 年代末期，他已是马共的“全权代表”，曾与李光耀多次进行机密协商，甚至协助人民行动党上台执教。据学人阮涌俰陈述：“后来的李光耀与马来亚共产党决裂，并大肆逮捕新加坡的共产党成员，方壮璧由于被通缉而转移到印尼。1970 年代末，再到马来西亚与泰国边界地区参加游击队战争，直到 1989 年 12 月签订《合艾和平协议》马共停止武装斗争为止。之后，方壮璧致力发展泰国南部马来亚共产党成员聚居的‘和平第二村’的旅游业。”（载《马来西亚华人人物志》第二卷，第 342 页）

方壮璧于 2004 年 2 月 6 日在合艾（曼谷医院）辞世，享寿 78 岁。其遗孀郑红英是其笨珍培群独中校友。

053　房汉佳（1936—2010）

砂拉越华人作家，笔名方笑天。1936 年生于古晋，祖籍中国广东省东莞县。

他受过高等教育：1958 年毕业于古晋中华第一中学，1963 年获台湾师范大学教育学士，1968 年获美国夏威夷大学教育硕士学位，后在美国伊利诺大学教育学院进行研究。1969 年起任诗巫砂拉越师范学院讲师。2005 年，以论文《砂拉越白人拉者时代的华文教育发展与对砂拉越建设的角色》获得博士学位。

2006 年，他与 6 位文友发起筹组砂拉越华人学术研究会，任筹备会与首任主席。曾多次受邀为历史研讨会主讲人。他也是美里笔会会员，其著作以研究砂拉越历史为主，计有：《砂拉越拉让江流域发展史》（1996）、《文化与教育》（1998）、《砂拉越巴南河流域发展史》（2001）；合著《世界著名摄影家黄杰夫》（1995）、《砂拉越华侨抗日机工——英雄的故事》（1998 年）、《中国爱国学者——田汝康教授》（2004 年，2013 新增版）；翻译《比较教育制度》（1969）、《砂拉越掌故》（1976）、W. J. Chater 著 *Sarawak Long Ago*、《马兰诺人风俗与禁忌》（1976）；编著《许如玉博士的传奇故事》（1997）。

他于 2010 年 11 月 21 日辞世，享寿 74 岁。他与夫人林韶华博士栽培了 2 男 1 女，满门俊杰。

054　斐楼（1900—1999）

斐楼是享寿百岁的南来教育家兼作家。原名匡光照，笔名晦庐、怀湘、孺子牛、斐楼等，1900 年 11 月 4 日出生于中国湖南省益阳县。他于 20 世纪 20 年代中期南来爪哇，1930 年移居新加坡、马六甲及新山，定居小笨珍多年。他从 1924 年就开始写作，1969 年退休后写作更勤，工诗词书画音律，文章尤脍炙人口，擅长散文、杂文、时评、古典诗词、小说等作品。出版有《斐楼文集》（1977）等书。

斐楼在世寄居 100 载，于 1999 年 9 月 11 日晚上 6 时 30 分辞世。斐楼为人慈祥可亲，早年南来在印尼泗水任当地华文报编辑，后赴马来西亚马六甲培风中学掌校十多年，培风校歌歌词是由他编写的。曾担任笨珍培群学校校长 20 多年、新加坡南洋女中代校长约 7 年，1960 年代亦曾在宽柔中学执教，桃李满天下。

055　符家燊（1938—2014）

马华资深新闻从业员，1938 年在吉隆坡出生。1957 年毕业于吉隆坡尊孔中学。早年在新加坡受训，成为南洋报社专业记者，后服务于吉隆坡报社，擅写报导文学作品。约从 1960 年代开始，符家燊有不少的要闻报道和访问特写刊登在《南洋商报》全国要闻版。约于 1980 年代期间担任专题作者。他亦曾担任《南洋商报》主笔、副刊编辑。此外，他从 2002 年起担任雪隆海南会馆学术与出版委员会主任，直到 2009 年，并曾主编《百年乡情：15 间超过百年历史的海南会馆》。

符家燊的女儿符婉月受询时说："父亲于 2014 年 8 月 1 日与世长辞。于 3 日晚间 8 时 30 分在旧古仔路的全备福音堂为他举行追思会，并择于 4 日早上 10 时出殡。"

2015 年 11 月新加坡莫河主编的《亚细安海南作家作品选》录用了符家燊的 2 篇佳作：《世界末日的联想》《半粒咸蛋送两碗粥》。

056　符肇流（1940—2008）

柔佛州麻坡巴东诗人。笔名符果、流滋汉等。

符肇流于1940年10月4日出生在柔佛麻坡县巴西小镇，祖籍中国海南省琼海县塔洋公社茂园村。小学毕业后即因父逝而辍学帮母经营咖啡店生意；定居于巴冬埠。出版有诗集：《巴东河之歌》（1975）、《燃烧的红烛》（1981年油印本）、《剑与鲜花》、《菩提树》等。

2008年10月，马仑编选的《柔华作家百人文集》（1926—2008）（柔佛丰顺会馆出版），收入符肇流的散文《赤道上的鹰》和诗作《无尽的哀伤——悼念外甥王秀晻（铭锦鈴）》。2008年8月12日晚间逝世。长女符诗玉是一名记者。

057　傅孙中（1941—2013）

马华作家暨学者，1941 年 10 月 6 日出生在彭亨州关丹，祖籍中国福建南安。在 1990 年代期间，傅孙中是马来西亚中华大会堂总会的领导人之一，于 1998 年出任第五届马华文学节工委会主席。多年来已成为知名的文化评论作者，笔名方剑琴。

傅孙中也曾任马来亚南洋大学校友会会长，并曾担任多个华团如华总、隆雪华堂及大马福建联合会等组织的要职。他已出版的专著有《南大问题评论集》（此书荣获大马福联会 1977 年度文学出版基金评论组优秀奖）、《主管不在场评论集》（1989）、《还要什么评论集》等，其他的编著则包括《南洋大学校友名册》等书。

傅孙中曾任多个吉隆坡华团要职，是雪兰莪暨吉隆坡南安会馆前会长。

他于 2013 年 4 月 16 日下午病逝，享寿 72 岁。遗孀王莲花，育有一女傅玉冰。

058　谷中鸣（1937—2003）

1950 年代末马华小说家，原名陈贞榜。1937 年生于吉隆坡，祖籍中国福建安溪。自 1953 年开始学习写作；1960 年代写得较勤，笔名谷中鸣等，先后出版有 6 本书，即长篇小说《埋葬了的罪恶》《最后的一吻》，中篇小说集《梦与 2789》，短篇小说集《文冬客》等。

他是“谷中鸣”专业命理风水研究机构创办人和主持人，也从商。他于 2003 年 5 月 16 日逝世，寿年 66 岁。其遗孀为林麦佼，共育有 3 男。

059 顾兴光（1939—2012）

1950年代后期马华作家、资深报人和政治工作者，本名顾兴光。1939年2月23日出生于马六甲，祖籍中国海南省万宁市白沙坡。

早在1958年，他时年19岁，就担任新加坡《星华报》主笔兼总编辑。《星华报》是在《新报》被当时的新加坡政府封禁后以新风格面世的报刊，拥有广大读者群，但最终也逃不过被当局禁止出版的命运。《星华报》几个深受读者欢迎的专栏："短评""万象图""工人简札"，都由他执笔。1967年，他出任《华商报》总编辑。之后，与董伟强合创《太阳报》，任董事经理。

顾兴光是马来西亚前资深报人之一，是大马华文作家协会永久会员，也是一名文艺工作者，笔名梦彤、云匡、无为、上官彤、尉迟亮等，从商后仍以自由撰稿人身份，经常在报章、杂志撰写专栏和评论文章，并曾在《南洋商报》主办的讲座发表"关于报告文学"和"组织、领导和时间管理"等专题演讲。

他在1960年代曾积极参政，两度中选为马六甲自治市议员，一度出任自治市议会署理主席。1970年代初曾被推选为全国华人团结运动领导人之一，因在怡保发表演说争取华人权益，被逮捕控以煽动罪，成为马来西亚第一位在《煽动法令》下被控罪名成立的被告，被判罚款1千元或入狱3个月。1980年代槟城商人张友群（韵斌）收购《华商报》，邀请他重返该报社担任执行董事。1983年，上市公司森德综合工业集团收购《新明日报》，聘请他出任董事经理，直到

1985 年《新明日报》转手予《新海峡时报》为止。1987 年，他担任《星洲日报》执行董事一段时期，后离开转入商界。他在商界表现出色，担任中国江西南昌宾馆发展有限公司、南昌翠林高尔夫度假酒店董事、总经理，同时也是香港多家投资公司执行董事。

顾兴光于 2012 年 4 月 3 日病逝，享年 73 岁。

060　管震民（1880—1962）

二战前北马教育家，1880 年生，浙江黄岩人，原名望涛，字线白。据其媳妇沈亮采所言，管父为浙江一乡贾，经营杂货。管震民曾写过《绿天庐诗文集·书感八律》（1955）一诗，记载了他一生的际遇。他于 1900 年岁试名列第三得以补廪，但却于 1905 年弃之而考入京师大学堂博物科。1908 年毕业，奖给举人出身，先分发吏部，后改签法部七品小京官。由于不习惯官场习气，故弃官从事教育。他于 1909 年任山西大学堂教授 2 年，1912 年任杭州官立法政、一中等学校教员，1917 年任浙江省立第二师范学校校长，及 1919 年出任河南开封高等师范学堂教员。1923 年南渡缅甸，任仰光华侨中学校长 5 年，并任缅甸国民党总支部执委多年。

1934 年 12 月应国民党人创办之槟城钟灵中学之聘，任国文科主任，至 1950 年 1 月退休。他在杏坛春风化雨长达 50 多年，可谓一生最大的贡献在于作育英才。他在钟灵中学任教期间，凡与校事有关者，每形诸吟咏，这些诗作成为研究早期钟灵中学及马来亚史之重要史料。除了古诗，他在《钟灵中学校刊》也有一些其他作品，如《钟灵中学史略》（1946 年校刊）、《谈谈孔子卫生学》（1946 年校刊）及《谈我国之邮票与集邮之旨趣》（1947 年及 1949 年校刊）。

他有“槟城诗翁”的雅誉，是早期槟城吟社的中坚分子，与当时的苏铁石、陈少苏、许晓山、周曼沙等时有唱酬，文酒往返。日侵时期，挨过了战乱的日子；战后，在槟岛亚依淡附近定居。1962 年 7 月 8 日，管震民在槟城寓所绿天庐逝世。马华学人黄文斌称誉他为“举人出身的古体诗诗人”。

061　郭北（1937—1994）

马华资深报人、作家。1937 年 3 月 31 日生于马六甲浮罗士邦，祖籍中国广东大埔。取得剑桥 9 号考试文凭，自华文中学毕业后，曾在报界，包括《中国报》报社服务多年。

他是两家妇女月刊《女界》与《文雅》的创办人。《女界》出版后不久顶让给生活出版有限公司，改名为《风采》。郭北曾任《呼声》《新时代》《新纪元》丛书主编、总编辑及行政经理，生平热心出版事业，曾为马华多位作家，包括马夫之、沙风（原上草）等印行专集。

他也勤于写作，笔名汀上霜、郭北、北弦、白霜等。著有散文集《一条街的山城》（1975）、评论集《孙子兵法与海湾战争有何关系?》（1991）、《一个输不起的领袖》。

1994 年某一天，他因在吉隆坡大街上奔走追搭巴士，心脏病突发而逝世。

062　郭金祯（1939—2015）

马华作家，1939 年 11 月 8 日诞生于笨珍，祖籍中国福建永春县十二都仙乡水路。笔名郭青、郭鸣等，毕业于笨珍南峇培华学校、培群独立中学、槟城韩江中学（高中课程），和台湾政治大学，曾任台湾桃园大溪中学教师，被桃源县桃园教育局遴选为模范教师。

返马后，出任笨珍培群独中校长数年，后担任过新文龙中华中学训育主任。郭君擅长新诗、散文及其他文体，作品散见国内外报章及杂志，曾在《新明日报》撰写“纵横谈”及在《女界月刊》撰写“儿童教育问题”专栏。他所发表的一些散文及现代诗等作品，颇受读者激赏。部分佳作被马仑编选入《笨珍恋歌》（2012）、《龙中文采》（2013）和《印象笨珍》（2014）等合集。

郭金祯后来从事推销事业，是位杰出的激励讲师和系统组织领导者，他也是位知名的集邮者。其于 2015 年 9 月 25 日往生净土，享寿 76 岁。遗孀毕鑑凤（郭美熹子）也是一位作家。

063　郭仁德（1941—2010）

20 世纪 60 年代中期知名作家暨史事研究者。本名郭仁德，1941 年 6 月 1 日出生在新山，祖籍中国海南省文昌县东路市石码头村。毕业于宽柔中学，新加坡南洋大学经政系肄业，中国暨南大学历史系硕士研究生。用过多个笔名发表作品：《青年人的锋芒》（中篇小说，林鲁），《丁加奴史话》（丁雨轩），《马华与华人社会》（郭岩），《马华风云卅六年》（上册，南宫二），《马来西亚华裔民主政治的斗争——马华危机》（司徒六郎），《劳工党血泪廿年》《揭开私会党真面目》《陈祯禄传》《神秘莱特》（郭仁德）等。另用“朱可立”为笔名，于 2006 年出版《马来西亚华社之谜》。

郭仁德历任马华公会中央文化局秘书，并自 1990 年 1 月起出任《文道》杂志总编辑、马华文化协会和马来西亚儒商联谊会秘书长等职。曾任大马爱国工委会主席、剧艺研究会会长、追讨英军屠杀工委会主席等要职。

他于 2010 年 1 月 2 日逝世，享寿 69 岁。他的长男义民君是位杰出的文化人兼律师。

064　海凡（1948—2008）

1960 年代末马华散文作家，原名秦锡海。祖籍中国广东普宁，1948 年 3 月 17 日生于吉打州牛仑埠，5 岁迁居槟岛。他曾肄业于槟城韩江中学，后来在槟岛中医学院学医。

从 1969 年开始，他勤于写作。笔名有：秦穗、秦秦等。1978 年杪，他以 4 首诗歌，获得“刘金钟文学奖”。著有散文集《海凡散文集》（1978）、《奋斗与人生》（1982）、《南中国海的怒涛》。曾与友人合创意志领袖训练学院，后因故停办。

海凡于 2008 年 2 月 29 日离世。

065　韩萌（1922—2007）

韩萌，这位土生的马华作家，锐笔震文林，创作成就辉煌。他原名陈君山，于1922年3月18日生于马来亚吉打州万那沓鲁县吁噜埠邻近的粟芭村，祖籍中国广东省普宁县南山乡。13岁返华，先后在普宁县兴文中学、流沙中学、揭阳南侨中学、汕头一中等校念高级小学和初中课程。因太平洋战事爆发，侨汇中断，初中未毕业就告失学，在普宁县当小学教师，一面学习文学写作。

1940年起，他开始在潮梅的报刊发表散文、报告文学及诗歌。1942年到广西桂林谋生和学习。1945年至1946年，他才二十三四岁，就担任《贵阳民报》副刊主编和《学生生活》杂志主编。1946年底，他回到潮汕，与同学米军结伴经泰国到出生地马来亚旧家，在吉打州双溪文池埠学校教书，发表了一组报告文学《潮桂撤退散记》。1948年，他和米军都在新加坡市郊当小学校长，韩萌任职的是青云学校。翌年，他转到霹雳和丰兴中中学任图书馆主任兼中文教师，直到离开新马为止。他在新马那3年6个月（1947年至1950年）中，除了协助米军、丁家瑞合编《读书生活》杂志之外，曾用陈北萌、韩江流、洪阳、罗宁、韩冰、宋然、萧牧、丹涂林等笔名。1948年下半年起，才用笔名“韩萌”在香港《文艺生活》杂志和上海《文艺春秋》杂志发表小说；还曾用“巴突”的笔名写了一组总题叫《红毛楼随笔》的杂文。1949年5月，他开了一个月的“夜车”，写出第一部中篇小说《七洲洋上》。这部中篇于1950年初在香港出版，名噪一时。1950年夏，他与萧村、黎田、郑逸人（郑凡）

等倡办赤道出版社，一直到1952年停业之前，印行了韩萌主编的《赤道文艺丛书》6种，包括黑婴的中篇小说《红白旗下》、萧村的小说集《椰园里的哭声》、萧天的短篇集《湄南河边岸》、米军的《热带诗抄》以及他编选的《南洋散文集》和《头家和苦力》。当时，他也用“周寒”为笔名发表文章，并出版了中篇《红毛楼故事》和小说集《海外》《在古屋里》。1951年3月，他回到中国，担任数家出版社的编辑工作。1957年，他开始从事专业创作，完成长篇《侨乡人家》和中篇《海角螺声》等作品多种。1991年，汕头归侨作家联谊会出版韩萌的长篇小说《侨乡梦》。

韩萌于2007年4月3日辞世，高寿85岁。

066　韩觉夫（1911—2000）

槟城资深报人、作家。曾从事新闻工作33年，于1986年荣获“黄纪达新闻奖”中的新闻事业服务精神奖。

1911年10月24日生于中国广东文昌，少年在家乡受几年小学教育，1929年由曼谷来槟城，一面在印务局工作，一面自修中英文。1939年毕业于槟城《现代日报》新闻训练班。1945年8月15日，日本投降后，他便开始采访工作。1946年底至1977年3月期间，曾任法庭记者、采访主任、地方新闻编辑、体育版主编、人事部主任兼总务。1979年3月退休前是《光华日报》编辑。

自1950年10月起，曾兼任《星洲日报》驻槟记者12年。1963年4月，在雅加达举行亚非拉记者会议时，他是马来西亚记者团代表之一。曾任北马记者职工会副会长及会长各两年，之后出任名誉会长，他也曾积极参与其他社团活动。著有《记者生涯三十年》（1978年，1979年再版）、《我当了编辑之后》（1979）、《浅谈封衔》《加拿大概况》等。1978年6月6日荣获最高元首封赐AMN勋衔。

韩觉夫于2000年辞世。

067　韩素音（1917—2012）

饮誉全球的国际名家，祖籍中国四川成都附近的郫县（今郫都区），原籍广东梅县，先辈是在1660年移居四川郫县。她的父亲周炜早年留学比利时，在那里同比利时姑娘蒙裘莉·丹尼斯结婚。1913年携妻回国，担任铁道工程师，常年奔波京汉、陇海铁路沿线。1916年9月12日，逢中秋节，她母亲在河南省信阳火车站生下她。按家族命名排序，她是“光”字辈，因此父亲为她取名周光瑚。她的童年大部分时间是在火车站度过的。韩素音是其笔名，是“汉属英”的音译，意思是她这位汉人已入籍英国。

她在北京上小学、中学，并在一所教会办的圣心学校专修法文和英文。1933年考入燕京大学，两年后，她就拿到奖学金到比利时布鲁塞尔大学攻读医学预科。1949年她转到香港，在玛丽医院服务。1952年至1960年代，长期在柔佛首府新山及新加坡从事医务工作，同时积极从事写作。

她的主要作品取材于20世纪中国生活和历史，体裁有小说和自传。她40年来写了30本书。她在世界各地曾作过2000余次的演说，介绍中国见闻。1994年9月，她荣获中国第二届“理解与友谊国际文学奖”。

2012年11月4日，本地报刊刊登一则以“中国人民友好使者英名作家韩素音去世”为标题的新闻，内容披露：曾在新加坡南洋大学任教的著名作家韩素音，在当地时间11月2日中午12时30分于瑞士洛桑的家中去世，享年96岁。

韩素音的一生是一部传奇。她先后在燕京大学、比利时布鲁塞尔大学就读，以流利英文写作中国故事。20 世纪 80 年代以来，其作品陆续被翻译到中国的有《伤残的树》《再生凤凰》《瑰宝》《青山青》《等到早晨来临》及传记《周恩来与他的世纪》《毛泽东与中国革命》等。

1991 年 12 月，中国华侨出版公司印行《韩素音自传》，共 5 大册：《再生凤凰》（316 页）、《吾宅双门》（505 页）、《残树》（614 页）、《寂夏》（411 页）、《凡花》（446 页）。到了 1995 年，《韩素音自传》已第 3 次印刷。这些巨著由冯亦代校译，协助翻译者多达 10 位，包括庄绎传、杨适华、陈德彰、林克美、祝珏、周谟智、周蓝、邱雪艳、梅仁毅等人。另有生活·读书·新知三联书店、上海人民出版社版。

068　何谨（1959—2007）

1970 年代中期马华作家暨报人，本名陈和锦，马六甲人，生于 1959 年 1 月 28 日，祖籍中国广东潮安。定居吉隆坡，曾任吉隆坡鼓手文艺出版社秘书。著有散文合集《守候着的鼓声》。用过荒漠、何谨、河井等笔名。荣获第三届杰出潮青文学奖。曾出任《南洋商报》副刊主编，在他倾力策划之下，1990 年代期间的南洋报社，出版了多种极有意义的《南洋商报丛书》。他也曾在生活出版社和《中国报》任职。

1990 年代，曾出版散文集《一碗潮州粥》和《平常心》，2001 年 8 月出版《大宝法王传奇》。2000 年元月中，他与贤内助叶秋红及佛友戚舜琴（杨立群夫人）合作出版创刊号《福报》杂志，并出任总编辑，致力从事佛教文学创作。至 2001 年底，此杂志的 11/12 月号，已是第 12 期。陈太太叶秋红也是著名的编辑人，曾任《福报》和《风采》杂志主编。马仑于 1980 年 12 月编选的《马华当代文学选・第二辑（小说）》（大马华人文化协会，1984 年），录用了何谨的佳作《夜宴》（第 510—515 页）。

他不幸于 2007 年 9 月 13 日因为心脏病突发而辞世，享年 44 岁，遗下妻子叶秋红及两名女儿。

069　何苦（1937—2010）

砂拉越华人作家，原名林臻化，笔名：何苦、牛劲、石韦等。

他于1937年6月12日在拉让江畔出生。1957年毕业于诗巫卫理中学，通晓中、英、马来文。信仰辩证唯物主义，从事反殖斗争，身陷囹圄12年，参与4次牢中绝食抗争。曾报读厦门大学文学创作函授课程。他患癌11年，但乐观顽强；面对病痛，截瘫在床，仍奋笔疾书。著作计有《尘土飞扬》（2007）、《沉舟侧畔》（2009）、《辨字析词100篇》（2010）、遗著《俯仰两无愧》（2011）及悼念亲友的诗文。

何苦另有合著8本和编著15本，足见他是勤笔多产的非凡作家——他的人生经历何等痛苦，然而他无怨无悔，艰辛著述。他于2010年3月29日走完人生尽头，终年73岁。

070　何乃健（1946—2014）

马华优秀诗人、散文作家暨水稻专家。1946 年 5 月生于泰国曼谷，祖籍中国广东顺德。1953 年移居槟城，后居吉打州亚罗士打市。马来亚大学农学士（荣誉学士），马来西亚理科大学生物学硕士。他曾任职于吉打州慕达农业发展局，负责有关水稻双造种植的农艺技术推广及训练工作，也曾参与联合国属下机构与国际农业研究咨询组（CGIAR）的多项活动，且是联合国粮农组织（FAO）水田杂草治理委员。何乃健曾以英文、马来文发表上百篇农业论文。

何乃健自 13 岁开始发表小诗，扬名东南亚及香港。著作包括诗集《碎叶》、《流萤纷飞》、《裁风剪雨》（与韩牧、秦林合著）、《仙人掌的呼唤》；散文集《那年的草色》、《淅沥的檐雨》、《稻花香里说丰年》等。1999 年 5 月间，何乃健及田思合著《含泪为大地抚伤》。另有评论集《荷塘中的莲瓣》，以及《水稻与农业生态》《窥探大自然》等环境文学作品。

他曾担任大马作协讲习班讲师、佛教写作人工作营讲师、全国大专文学奖及花踪文学奖评审。所获奖项包括：雪兰莪中华大会堂及潮州八邑会馆统一学术文艺出版奖的诗歌奖（1978 年）、马来西亚华人文化协会主办的第四届文学奖的散文奖（1982 年）及第七届文学奖中的翻译奖（1985 年）。其作品收入《新马华文文学大系》、《马华当代散文集》（1985）、《马华文学大系》、《马华七家诗选》，以及中学初一至高三华文课本中。主编马华作协出版的《马华文学大系·诗歌（一）》。

何乃健于 2014 年 9 月 3 日在家中病逝，享年 68 岁。

071　洪浪（1942—1999）

1960 年代初马华散文家，原名谭亚木。1942 年 10 月生于森美兰瓜拉庇劳；初中毕业后失学，靠自学掌握中、英、马、日 4 种语文，先后做过车衣厂的小书记、豆腐厂的学徒杂工、割胶工人、戏院广告师和新闻记者等。

在吉隆坡《星洲日报》当外勤记者的期间，他利用工余到马来亚大学（马大）攻读马来文系课程，考获荣誉学位。1974—1981 年，受聘于吉隆坡拉曼学院当讲师，工余还在马大继续攻读硕士学位。曾任吉隆坡马化集团董事经理（营业）公共事务助理。常用的笔名有：谭森佳、鲁冰、古虹、孤虹、春林、野木、朽木、冰菱等。自 1963—1973 年间写了不少作品，以杂文见长。已出版有《轻风细雨集》（1970）、《无花集》及《碎金集》（1973）等。1999 年 4 月 2 日在吉隆坡谢世，享年 57 岁。

072　侯越英（1939—1996）

东马砂华作家，1939 年生于诗巫。原名侯越英，笔名由衷、越利、半藏等，毕业于师范学院。1990 年代中期出任砂拉越华族文化协会属下文学组组长，领导诗巫中华文艺社。是《马来亚日报·茶余饭后》专栏的撰稿人之一；曾与胡言（黄政仁）、阿土（黄国宝）、哑牛（王政贤）合著 4 人杂文集《洗耳集》（1991），另有合集《春草集》（1998）、《心窗风雨》（1995）、诗文集《上谷斋诗文集》（2008）等。

2001 年 9 月 25 日，住在诗巫、曾当过侯越英老师的历史学家刘子政在长途电话中回应笔者时称：侯越英生于 1939 年 11 月 1 日，因患肝病，逝于 1996 年 9 月 1 日。他祖籍福建古田，毕业于诗巫中正中学，是位品学兼优的高材生。他后来长期从事教育工作，在诗巫中华小学任教，同时也爱好文学，擅写散文作品。

073　胡锦昌（1964—2014）

生于1964年的胡锦昌是一位优异的报人，然而他英年早逝，令人哀伤不已。

2014年8月16日上午11时举殡，胡锦昌灵柩在送往槟城峇都眼东殡仪馆火葬场火化前，灵车特地经过胡锦昌生前任职的《光华日报》总社，让《光华日报》上下员工与胡老总作最后的道别，场面哀伤。胡锦昌得年50岁，遗下妻子陈又惜。他于1985年毕业于槟城韩江专修班新闻系，先后在各报担任重要职务，包括：《先生周报》主编、《新生活报》总编辑、《号外周刊》主编。他于2008年9月加入《光华日报》担任总编辑，2013年受委为《光华日报》中央管理委员会成员之一，全权负责重组及管理《光华日报》行政。

资深报人吴彦华于2014年8月18日在《东方日报·名家版》"观念平台"专栏中以《谁害了胡锦昌?》为题，写道：

"胡锦昌之死，是华文报界其中一个最突如其来、最出乎人们意料之外的事件。他走得那么快，快得那么突然，突然得他还没让人感觉到他要走，就走了。自他在8月12日去世至今，有关他去世的惋惜、哀叹、惊讶的'悼文'排山倒海，像潮水般涌现在各华文报、网站、面子书等等，即突出了友好们对他的哀思，也彰显了朋友对他的去世的不能接受，更证明了大家内心存在着难以解怀的不甘。他正值壮年，他领导的《光华日报》蓄势待发，他对这份报纸倾注无穷无尽的精力，他的努力正在发酵，同好们也在引颈期盼这份根植于槟城、辐射向北马腹地的报纸随时向中南马挺进。何以一切能量都在凝神聚气时，这位《光华日报》的总编辑，突然撒手，告别尘寰？一切的一切都似乎在隐喻一宗疑案的建构，教人不得不为这位‘年轻人’的英年早逝反复推敲：Who killed Tommy Boy？谁杀死了这位报界精力十足、灵巧活泼的小顽童？这宗案子的plot如何铺设？剧情是如何推进的？胡锦昌的逝世报导都一致说他50岁。但有一些说法指他1965年出世，如果65年之说说属实，他应该只有49岁。

“他在2008年就从吉隆坡报界回到槟城担任总编辑，若以此类推，他43岁就上位了，是华文报业少有的年轻老总了。这样的年纪就已登上这个位阶，一方面让人对他钦慕，一方面又让他在这个市场窄小、竞争失序的大马华文报业能以更充裕的空间和更优越的位置一展抱负，与其他对手一决高下……”

在多篇悼念胡锦昌的文章里头，与胡君同为报人的吴彦华先生是写得最感人的一位，以上特引录部分悼文，默悼胡总安息吧！

074　胡一声（1905—1990）

1930 年代初期马华作家，原名胡一声。1905 年 10 月出生在中国广东省梅县。国立中山大学肄业，日本明治大学高等新闻研究专业毕业。1928 年南来新加坡。擅写小说、新诗、古诗词和现代文学评论等。著有：《中国现代文学史讲义》《中国现代文学评论讲述》《鸿爪留痕诗集（古旧诗词）》《鸿爪留痕诗拾遗集（古旧诗词·上下卷）》。原任教于北京师范大学，后担任广州暨南大学东南亚研究所所长。

笔者有幸于 1985 年 11 月 6 日，收到胡一声寄来的相片及调查表，填明其笔名有细明、古月、宿女等。约于 1989 年，胡一声却在老同事杨嘉面前“直接了当地否认用过宿女为笔名”。这许是八十余岁老作家的“一时误记”吧。后经查明：宿女是 1930 年代初马华写作人陈天戈（陈嘶马）的笔名（详见于 1991 年 8 月马仑编著《新马文坛人物扫描》，第 71 页）。

可庆的是，这份调查表让笔者最先于 1986 年 11 月在报刊上披露“细胡”和“古月”都是胡一声的笔名。1932 年，胡一声出任加影华侨中学的校长。1934 年他到东京留学，至 1937 年才回马复任校长。他在华侨中学约 8 年。1948 年 6 月离马回中国，不幸于 1990 年 3 月 19 日在广州病逝，终年 85 岁。

附注：胡一声前辈填写的上述表格，刊登于《南来作家研究资料》（新加坡国家图书馆管理局与新加坡文艺协会联合出版，2003 年 3 月，第 95 页）。

075　黄琼（1925—1999）

吉打州女作家，又是教育工作者，原名黄月娟。1925 年生，中国苏州人，二战后南来。

1954 年 10 月，槟城康华出版社出版小说集《杏花时节》。她是诗人彼岸的中学老师。其作品多发表在报刊及萧遥天主编的《教与学月刊》。笔名黄琼、武陵人等。

076　黄崖（1932—1992）

著名小说家兼文学期刊主编，笔名黄崖、庄重、陆星、林音、叶逢生等。1932 年 5 月 12 日出生于中国福建厦门。1950 年前往香港当教员，曾经担任《大学生活》半月刊的编委、《中国学生周报》副社长，1950 年末，在香港、新马等地出版文艺书刊。移居大马后曾经主编《蕉风》月刊多年，并担任《学生周报》编辑。著有诗集《敲醒千万年的梦》；散文集《远方》；短篇小说集《得奖者》《草原的春天》《秘密》《弹琴的人》；长篇小说《紫藤花》《红灯》《一颗星的陨落》《迷蒙的海峡》《煤炭山风云》《雨后斜阳》《烈火》（上下册）等。

1976 年间，出版 3 部长篇小说《山村烟雾》《吉隆坡风雨季》及《金山沟的哀愁》。

黄崖于 1992 年 1 月 3 日在泰国曼谷辞世。根据黄崖的孀妻章淑娟从泰国致电本地文艺界朋友披露：黄崖由于患上心脏病，约于 1987 年之前便已移居泰国进行疗养，在去年底，因为病情发作，入住泰国曼谷一所医院，不幸撒手人寰，享年 60 岁。

077　黄尧（1914—1987）

本名黄家唐，是位著名的漫画家、民俗学家、教育家、历史学家和写作人，生于1914年2月11日，原籍浙江嘉善。复旦大学文学硕士。1956年7月间，由华校教师会主办教育漫画展览，在吉隆坡精武体育会开幕，由当时的教育部长、也是已故第2任首相的敦拉萨主持开幕，盛况空前，会期3天，观众多达7万人。先后编著教育漫画十余种。

后应槟城韩江中学邀约，任训导主任3年；接着又任吉北新民中学校长达12年之久。期间曾编著《马星华人志》一书。这部《马星华人志》如今成为研究南洋华人及历史之权威，已为各大学采作教材资料。教育家王秀南在《我读〈马星华人志〉》一文中说，他以流畅的笔调，写出这册华人历史掌故的巨著，上自王侯，下至奴隶，其间政、商、工、医、文教各部门，俱有撰载；论其地籍，闽、粤、潮、客、琼、三江，都能兼收；别其宗教，佛、回、耶，也能做到并蓄；确是一部十分完备的有关华人的文献。

他于1975年退休。1979年春，他由槟城迁居吉隆坡，应“集珍庄”之约，潜心绘作，以正统汉画法，绘制各种新旧型的画作；因其画涵义深湛，表现生动，故极受各方面的赞佩。大约自1982—1983年间，他在大马《南洋商报·艺术》版撰写“墨缘随笔”专栏。

1987年1月21日，他病逝于吉隆坡。马来西亚艺术学院东方艺术资料研究中心于1988年1月出版《黄尧纪念文集》。

078　黄复生（1928—2005）

大马著名社会工作者，原籍福建云霄。1923 年出生于中国，4 岁时南渡，在太平洋战争发生前受中英文教育，后自修日、巫文。在求学期间，有感于先贤们的办学热忱和薪火相传的神圣，立下日后为民族教育事业服务的宏愿。

1947 年，黄复生创立永强文具社；1954 年，在新加坡开设分行，代理日本、德国、中国台湾等地名牌文具兼设文具厂；1966 年创立永强企业有限公司，并任董事主席。

在社会服务方面，黄复生曾任新山中华公会总务、中华商会总务及福建会馆总务多年，间中亦曾任理事等职，积极参与华社工作，贡献殊多。

黄复生在维护母语教育及提升民族教育事业方面最为执着，不曾言倦，亦不曾言悔。自 1961 年开始，他以宽柔中学为起点，加入拓展华教的行列；旁至宽柔各小学，再延至南方学院，可谓“任重道远”。悠悠岁月中，尽管荆棘满路，他仍坚持一贯的作风，即：能做多少就做多少；勇往直前，不怕失败。

30 多年来，黄复生历任宽柔中学董事及正副董事长，宽柔五校董事及副董事长、新山县发展华小工委会主席、柔佛华校董联会理事及正副主席、南方学院董理事会主席及全国华文独中工委会技职教育局主任；尤对南方学院的创设和成长付出最多，迭逢艰苦的际遇而不退缩，可谓居功至伟。

黄复生学识丰富，勤于写作，著有《大马华文独中与技职教育》《薪传南院》及《民族教育言论集》等书，是民族教育资料的累积，甚为珍贵。他于 2005 年 3 月 14 日辞世，享寿 82 岁。

079　黄戈二（1936—2008）

1950 年代中期马华作家，本名黄国海，1936 年 12 月 22 日在中国福建厦门出生。1957 年毕业于怡保育才中学和吉打师训班。从事教育工作多年，于 1991 年年杪退休。擅写短篇小说、散文及现代诗。笔名：黄戈二、岑北、其戈等。他是马华现代文学初创期的现代小说家，也是在《蕉风》月刊发表作品的一位现代小说作家。主要发表园地是《星洲日报·星云》和《星洲日报·文艺春秋》《南洋商报·商余》和《南洋商报·南洋文艺》以及《蕉风》月刊。著有 2 部单行本：小说《铁蒺藜内》（1961）、散文集《铁蒺藜》（1982）。马仑于 1980 年应征替吉隆坡大马华人文化协会编选《马华当代文学选·第二辑（小说）》（1984），录用了黄戈二的短篇《蚁群》（第 122—126 页）。其多篇小说和散文被选入《马华文学大系》等选集。从 1998 年至 2000 年，他出任大马华文作协理事。

黄戈二于 2008 年 4 月 6 日逝世，终年 74 岁。

080　黄和联（1959—2014）

砂拉越政治工作者兼写作人，于1959年12月21日出生在诗巫双溪米禄农村，先后在鼎新小学、敦化小学、卫理中学、澳洲新南威尔士州艾斯费尔德男子中学（Ashfield Boys High School）就读。1984年考获澳洲悉尼大学法律及经济学士学位。曾在美里法庭工作，1985年在法律界执业。亦担任多届州议员及州议会反对党领袖。

2010年，他在诗巫国席补选中获胜。2000—2013年，为砂拉越行动党主席。著有政治论文集：《选民要什么》（1996）、《砂拉越州大选回顾》（1999）。林议员患病期间，著有《告别昨日，和联抗癌》（*Bye Bye Yesterday To Fight Cancer*）。

他不幸于2014年6月21日辞世，终年55岁。他为政治战斗的理念与精神令人心折！

081　黄继翔（1924—2009）

教育家暨写作者。原名黄继翔，祖籍中国广东潮安，1924 年 3 月 4 日出生于故里。毕业于国立第二侨民师范学校、马来亚专科师范学院华文教育系。

黄继翔早期写过短篇小说等文学作品，笔名黄烘等。他曾任《南洋商报》新山通讯记者，历任新山志声夜校校长、居銮中华中小学校教师、马来亚假期师训班讲师、新山宽柔中小学教师。

1959—1968 年期间，王宓文担任宽柔中学校长，黄继翔担任教务主任。1971 年郑忠信博士任期期满后，即委任黄继翔出任代校长。黄继翔于 1972 年正式升任为校长，直至 1984 年他年届 60 岁，才宣告荣休。

黄继翔于 2009 年 10 月 5 日谢世，终年 85 岁。

082 黄金明（1922—2011）

东马砂拉越的政治作者兼写作人。1922 年 8 月 16 日诞生在林梦，原是当地的一名商人，后来积极参加政治活动，早在 20 多岁就当选为林梦区立法议员，在政坛度过近半世纪时光。曾任砂拉越国民党主席、国州议员、州副首席部长。1974 年，他是国会反对党领袖。

他于 1974 年在内安法令下被政府逮捕，被拘留在霹雳甘文丁牢狱达 13 个月，被控对马来西亚不效忠。著有《效忠的代价》（1984）。尚有 7 部作品以英文著述。

黄金明以 89 岁高寿于 2011 年 7 月 18 日安息。

083　黄明治（1927—2017）

担任林连玉基金顾问的黄明治，是一位备受敬重的大马华教领袖。他约于 1927 年出生于柔佛州巴罗，祖籍中国福建省永春县卿园村。他早年曾到新加坡念过 2 年的中学；年轻时从事橡胶贸易。他非常注重家庭教育，从小就很严格地教育小孩。如今他的孩子都受过高等教育，各有所成，同时也传承父亲生前乐善好施的精神，致力回馈社会。

黄明治不仅是一名备受敬重的华教领袖，也是一位虔诚的基督徒。他曾出版 3 本著作，包括《念情岁月》《牵手一世人》及《黄明治的情书》。马大医学系神经科顾问拿督陈忠登教授为其中一本著作写序的时候，是如此形容他——“基督徒活出了儒家理想高尚人格”。过去数十年来，黄明治积极出钱出力为华社服务，曾任雪华堂副会长、同善医院董事等。其长子黄晋亮是博爱辅导中心的创办人。

与妻子鹣鲽情深的他，在 2016 年 12 月 30 日才庆祝 70 年白金婚禧庆，夫妻二人走过的 70 年婚姻路，堪称众人的楷模。不到 2 个月，黄明治于 2017 年 2 月 15 日逝世，在世寄居 90 载。

084　黄钦伦（1924—1988）

战前马华写作人、教育工作者。1924 年 6 月 4 日生于森美兰州知知港，祖籍中国广东惠州。曾到中国念中学，不到一年，因日军轰炸广州，立即返马。

他早在 1937 年前后就开始发表作品。擅写短篇小说、诗歌及散文，有多首诗歌刊登在温梓川编的《北马文艺》副刊。笔名有：轻轮、佐琳、左琴蓝琳、佐琴蓝琳、静枚等，长期居住在森美兰州。1988 年 10 月辞世，享年 64 岁。

据作家杰伦说：在 1953 年前后，黄钦伦在叻务八英里新村华文小学担任校长，他个子不高，说话声音有点低沉。

黄钦伦与杰伦畅谈文艺，还借书给他看，并勉励杰伦更勤力创作，这对他往后的文艺方向影响不少。

085　黄仁华（1949—2004）

马华作家，原名黄仁华，祖籍广东省揭西县河婆平上圆埔东门，1949 年出生于柔佛古来加拉巴沙威。他从事教育工作，曾出任沙令华小副校长。

他于 1985 年获选古来县“各民族教师活跃创作奖”，笔名翻腾、沙丘等。1979 年荣获新山中华公会主办之散文比赛第一名，出版合集《长堤上》，随后又获得福联会出版基金出版个人专集《自尊的代价》及《希望的幻灭》。曾出任大马作协柔州联委会主席、大马华文作协理事、加拉巴沙威伟都花园马华支会主席及士乃马华区会执委。

黄仁华不幸于 2004 年 9 月 1 日辞世，终年 55 岁，遗下孀妻陈晓虹老师和独子黄泽政。

086　黄任芳（1926—2004）

沙巴女作家兼写词人，本名黄任芳，原籍中国福建诏安，于1926年2月生于沙巴州，1957年毕业于台湾师范大学。她用笔名“林枫”发表新诗及小说。

1957年，她返回沙巴，先后任教于丹南中华中学、建国中学、亚庇中学等校，任华文科主任，以及加耶学院华文科讲师，先后26年。她也在沙巴广播电台主持节目。她的作品《岁寒的松柏》曾获台湾《新生报》小说征文首奖，《仙特娜》曾获台湾侨政协会小说征文首奖。已出版的专集有短篇小说《稚子心》；广播剧《神山情歌》及《神山游击队》；《林枫歌词集》（1989）。另署名无心、佩芬等。1982年，她陪伴夫婿沈炳光（新加坡国家剧场作曲学会副主席、教育学院音乐系讲师）旅居新加坡，写作的范围更扩大了，用“天心”“陈燕南”“子谦”等笔名在当地报刊发表文学作品。

林枫于2004年2月18日仙逝，享年78岁。

087　黄润岳（1921—2005）

本名黄润岳，别号端初，新马著名教育家，也是创作成果丰硕的作家。1921 年 6 月生于中国湖南长沙。抗战期间在重庆读大学；1945 年毕业于国立政治大学。1948 年 9 月 11 日中旬抵达马来亚吉隆坡，历任霹雳兴中中学、柔佛龙引新文龙中华中学（1951—1964）和马六甲培风中学校长（1965—1974）。曾二度连任华校教师总会主席，兼任《教师杂志》的主编及发行。他是 1997 年第 10 届林连玉精神奖得奖者。1974 年年杪退休，到加拿大渥太华定居，与家人（他在那拥有 4 女 1 男）团聚。1980 年代潜心致力于研读新旧约《圣经》。他在 1990 年代，仍常有作品寄返马来西亚各报刊杂志刊登。

中国抗战期间，他曾在《中央日报》写过专论。和平后，他在《和平日报》副刊发表过许多短篇及中篇小说。1950 年前后，他在《星洲日报·晨星》副刊发表了几篇小说。著有游记《英伦见闻》《美游杂记》《万里归程》；自传《黄金时代》《龙引十四年》《此生此旅》；散文集《闲思录》《枫情琐记》；社会与宗教评论《教育丛谈》《独中论丛》《事奉与成长》《基督教与华人文化》《古稀探密》《风情琐记》《金海集》《诗词》《塞外》《天人合一与三位一体》《从圣经观点看儒家思想》《丰盛之旅》；小说《逆流》《后湖的黄昏》，共 20 多种。

黄润岳于 2005 年 9 月 25 日辞世，寄居世间 84 岁。他遗下 83 岁的太太何显敏老师、4 女 1 子与孙子 12 人。

马仑分别于 2008 年、2013 年和 2017 年 3 年主编的三部选集：《柔华作家百人文集》《龙中文采》及《龙中文荟》都收录了黄润岳的散文作品。

088　黄少怀（1884—1973）

二战前马新名诗人暨教育家，署名黄少怀，原名世德。1884 年出生于今中国海南省文昌市东郊镇港头村；1902 年，18 岁的他考中秀才；1920 年，广东高等师范学校毕业；1929 年在广东省政府任职；1930 年任陵水县长；1933 年任福建闽西银行董事；1937 年任教于香港琼海中学。

他南来新加坡后，曾在育英中学教书。1940—1942 年，担任马六甲培风中学教师。1951 年，他在关丹中国学校服务。1953—1961 年，则执教于宽柔中学。

黄少怀荣休后移居新加坡。他擅于诗文、对联、书法，被称为“海南秀才”。著有《少怀稿抄》。1973 年逝世，高寿 89 岁。

089　黄晚香（1911—2003）

北马知名作家。1911 年生于中国，祖籍广东省台山县。1978 年获国际科学研究联合会文化部隶属的理怡罗大学颁发文学博士。早岁获广东著名大学法政学位。

黄晚香曾在大专、中学暨多家报章杂志社担任教师及编撰专职。他原在槟华女中任教，第二次世界大战前后，经历工、商、农、矿以至小贾生涯凡十余年。1971 年 6 月退休后，曾受聘于钟灵独中，并在马来西亚佛学院教授中华文学。

正因黄晚香经历过二次世界大战洗礼，其足迹遍布不少国家，曾和各阶层人民深入接触多年，故除文笔挥洒超脱之外，作品内容有现实虚幻、嬉笑怒骂、富贵贫贱、高雅卑鄙、崇文尚武、大方小器、倨傲诚朴、刚强柔媚等对照和刻画，可视作人间照妖镜、社会万花筒。

他著作极丰。早期作品有：《学海行舟即景》、《英雄美人》（小说）、《现实之窗》（散文集）、《回味室韵文抄》（新旧诗篇与词赋韵文集）。后期作品有：《第三个月亮》、《黑白走廊》、《吻壁老人》、《天涯浪子歌》、《黑吃街》（小说）。

黄晚香约于 2003 年下半年辞世。

090 黄伟强（1911—1986）

战前马华写作人和教育工作者；原名黄伟强，笔名黄志。约于1911年出生在中国广东梅县，1933年南来。早在1930年代中期，就常有作品在《星洲日报·晨星》发表。曾在大马多所小学担任校长，1950年，他出任小笨珍培群学校（1951年初增设初中部）校长。1953年春，他辞职，由匡光照接任。黄伟强晚年定居在吉隆坡八打灵花园。

黄伟强于1972年前往中国观光，所写的游记自1972年10月1日起，至11月24日止，逐日在大马《南洋商报》（综合版）连载，并于同年12月20日出版单行本《旅行中国的见闻》。1986年7月29日下午，他在吉隆坡班底医药中心辞世。

1997年7月29日，黄夫人古琮华女士在报端刊登黄伟强11周年纪念——“炎凉中看那/桃李依旧偎春风/熙攘里想念/音容宛如在人间（黄古琮华率家属同追思）”。

091 黄则南（1900—?）

马华诗坛雅士，擅写古典诗词。原籍中国福建南安埔头乡，约生于1900年。12岁随叔父南来，后定居太平，从事商业。回中国省亲4次，复南来5次，长期经营银信酒庄，是南昌银信酒庄东主。

1969年8月出版《松竹轩商余随笔》，122页，编辑顾问为蔡智圆，由槟城康华印务公司承印，内收旧诗词、杂咏、小说（文言文）、自传诸作。

黄则南已辞世多年。

092　黄哲真（1957—1990）

1980年代中期马华写作人，原名黄哲真（Doffin Ng）。1957年8月16日在柔佛州笨珍诞生，祖籍中国福建南安。曾于新山宽柔中学马来学系专科班修读（1979），考获马来西亚高级教育文凭。他擅长将马华短篇小说与新诗译为马来文，也创作诗歌，用过莫睬、再生人、白雅等笔名，1984—1985年间写得较勤。

曾任龙引新文龙中华中学（独中）教师、《新明日报》通讯记者；并任笨珍邓商业学院开设的马来文函授课的主编兼主评（1986年度开办）。他不幸于1990年9月23日在新加坡逝世，终年仅33岁。

093　黄振忠（1938—2010）

马华教育家，20 世纪 60 年代末马华作家，原名黄振忠，笔名黄君等。1938 年 12 月 20 日在柔佛州麻坡出生，祖籍中国福建南安。1960 年，自语文师范学院毕业后，常在《星洲日报·星云》发表散文作品。出版过中学华文辅导参考书，风行一时。担任华小校长多年后，任柔佛州教育局新课程（KBSR）督学；1989 年升任柔佛州督学。1993 年年杪退休，翌年开始，出任多届新山市议员。其诗歌与散文作品被选入《马华文学大系》（1981—1996）的诗歌及散文集里。

黄振忠于 2010 年 12 月 5 日辞世，享寿 72 岁。遗下孀妻梁翠裳和 3 男 1 女。

094　黄尊生（1894—1990）

1950年代报人、教育家暨世界语专家，原名黄尊生。1894年出生于霹雳州怡保，原籍中国广东番禺。曾在南洋华文报社主笔政，后负笈法国里昂大学，治历史语言文字之学。学成归国，历任国立中山大学、浙江大学等大专学府教授。

1951年初应聘来马，协助创办槟城韩江中学并执教。1954年花甲初度，复赴英研究一年，兼及道德审美之学。黄尊生返马后出任韩江中学校长，1957年年杪辞职后赴香港，后隐居澳门，从事著述。他是位知名的世界语专家。早年支持民族革命，后转而支持大同主义。他认为世界语在打破国家与语文界限、促进人类团结方面可发挥积极作用。他一生尝试通过推广世界语促进人类和平，有学术著作问世。

著有《沧海一鳞》（香港文风出版社1956年版）、《我与世界语运动》（广东人民出版社1989年版）等。

黄尊生于1990年离世，高寿96岁。

095　慧适（1940—2009）

1950年代中期马华作家兼出版人，原名林木海，笔名慧适、季河沙、雨牧、陈潮、林蕙等。1940年6月生于吉南大港尾，祖籍中国广东揭阳。就读于鲁乃华民小学，后到居林觉民中学求学。1956年开始创作；1963年进入南洋大学现代语文学系读书，翌年辍学就业。长期居住在吉隆坡，除了从商，也积极参与多项大规模的文艺活动，且是策划人之一。历任亚洲华文作家协会副会长、雪兰莪中华大会堂副会长、潮青文学奖工委会主席、大马语文局各族作家翻译咨询委员及大马各族作家联谊会联合主席等要职。

已出版的合集有《橡实爆裂的时节》《四月·我们》；散文集《海的召唤》《幸福门外》《划向灯火》《海真迷人》；新诗集《牧歌》《桨上的月色》、*Thinking of You*（英文诗集）；随笔《没有鸡啼的黎明》（1990）等。

慧适于2009年12月6日凌晨2时30分辞世。他在世寄居70载，安葬在森美兰州汝来孝恩园。

096　集文（1939—2016）

1960 年代初期马华小说作家，原名蔡文超（汶超）。笔名集文、丽砖等。1939 年出生于柔佛麻坡，祖籍中国广东潮州府澄海县。麻坡日间师训学院毕业，长期任教于麻坡县，曾任麻坡县某华小副校长。

1960 年代初写得颇勤，已出版短篇小说集《流星》，发表短篇小说《在夹缝中》。

集文于 2016 年 12 月 6 日寿终正寝，享寿 77 岁，遗下孀妻杨两英和 1 男 3 女。

097　纪青（1943—2013）

纪青即罗开道，1943 年在马六甲野新镇出生，本名赖鸿健，另用赖芜、林千等笔名。曾以笔名“纪青”出版散文集《风铃的重响》，也以笔名“于行”出版散文集《青黄集》（荣获福联会出版基金）。

纪青为南大中文系毕业。历任吉隆坡《星洲日报》新闻版与副刊编辑、《星洲日报》大马新闻组副编辑主任、“彩色槟榔屿”版主要负责人。亦曾担任教科书编辑。1998 年出版散文集《萍聚·聚萍》。另著有《行止集》、《旧迹》（2001）等散文集。

1975 年，创作刊登在《晨星》副刊的诗作《马六甲河》，被选入《马华新文学大系·战后（6）·诗集》（1982）。

退休后，他到佛总网站服务，2007 年则到《慈悲》杂志工作。2013 年 12 月中旬病逝。

098　金明（1914—1999）

马新高僧。1914 年 1 月 7 日在中国福建省莆田县秋芦东张田厝出生。他从小接受中国书院教育；17 岁出家，潜心内典，并对因明学及唯识颇有心得。除了是大马佛教总会发起人之一，他也是该会信托人之一，并自 1971 年起出任马佛总主席，直到 1994 年，总共 8 届 24 年。

金明在大马担荷复兴佛教如来家业，到处弘法利生，不遗余力，60 年如一日。金明生前是马六甲香林觉苑开山住持、新加坡妙音觉苑住持、马六甲香林学校及幼稚园创办人兼董事长。在他领导佛总期间，他联合各佛教团体争取佛陀日为公共假期、禁映影片《文素臣》、针对教育法令向政府进言。华社思想兴革宗教组论文撰写人洪祖丰表示，金明法师早在 1985 年的华人礼俗改革运动期间，就提呈了一份报告予雪华堂。过后，金明亲自到马六甲推动盂兰盆节兴革运动，临终前也叮嘱要继续推行此活动，其爱护华人文化与佛教精神，令人钦佩。

金明于 1974 年荣获马来西亚最高元首赐封 AMN 勋衔，1984 年获得美国法界佛教大学授予荣誉佛学博士学位。在马来西亚华族法师中，金明为获得荣誉博士学位的第一人。他于 1995 年因健康欠佳而辞去佛总属下团体所有的职位后，便在马六甲香林觉苑进行内修，并开班传授因明、唯识学。

《五十年的回顾》是金明于 1995 年开始亲笔写、共花费 4 年来完成 5 万字的著作。该书记载了他的生平、他在佛教界走过的日子、他担任马佛总主席的岁月，以及马六甲香林学校及香林觉苑的历史。

金明的著作计有《华文小学适用的佛学课本（一套十册）》《佛教与人生社会的关系》《佛陀的教育》《道德教育》《什么是佛教》《为什么要研究佛学》《佛教的价值》《如何辨认邪正》《我对南北传佛教的看法》《八条正确的人生大道》《盂兰盆真义》《盂兰盆真义增订本》《盂兰盆真义第二集》《盂兰盆真义第三集》《佛教与中华文化》及《唯识方便谈》等。

金明于1999年7月3日安详圆寂，世寿86岁。

099　金叶子（1948—2002）

1970 年代马华新诗作者，1948 年 7 月 20 日生于柔佛州利民达，祖籍中国福建永春龙津乡。原名陈清标。1967 年开始写诗，笔名有：金叶子、快刀手、陈伟帆、萧凯、子旋、柳岸青等。其作品收入《大马新锐诗选》、诗歌合集《童园牧歌》（莎琳编选，1997）等。金叶子不幸于 2002 年 7 月 20 日辞世，享年 54 岁。

他的佳作《暮》被何乃健主编选入《马华文学大系·诗歌（一）(1965—1980)》。此诗作曾获得“1975 年度马华文艺全国诗、散文创作比赛”新诗组第二名。

100　静星（1941—?）

1950年代中期马华诗人，原名龚培云；1941年6月20日生于霹雳美罗埠，祖籍中国广西容县。毕业于美罗中华中学（初中）和安顺日间师训班（1960）；靠自修考获剑桥普通教育文凭。他擅长写新诗，自1954年开始写作，主要的笔名有：静星、郁音、龚立心、绿思。担任教师，业余当保险从业员。1961年1月，香港艺美图书公司印行他的处女诗集《生活的歌手》。于1962—1964年、1970—1974年间，静星尚勤于写作，总共发表了60首左右新诗，唯未出版第2本诗集。他于1959年9月10日刊登于《南洋商报·商余》版的作品《马来班顿与莎雅尔》，被陈昌豪选编入由吉隆坡文化出版社出版的《新标准语文课本》第9册（高中二年级上半年用书）。1969—1980年期间，他曾任当地政党和社团的主席、秘书及执委等职位，前后10余年；于1976年荣膺霹雳州苏丹殿下封赐PJK有功勋衔。

静星已离世多年。

101　邝国祥（1904—1971）

槟城教育家兼作家，原籍中国广东大埔，生于1904年12月16日。根据学者杜忠全在《马来西亚华人人物志》一书（第587页）披露："1930年，邝氏年26，获槟屿时中学校董事长戴芷汀（1871—1938）延聘为该校校长，自此南渡并生根于槟屿。时中学校乃槟屿客家先贤合资创办，原名崇华学堂，民国初年始改为时中学校，三大主要捐资者中，槟屿前清领事张弼士名列其中，据知乃其后裔以其名义题捐者；邝氏即张氏侄孙婿。时中于邝氏来任之翌年（1931）改行委员制，由教务长管理学校行政，邝氏乃为教务长。至1936年复行校长制，邝氏又为校长，同时亦将该校向中华民国教育部及侨委会立案。"

故此，邝国祥曾任小学校长。后又任槟城华校教师公会主席、教总理事多年，担任过韩江中学和钟灵中学教职，也曾任《星槟日报》副刊编辑。已出版的著作有：《槟城散记》《槟城散记续集》（二书由新加坡世界书局印行）；另一本是章回小说《桃李春风》（1953）。

他在二战前极少写作，战后受其好友温梓川的鼓励才大量地发表文章，登在温氏编的《光华日报》副刊上，所写的多是有关文史掌故的文字。在专栏"槟城杂写"里，共发表了150多篇文章。退休前，他获得槟城州长封赐PJK勋衔。他与温梓川都在20多岁的时候，在同一所小学里任职。据温梓川说，邝国祥除了办公之外，既不看电影，也不会打牌，偶尔喜欢和他（指温梓川）喝两杯闷酒，散散步，看看闲书之外，别无嗜好。1960年代末期，邝国祥计划要写一部辜鸿铭传记，却因于1971年1月18日患肝病逝世而永远无法动笔。

102　柯杰雄（1942—2010）

马华写作人，原名柯杰雄，笔名杰雄、柯伟、柯民、桀佳、人佳等。生于1942年5月8日，祖籍中国福建仙游。任文员和工厂书记。曾任大马华文作家协会理事会资料组组员。擅写影艺圈人物的评价文章，讯息翔实丰富。在1990年代写文章较勤，唯极少属于纯文学作品。

柯杰雄自1998至2004年曾任马华作协第11、12、13届理事，他于2010年9月15日因车祸不幸逝世，在其家属配合下，马华作协联合多个文化团体于10月30日在隆雪中华大会堂讲堂举行追思会。该会会务顾问云里风代表致辞，其家属在现场颁发柯杰雄文教基金给多个团体，而作协也是受惠团体，获得一万令吉。作协出席代表为：曾沛、柯金德、李忆莙和沈钧庭。

103　赖敬文（1952—2016）

马华著名诗人暨填词人，原名赖敬文，1952 年 7 月 8 日生于玻璃市州加基武吉镇，祖籍中国广东惠阳。自槟城钟灵中学毕业后，留学中国台湾，台湾大学外文系毕业，后负笈日本。1967 年，赖敬文开始发表诗作。1969 年，17 岁的他开始勤于笔耕。别署：蔺赖、那亚儿、艾军、雨琴、上野武美等名。

他曾任台湾大学海洋诗社社长。其散文《兰屿去来》于 1975 年 12 月 10 日收入高上秦（高信疆的笔名）主编的《现实的边缘》，由时报文化出版事业有限公司出版。1976 年，他执教于香港，旋任职于槟城《星槟日报》。后为国际银敦系统董事、电子厂经理暨大城市出版社社长；曾经专心研究城市发展课题。出版有：诗集《赖敬文诗集》（台北绿野书屋 1974 年版）；散文集《日韩之杂》（1977）、《日汉辞典》等。赖敬文的诗歌、散文和文学理论于 1980 年代初发表于《南洋商报·读者文艺》和其他报章副刊。他也在悄凌主编的《新潮》写专栏“星空走廊篇”。

2016 年 6 月 10 日，报章载《〈海鸥〉填词人赖敬文逝世举殡》，在 19 世纪 70 至 80 年代，赖敬文在台大深造时，填写了《海鸥》歌词，此曲红遍了中国台湾、中国香港、新加坡及马来西亚，成为一首脍炙人口的热门歌曲，赖敬文也因此获得著名音乐创作人刘家昌的赏识。赖敬文于 6 月 7 日与世长辞，享年 65 岁。简琼莲受访时说，丈夫原本准备把一生中创作的逾万首诗词、散文与专题文章，编辑成书，而今心愿难了。他们育有一子赖元秦。

104　蓝小忆（1948—1974）

沙巴州作家，于1948年生于斗湖，毕业于当地圣巴特中学。本名张经缘。1973年曾经在山打根斯比洛（Sepilok）森林部任职。他擅写新诗与散文，作品散见沙巴州多种华文报刊。

他不幸于1974年意外中毒身亡，得年仅26岁。

山打根的一批文友，如陈文龙、刘玉清和瑶迅等人，发起捐款，替蓝小忆出版了遗著《走在林中》（槟城犀牛出版社1976年版）。这位长才未竟的年轻作家，至今仍令人缅怀！

105　郎格非（1941—2010）

马华散文作家，原名范立言，祖籍中国广东省大埔县桃源镇寨上坪。1941年生于古来县之士乃，次年日寇即占据柔州。初迁笨珍路16碑江加埔莱，复迁22碑乌鲁槽，再迁哥打丁宜路13碑乌鲁地南新村。他于宽柔中学初二肄业，曾当过百货店店员、胶工、锡矿工、饼干厂工人、树桐车跟车员、轮胎店技工等。1975年后在吉隆坡及八打灵《星洲日报》《新明日报》《马来亚通报》《南洋商报》担任编辑。最后在马来西亚中华大会堂总会（华总）担任中文秘书。平素喜研读世界历史、佛经、旧体诗，并深研紫微斗数推命学20多年。著有传记文学《陈群川评传》。马仑于2008年10月主编出版的合集《柔华作家百人文集》，录用了郎格非的散文《文学与爱情》和《中年》（柔佛丰顺会馆出版）。

郎格非终身未娶，晚年在胞兄范其书位于乌鲁地南的家中养病。他不幸于2010年1月30日下午3时30分在柔佛乌鲁地南离世，享年69岁。

106 老杜（1924—1980）

马华作家，笔名老杜，原名黄桐城，1924 年生于中国福建省南安县的罗溪。年轻时，在厦门集美中学肄业；自中学时代便喜欢舞文弄墨，最先在中国福建省出版的《东南日报》投稿。抗日战争期间，则在重庆出版的《扫荡报》（光复后改名为《和平日报》）上投稿。

1951 年南来，先在香港居留二载；在港期间也经常为《大公报》《文汇报》及《周末报》撰稿。1953 年抵达马来亚，自此定居在柔佛州麻坡，担任商行书记工作，成为马来西亚公民。他是马新少数的民俗学研究者之一，二十余载以来，搜集中国民间故事、中国人民风俗、风土人物等资料甚多，先后曾在《南洋商报・商余》《星洲日报・星云》《马来亚通报・通道》和《中国报・晓风》等副刊，发表闽南民间故事等作品百余篇。著有：《白马湖》（麻坡今天出版企业公司 1975 年版）、《各姓入闽史话》（1980）。

他于 1980 年 1 月 21 日与世长辞，享年 56 岁。

107　老蕾（1915—？）

马华作家，原名许清昌，1915 年生于中国福建省永春县。1937 年肄业于厦门大学，偕友人吴西玲南渡。抵马后因乏人介绍，只好屈就小学教师多年；斯时因课务轻松，在课余之暇勤于创作。澎湃社在吉隆坡召开筹备会时，老蕾曾参与会议，后因离隆赴霹雳州江沙任教，故未正式入会。收在单行本里的《评澎湃社诗歌专页》一文，是他应该社同人函约而写的。

二战后，他任职于吉隆坡文良港中华中学，与老作家如林参天、张天白等时有过从；与同辈写作者如西玲、李蕴朗、铁抗、金枝芒、吴冰、椰青、蓬青（张曙生）、清才、绿蒂、天炮、荒洲等亦过从甚密。1948 年，他任教于彭亨文冬启文中学，翌年转至麻坡利丰港培华中学，初任教员，后升为教务主任，改制后，担任国民型中学之副校长和高级华文教员。

他于退休后与夫人至新加坡，和次女同住于实龙岗花园。寓居新加坡后，他少有创作，只偶尔写一些旧诗以自娱。除“老蕾”外，尚有许凤、佛特、欧阳之青、罗汉明等笔名。1979 年，由新加坡上海书局印行的《老蕾作品选》，仅收集刊登于新加坡各报上的一部分作品而已，遗漏的比较有分量的尚有：《鬼婆》《异国夫妇》《太师改行》，和刊载在《星洲半月刊》上的《陶重先生》《李鸭子从军》《作家圈》等篇。

108　李安东（1917—1999）

马来亚共产党（马共）活跃分子，原名李长镇。1917 年在中国广东潮州出生，1922 年随母南来新加坡与父亲团聚。他曾任马共中央委员会副总书记，任职于新加坡抗敌动员总会宣传部。1962 年，李安东前往北京，任马共中央国外局委员，兼马共驻中国代表团团长，直到 1967 年才从中国经越南抵泰国南部，以副总书记身份主持马来西亚国内中央机关的工作，兼任北马局书记处第一书记。另用李长镇、老李、老麦、老谢等化名。喜欢写作。

晚年的李安东，体弱多病，于 1999 年 7 月 15 日辞世，享寿 82 岁。

109　李冰人（1903—1996）

马华名诗人兼新闻记者，1903 年在中国福建南安出生。字皓之，号榴园、河海岳楼主。另署唐雪、蓝波等。1934 年南来后，开始在《浪华》《狮声》《晨星》等文艺副刊发表作品，是马华新文学低潮时期（1932—1936）的作家。从事新闻工作，担任记者达 40 年。中国抗日战争期间，李冰人曾受派赴华前后方采访，并同时报导有关华侨机工在中国大后方的实际工作情况。获颁巴基斯坦理伯勤大学人文学博士。他曾受聘为马来西亚南洲诗社名誉社长、中国台湾中华学术院诗学研究所委员。1973 年 11 月，代表马来西亚华人诗社出席在台北举行的第二届世界诗人大会。撰有《滇缅公路周巡记》《西北征程》，凡十万言。1958 年主编《郁达夫集外集》《郁达夫纪念集》《南安历代文献》及《“中华民国”传统诗集》。著作有《黄花集》（1959）、《踏青散草》（1958）、《黑夜无题草》（1959）及《自由中国揽胜诗集》等。

他自 1975 年起旅居台北，受聘讲授诗词，且在世界新闻专科学院教授华文与现代史。他早年也曾在麻坡中化中学担任高中文史教席。

由于年事趋高，李冰人于 1990 年回返马来西亚，寓居吉隆坡。1996 年 4 月 10 日逝世，享寿 93 岁。哲嗣三男，长男河崑是荣华影业机构执行董事，次子良欧、三子洵山都在商界任职，各有成就。

110 李定华（1912—2007）

1950年代马华作家，原名李定华，生于1912年。原籍中国广东梅县石扇。马来西亚公民。他在柔佛哥打丁宜新哥打担任华小校长，是该校首任校长兼协力创办人，服务长达24年，他曾任柔佛州嘉应会馆名誉会长，兼任报社通讯记者。他擅写短篇小说和散文等，1956年6月出版小说集《永远的期待》。他有3篇关于地方研究的作品，即《水与哥打丁宜》《山与哥打丁宜》及《哥打丁宜财富之地龙望》，被郑锦选录在他编著的《哥打丁宜、旧柔佛和边佳兰风貌》（2009）一书内。

李定华于2007年6月7日与世长辞，享寿95岁。他遗下孝男用章、尚章，孝女瑞香、瑞瑛、瑞妍、瑞美、瑞璋、瑞琦，皆事业有成，各有所长。

111　李锦宗（1947—2017）

马华文学史料学兼翻译工作者，原名李贵源，又名李锦宗，原籍广东潮阳；1947 年 6 月 27 日生于吉打西岭；1964 年毕业于槟城钟灵中学。自 1969 年起，他倾力收集马华文学史料，成绩可观。1972 年，南下吉隆坡。1974 年开始当公务员至退休。常用的笔名有：黄梅雨、沉默人、嘉应子、刁小蛮、孟小浪、黄菊、林湘、黎桂园、李林祥、奥曼、巴依等等。曾任亚洲华文作家协会马来西亚分会秘书兼《亚洲华文作家杂志》编委。

著有《马华文学纵谈》（1994）、《80 年代的马华文坛》、《殒落的文星》和《新马文坛步步追踪》（2008），主编韦晕小说选《流霞》、《马华文学大系・史料・1965—1996》、陆庭谕与颀洋合著的《原汁原味》、征雁遗著《回首话当年》、慧适纪念集《涛声远去，林木依旧：慧适纪念集》、《马来西亚海南诗文选集》，与冰谷联合主编《马来西亚广西诗文选》。

2017 年 6 月 21 日《星洲日报》刊载：

“（吉隆坡 20 日讯）马华文坛史料第一人李锦宗，与癌症抗争多年后，昨晚 9 时 53 分往生，享年 70 岁。

“由于生前病重期间，签署了捐献大体协议书，愿意参与马大医院‘无语良师计划’，因此，家属在蕉赖孝恩纪念馆设立一个没有大体的‘灵堂’。今晚和明天下午有超度，明日傍晚 6 时 30 分举行亲属、社团和代表祭拜，7 时 30 分追思会，让亲友和文友哀悼，也可写文章、诗作或悼文向他告别。”

李锦宗与孀妻林玉蓉（马华女作者）育有3男（可为、可望和可贺），共有3孙男及1孙女。

李锦宗辞世10个月后，其遗著《马华文坛作家与著作》于2017年10月杪正式问世，由怡保观音堂法雨出版小组印行，厚达508页，共分3辑：（1）马华作家，第36—310页；（2）马华著作，第313—458页；（3）其他，第460—493页。内容丰富，归类详明；此乃今后跟进研究马华文学者必备的工具书之一。

112　李禄祥（1927—1981）

马华报人兼主笔。李禄祥祖籍中国广东梅县，毕业于台湾师范大学新闻系。曾在马来西亚新闻界服务30余年。担任槟城《光华日报》代总编辑和吉隆坡《南洋商报》主笔。他在服务新闻界期间，也热心社会活动，曾担任雪兰莪嘉应会馆理事、雪州台湾师范大学校友会理事、槟城记者俱乐部主席、全马新闻从业员职工会《南洋商报》分会委员等。他深获同业敬重，友好们多赞誉他为人敦厚，生活朴实，平易近人。

不幸于1981年1月29日傍晚因心脏病猝发而逝世，享年54岁。

1983年6月间，雪州留台师范大学校友会庆祝母校创校37周年，特举办“师大之夜”联欢宴会，出席校友百余人，济济一堂；当晚，特请李禄祥遗孀——何彩球女士主持《李禄祥纪念文集》发售礼。

113 李梅子（1910—1988）

1920年代末马华写作人，1910年出生于中国广东梅县丙村。他在就读中学时改名李公仪；新中国成立后又改名李维纲。从1928年起，旅居新马21年。1929年中，与罗依夫合编《奠基》半月刊，附在《叻报》出版，提倡新兴文学最力。李梅子当时在新加坡平民学校教课，后任霹雳和丰兴中中学校长多年；之后，改换到吉打华侨中学担任校长多年。

早在1928年，他就写过一些童话。二战期间与战后，曾从事音乐创作，完成《明天的太阳》等歌曲。常用梅子、黎明、白鸥、希云等笔名。战后，他在太平办《北马导报》；该报被封闭后，他南下新加坡经商，出版他自编的小学补充教材和读物。1948年，他回广东参加游击战争。“文化大革命”时，他“靠边站”，在干校写了百多首旧诗。晚年住在广州新风路，曾在市政协任高职。

李梅子于1988年辞世。

114　李瑞青（1917—2010）

沙巴作家。早期从事教育工作，曾任沙巴内陆教师公会会长、华小校长、教员，后转入华文报界服务。担任沙巴华文作家协会会长多年。历任根地咬青年文艺协会顾问、亚庇新闻从业员协会顾问。

1967—1995 年，任亚庇《华侨日报》编辑 28 年。1993 年获沙巴客联会颁赠杰出客家人士奖，并获沙州元首封赐 A. S. D. K 勋衔。2002 年获亚庇新闻从业员协会颁发首届沙巴新闻荣誉奖之终身成就奖。担任沙巴李氏宗亲总会与李氏宗亲亚庇分会、内陆省教师公会、亚庇长虹粤乐社、根地咬客家公会、根地咬青年文艺协会、育英校友会及亚庇新闻从业员协会顾问，并任亚庇《华侨日报》专栏撰稿人。

他热衷文字工作，笔名梨水清、L 牌、知其名、黄加蓝。由于人生阅历丰富，写作笔调铿锵有力。著有杂文集《街头巷尾》（1988）、《百态话人生》（1989 年出版，内收 68 篇杂文，凡 20 万言）、《万象红尘》、《文章何价》、《沙巴写作人的心态》、《弹长论短》、《妙不可言》、《彩色的书香》及《雾里看花》等 9 本散文集。

李瑞青于 2010 年 12 月 16 日辞世。

115　李士源（？—?）

大马小说作家，原名李毓坤，生长于吉打州。在1950年代末和1960年代初，常有小说作品散见于各报副刊及期刊。笔名李士源等。1962年在吉南党民中学办理与董事部相关的事宜，并管理贩卖部。翌年离开党民中学。已出版3本短篇小说集。

李士源于1958年8月出版小说集《蓓蕾》，由星洲世界书局印行，内收11个短篇，全书162页。1962年2月，由星洲维明公司出版《襟上的玫瑰》，全书169页，内收12个短篇小说。另外还有一本短篇小说集《烈火的音响》。

他长期保持低调，似乎很少参与文艺活动。已故。

116　李寿章（1939—2009）

马华诗人与散文作家，1939 年 12 月 20 日在柔佛州振林山出生，祖籍中国广西北流。笔名难明、坚明、史明、史敖等。乃苦学成功之作家。李寿章之正业乃提供商业与会计服务，业余喜爱翻译马来文诗歌，俾沟通两族文学之交流。1985 年 4 月间，他受马来西亚最高元首陛下封赐 PPA 勋章。

他曾任新闻界记者二十年，后任高风出版社主编。曾任新山华人最高机构——中华公会理事兼教育组主任达 10 年，亦为该公会文艺丛书编辑主任，编有《礼篮》《长堤上》等书。他曾任大马作协上诉委员、南马文艺研究会委员、大马作协柔佛州联委会副秘书、新山中华公会教育组顾问。

其作品散见中国大陆、中国香港、新加坡及全球汉诗总会《世华诗苑》及国内报章文艺副刊及刊物等。已出版著作有诗集《胶林恋歌》《永恒的生命》《生活之旅》；诗文集《哀伤的日里河》《取经的牺牲者》等。他的诗作《瀑布》和《怀渔乡》入选总部设在法国的《世华诗苑》，他的佳作分别收入《马华新文学大系》《马华诗歌选集》和《台港澳暨海外华文新诗大辞典》。其力作《胶林颂》收入国中华文课本，为中学生必读之诗。

李寿章不幸于 2009 年 7 月 30 日在家中与世长辞，终年 73 岁。

117　李一文（1935—2008）

1950 年代后期东马作家，原名蔡存堆，1935 年 3 月 22 日诞生于砂拉越诗巫。1952 年在诗巫中华学校初中毕业，后转入当地圣心英校攻读英文；1956 年剑桥 7 号毕业后即投入银行业服务。

他是砂华反殖运动时期（1956—1962 年）的小说作家，以笔名“史武”发表的代表作《青春在欢笑》，深获好评。这个相当长的短篇小说，批评了一种不正确的恋爱观。它鼓励青年人热爱祖国和人民，不要让落后的爱情生活来拖住自己的后脚。男主角玉民是一位决心献身于祖国解放斗争的青年，女主角梁玛丽纤弱多愁，但却是一位信仰基督的善良女青年，两人虽曾相爱，但最终还是分手。诗人吴岸评《青春在欢笑》时指出：“史武君的态度是严肃的、谨慎的，同时又是大胆的。……《青春在欢笑》显示了砂拉越文艺的新的进步。”

1962 年 7 月，英殖民地政府进行大逮捕，人联党诗巫支部执行秘书张荣侨被捕，李一文立即辞去银行高薪职位，负起诗巫支部受薪秘书之职。1966 年 12 月，他被当局援引《内部安全法令》逮捕，并监禁在古晋六哩集中营长达 8 年之久，于 1974 年获释。1978 年，他以“李一文”为笔名在砂拉越发表简短精悍的政治小品文，翌年出版《人联风雨二十年》，这是砂拉越第一本华文政治性书籍。李一文其他常用的笔名有：史武、刘海、鲁民、常奇、史洁等。

其作品包括小说、散文、政治小品、历史著作，如：《人联风雨二十年》（1980，已绝版）、《青春在欢笑》（1994）、《百年沧桑话诗巫》（1994，已绝版）、《漳泉人物小传》（1996）、《怒海扬帆》

（2000，已绝版）、《生活·思想·道理》（2003）、《话人联》（2004）、《不让往事如烟》（2006）、《挺直的腰板》（2009）、《海阔天空（三）》（2010）。后两本是纪念李一文及其著作。合著：《回望人联三十年》（1989）、《墙内岁月》（1991，政府于1993年4月2日在宪报宣布此书为禁书）、《诗巫华族史料集》（1992）、《海阔天空（一）》（1993）、《海阔天空（二）》（1994）。

李一文以73岁之龄于2008年5月2日走完他多彩的人生。

118　李永平（1947—2017）

旅台著名作家兼翻译家。李永平于1947年在古晋出生，高中毕业后，曾在圣路加中学教过书。直到1967年，他选择到中国台湾深造。1972年6月1日，《中外文学》月刊在台北创刊，李永平出任执行编辑。他毕业于台大外文系，随后也考获美国华盛顿大学比较文学博士学位。曾任教于高雄中山大学外文系、东吴大学英文系、东华大学英美语文学系创作与英语文学研究所。

著有《婆罗洲之子》、《拉子妇》、《吉陵春秋》、《海东青：台北的一则寓言》、《朱鸰漫游仙境》、“月河三部曲”［《雨雪霏霏：婆罗洲童年记事》、《大河尽头》（上下卷）、《朱鸰书》］等10本长、中、短篇小说。同时他也是重要的翻译家，译有《上帝的指纹》《纸牌的秘密》《大河湾》《幽暗国度》等20余部。

李永平曾获许多奖励与肯定，包括20世纪中文小说100强、《亚洲周刊》全球10大中文小说、红楼梦奖决审团奖、台北书展大奖、国家文艺奖、全球华文文学星云奖贡献奖、台大杰出校友等。李永平因败血症并发多重器官衰竭病，不幸于9月22日下午病逝于新北淡水马偕医院，享年70岁。

2016年，他开始创作此生第一本武侠小说《新侠女图》。2017年5月在得知罹患重症前，他已完成近7万字。此后他以顽强的意志，持续不懈地创作，病逝前，已进入第12回，估计完成了12万字，可惜李永平终究不敌病魔的侵袭，《新侠女图》留下未完之憾。小说里的白玉钗从此成为永远的悬念。

其挚友高嘉谦声称：“李教授对淡水河的感情极深，一方面那使他想起故乡的河；另一方面则是河岸的观音山。”

119　李蕴朗（1914—1969）

新马诗人暨媒体人。字蕴香。1914 年出生于中国海南琼海县福田市新潮村。从海南南来马来亚后，居住在麻坡和三合港；接着到新加坡就读于华侨中学，后负笈广州。1937 年回新加坡，从事文艺工作。历任《南洋商报》特写专栏记者，吉隆坡《马华日报》及《新国民日报》文艺副刊主编。

当时中日战事正浓，宣传抗战，鼓舞民心，不遗余力。他又以“蕴朗”“李湘”“芝茵”等笔名创作小说诗文，描写救亡活动，揭露日军凶残。其作品遍见马新各大报刊，文名显著。战后，先后担任吉隆坡《民声报》、新加坡《中南日报》编辑、邵氏电影公司、丽的呼声公司翻译等职。1955 年，他出任丽的呼声中文部主任，积极培育演艺人才，公而忘私。当英年更有贡献之际，不幸积劳成疾，于 1969 年 3 月 23 日因肝癌逝世，年仅 55 岁。著有《血颂》，内收 15 首新诗和 27 篇散文、随笔。2003 年，他的部分遗作收入《已故琼籍作家力匡、李蕴朗、林秀合集》。

120　李作梅（1908—1998）

砂拉越华人写作人，1908 年 2 月 23 日出生于广东揭西新图村的贫困农家，乳名开甲，字少清。

他当执业律师时，改名为作梅，长期遍读群书，挥笔写作。1949 年回到古晋，1957 年移居美里。1961 年，任《美里日报》主笔，撰写社论短评，甚受欢迎。往后离开该报，但仍在报章发起推动关怀社会民瘼运动，1971 年任美里《卫报》董事主席，1967 至 1978 年是美里中华中学董事长，1977 年肩负挽救培中九人工委会成员的主席。1961 至 1978 年为美里客家公会主席。

李作梅长期的领导魄力甚强。他不幸于 1998 年谢世，高寿 90 岁。

121　连啸鸥（1909—?）

活跃于1920年代末的马新作家兼主编。本名连兴梓，笔名介亮、曼曼、萧鸣等。他约于1909年生于福建龙岩，毕业于福建省第九中学，成绩优异。他在中学时代已常投稿。在1928年，他开始有小说和新诗发表在新加坡《叻报·椰林》副刊上。后来他的作品也散见于《民国日报·新航路》（1930年1月1日至1931年间，文子慧编）、《南洋商报·狮声》和《星洲日报·繁星》（1934）等副刊。在1933—1934年的这2年间，李铁民主编《狮声》。他于1933年8月至1934年1月，随马来亚闽侨救乡团返华考察，故由啸鸥代理编务。1940年，啸鸥赴荷属苏岛实叻班让，担任培文小学校长。日军南侵后，他与友人合作经营海运业。1943年，在棉兰以涉嫌抗日活动被警务厅特高科拘禁3个月，嗣后获得友人保释。

日军投降后，他偕同胡愈之、沈兹九、刘武丹等返新。后来又出任廖属吉里汶甘光培本小学校长、《南侨日报》编辑。

1951年头，他离开新加坡到印尼。后来他定居印尼巨港，曾任当地华侨总会中文秘书，并协助幼儿经商，偶尔写些旧诗词寄给新加坡亲友们，署名唯雁。

2017年5月6日，笔者出席在印尼万隆市举行的“印华文学社十周年庆典”时，曾向数位印华作家打听住在巨港连啸鸥的下落。我强调早在1984年我跟连先生通过信，有位文友回答说：“有听过这位老作家的大名，他还在世的话，有一百多岁啦……”

122　梁园（1939—1973）

1950 年代末马华作家，原名黄尧高。1939 年 9 月 3 日生于霹雳州江沙瑶伦，祖籍中国广西容县。毕业于太平华联中学，曾为临时教师和校长，后与友人在北马出版《海天》杂志，并在居林开了一家书店。1970 年，南下吉隆坡《新明日报》社当助理编辑。笔名有：梁园、小谷、黄原、黄元、鲁天等等。

黄尧高于 12 月 10 日上午 11 时，因头部被歹徒殴打重伤而逝世于吉隆坡马大医院，得年仅 34 岁。噩耗传出，各方咸表哀惜！以下为各报报导之综合引述：

"黄君乃于 12 月 4 日（星期二）晚上 11 时 45 分路经八打灵再也惹兰基冷，遭二歹徒伏击，身受重伤入院，而延至 10 日始不治身亡。

"是晚，黄君乃与一同事共乘威士霸摩托单车经上述地点时，四周黑沉沉的，突然在黑处闪出二名穷凶恶煞的无赖，不分青红皂白，即冲前举棍乱殴他俩。黄君身受重伤不起；其驾摩托车的同事当时喊叫'你们打错人呐！'然后挣扎忍痛驾车飞离现场。二名歹徒仍穷追不舍。该同事瞬间找到同伴赶返现场，拟抢救黄君，惟现场除遗下黄君的雨伞外，竟不见人影。

"其后，该同事由他人陪伴，立即前往八打灵再也警局报案，并由警车赶到现场调查，嗣又赶往黄君寓所，但灯熄门关，警方敲门不果乃爬高墙而入，但见黄君已着睡衣，头部流血未止，昏睡床上。

"警员赶忙将他送入马大医院急救，并动用多种最新仪器扫描，由脑科专家和数名医生急救。然而由于黄君头部受伤极重，虽经名医救治，黄君仍无法战胜死神，延至10日中午撒手人寰，留下绵绵冤恨和疑团!”

他出版有散文集《山居寄简》（1962，署名小谷）；短篇小说集《喜事》《黄与白》；中篇小说《鬼湖的故事》《报恩》《陌生人》。尚未汇集成书的遗作也有好几十万言。1988年12月，他生前好友慧适为他出版了《梁园写给慧适的信》一书。马仑于1980年12月主编的《马华当代文学选·第二辑（小说）》（大马华人文化协会1984年版），收录了梁园的短篇《太阳照在吡叻河上》，第229—233页。

123　林潮（1920—2006）

马华优秀散文家，自1936年开始发表文艺作品。原名罗曾教，笔名林潮、罗颖、仃吟、某生者等。他于1920年6月11日出生在马六甲亚沙汉，长期住在东甲。祖籍中国广东省大埔县。

林潮毕业于麻坡中华中学（二战后改称为中化中学）。他从事教学工作，于1979年退休。早期作品经常在郁达夫编的《星洲日报·晨星》发表。1989年马华作协举办"松竹长青文学之夜"，林潮是受表扬的前辈作家之一。出版有散文集《野火》（1959）、《燃烧集》（1990）等。马仑主编的《柔华作家百人文集》（古来柔佛丰顺会馆2008年版）选录了林潮的散文《小桥流水》，第246—247页。

他于2006年12月21日辞世，安葬在东甲天安墓园之原，享寿86岁。遗下孀妻林瑞新和4男1女。

124　林风（1942—2013）

马华作家、报人兼编辑。原名林克双，生于1942年7月30日，祖籍中国琼州。林风于1957年在江沙崇华中学初三毕业，然后到槟州钟灵中学升学，1962年加入《南洋商报》，成为记者，曾在槟州、怡保及吉隆坡服务。

早在1960年代初，他曾任《海天诗页》编辑之一，有诗作登于该刊。曾担任《南洋商报》驻怡保记者、助理编辑；后任吉隆坡《南洋商报》总社编辑、大马华人文化协会出版组副主任。林风主要写诗、散文（杂文）及论文；曾与人分享马华公会主办的“华人精神革命征文比赛”首奖奖金5000元。大约在1969年，曾编《南洋商报·绿原》（北马增版）和《南洋商报·绿洲》（霹雳增版）。他在《南洋商报·绿原》写《山城寄简》，笔名何以。根据李锦宗在《1970年报章副刊出版概况》一文中说：“《南洋商报·绿原》专刊北马一带作者的作品。这个文艺园地相当公开，编者林风的心胸也很有量度，能在这版位容纳各种派别的文艺作品。不过，他在最近几年来愈注重现代派的作品，大量予以刊载。林风是很重视诗歌的编者，挤出相当的和醒目的版位刊登诗歌，尤其是现代诗。《南洋商报·绿原》在他编辑下，也在作者稿件供应充足之下，各种体裁的文艺作品都发表得颇为均匀。”

林风终身奉献于马来西亚华文媒体。自1972年开始，林风先后出任助编、副刊编辑、地方版主编、高级编辑、编务经理、执行总主编及副总编辑，1997年退休，1999年在砂拉越出任《美里日报》总编辑。林风曾任《美里日报》总编辑、《南洋商报》副总编辑。在华文报工作长达40余年。林风在退休后也从事时事评论的写作工作，从不间断关心时事发展，同时也是《东方日报》专栏作者之一。

林风于2013年1月3日在怡保辞世，享年70岁。他遗下孀妻李宝瑞及2男1女。

125　林岩（1910—1996）

二战前马华作家，本名林子彬；1910 年出生于中国福建省龙岩县。1929 年，他抵达槟榔屿。在 1930 年前后的两三年间，他曾署名"一萍"或"陈一萍"，在槟城的《光华日报》和《星槟日报》的副刊上发表文章。1930 年代初，由于另有人也用"陈一萍"为笔名，他就放弃不用了。

1935 至 1938 年，他在极端困难的处境下，流浪于彭亨及森美兰两地，这期间，用"林影"（1920 年代末期，新加坡也有一作者以"林影"为名）、"林棘"、"林之间"等笔名，给《星洲日报》及《南洋商报》的副刊写些杂文和随笔。

1940 年他第一次回返中国，原打算到延安去，由于各种原因而在重庆滞留了 6 年，加入了中国民主建国会，投身于争取和平民主、反对内战、独裁的爱国运动。1946 年抗战胜利后，他再度南行，回到了第二故乡马来亚，才又重新执笔创作，其中有一中篇《风波》，于 1947 年写成，发表在槟城《现代周刊》上。1949 年又回返中国，定居广州，封笔了 30 余年。

他曾在马来亚、新加坡的报刊发表过大量文艺作品，单是中篇小说就有《新年》（载《星洲日报·晨星》）、《风波》（载槟城《现代周刊》）。前者反映了世界经济危机影响下，南中国农村的破产及马来亚的百业萧条，叙写了手工业者、知识分子流离失所的惨状，也描绘了反封建、反帝革命思想的传播与新兴力量的崛起。后者则反映了国民党企图在华校推行党化教育的令人触目惊心的情景。林岩同时用了几个笔名写杂文、散文和文艺评论，在新马报刊上常见的有：林影、林棘、一萍、林之间、一礁等。

林岩于1996年逝世，高龄86岁。

126　林参天（1904—1972）

1930 年代中期名震马华文坛的小说家。原籍中国浙江，1904 年 10 月 2 日在中国出生，1927 年南来，在华校任教及掌校 37 年来，最后任吉隆坡培才小学校长，于 1964 年退休；1972 年 11 月 6 日病逝于吉隆坡，享年 68 岁。

1930 年开始在报章文艺副刊《瀑布》《野葩》等版上发表作品。1932 年初，《星洲日报・文艺周刊》创刊。自此，他便成为该周刊的基本作者之一。从 1932 年到 1936 年，林参天和张天白，是当时文坛上最活跃而成就最大的马华作家。代表作《浓烟》是在 1935 年 8 月 20 日写完的长篇小说，曾震撼文坛。由于写得好，在上海生活书店主编《文学新丛书》的傅东华，把它列为文丛之一，全书 488 页，于 1935 年 7 月印行。这是马华文学史上最早的一部长篇小说，也是二战前出版的唯一长篇，同时还是反映华侨教育的小说的滥觞。他先后出版的单行本有：长篇小说《浓烟》（1935 年初版，1959 年重印）、《热瘴》（1961）；短篇小说《余哀》（1960）；短篇小说合集《头家和苦力》（1951）。

127　林从周（1905—1981）

1930年代后期新马教育家与写作者，擅写古典诗词，原名林从周，1905年出生于中国福建诏安城关一户商人家庭。1930年，林从周从厦门大学文学院历史系毕业后，先后在泉州和厦门中学教书。1938年，经新加坡华侨中学校长薛永泰推荐，他应聘到砂拉越古晋福建学校当校长。

1941年12月中旬，学校寒假期间，珍珠港战争爆发，日军南侵，敌机狂轰滥炸。12月22日晚上，日本占领古晋坡。林从周在安排学校财产转移和师生疏散后，逃到市郊一位乡侨的橡胶园内，开荒种地，饲养鸡鸭，勉维生计。古晋沦陷，日军大肆搜捕华侨领袖，林从周名列搜捕名单，被通知到警察署"报到"。1942年7月22日，林从周第一次被逮捕，一星期后因罪名罗织不成而被释放。1944年夏天，不堪日军血腥统治的古晋人民频频进行反日活动。日寇再次镇压。在一个星期天的早晨，日本宪兵突然闯进林从周在郊外的草房，把他带走了。同时被抓的华侨还有蔡肃仁、陈水皎、许聪思等10多人，都被指为"反日分子""反日会"组织头目。他们受尽严刑拷打，关了58天才放出来。

1945年8月，日本投降，林从周又回到古晋，着手恢复中华教育会活动，领导各华校复课。1946年初，他和徐耀东倡建"中华校董会"，统筹统办古晋的9所华文学校（5所小学、4所中学）。他被选为校董，荣任中华中学校长。1950年，由于当地政府限制华文教育，华侨办学遇到各种困难。林从周不得不辞去校长职务，弃教从商。林从周侨居古晋30年，为人自持，刚正不阿；在日本占领时期，矢志不屈，保全大节。他在12年的教书生涯中，为古晋培养了一大批建设人才。

1970年，林从周已逾退休之年。当时中国“文化大革命”尚在进行，由于他思乡心切，毅然决定回到自己的家乡定居。林从周返乡定居期间，仍热心侨务工作，义务为归侨侨眷服务。先后被选为福建省归国华侨联合会委员、诏安县归国华侨联合会副主席。1981年，林从周因病逝世，终年76岁。

128　林广明（1938—1998）

砂拉越华人写作者，1938 年生，笔名林明，别名赖春。参加诗巫《大同日报》工潮，在诗巫卫理修读高中课程。精通中、英、巫文。

中学时翻译土著生活文章，发表在古晋《新闻报·矛与盾》。后期将英、巫报章、杂志中的政治论文，翻译、发表于华文报章言论版。林广明于 1961 年参加反殖民运动，1962 年文莱发生武装事件后，担任于 1965 年 9 月 19 日宣布成立的北加里曼丹共和国的外交部部长。

1972 年加入人联党，1979 年至 1983 年参加民主行动党，退出政治活动后，参与社会公益事业。著有《林广明译文集》（1999）。

他于 1998 年离世，终年 60 岁。

129　林和贵（1936—2012）

砂拉越华人写作人，别名林严华，1936 年 10 月 17 日生于古晋，祖籍中国福建同安。1958 年高中毕业于古晋中华第一中学。

1959 年被英殖民政府拘捕，不久被释放。砂拉越解放同盟中央领袖之一。1962 年文莱发生武装事件后不久，同盟决定进行武装斗争。

1969 年至 1970 年，多次在海口区开办大型学习班。1970 年 2 月 24 日被政府军围剿，导致砂共受重挫。在政府此次的巨网行动中，砂共成员牺牲 64 人，被俘虏 27 人，被捕群众达 303 人。

1974 年回归社会，2002 年完成油印本著作《我的告白》，2012 年付梓成书，易名为《以史为鉴　展望将来——砂盟北共中委林和贵回忆录》。

他于 2012 年 6 月 19 日辞世，终年 76 岁。

130 林晃升（1925—2002）

马来西亚华文教育领袖和民权工作者。他于1925年4月15日生在芙蓉知知港，祖籍中国广东梅县，童年生活困苦，住在茅屋，挑水、担粪等农家工作都干过。初在蕉赖南强小学念书，后转至尊孔学校。早在1937至1941年间，马华诗坛上有一位以“野火”为笔名的诗人，表现不俗，引人瞩目；他的原名就是林晃升。1941年，他念到高中二年级，因日军南侵而放弃学业；光复后，出来谋事，在报社工作过，靠刻苦自修，英文根基也稳固。他也当过书记和经营小生意，经过几十年力行不怠，后成工商界巨擘。

林晃升原是华文文艺圈中人，年轻时，也就是大约13岁，时为1938年，他就在诗坛崛起了。其作品刊登在《狮声》《前哨》，和吉隆坡《新国民日报·文艺》上，以较长的叙事诗为主。发表于1941年3月1日《狮声》的叙事诗《桥下的一群》，描写旧时南洋群岛上一群流浪人的生活，是代表他的一般风格的诗作。在1960、1970年代，他是工商界巨擘，为华教奋斗而闻名遐迩；担任马来西亚华校董总主席、雪州董联会主席。他曾经针对要编汇一套新的独中华文课本而发言说，他们已邀请文学界知名人士为他们精选了一些马华作品，和召开座谈会研讨编汇办法。

1990年8月14日，林晃升辞去了他担任长达17年的董总主席职，同月19日起，出任马来西亚民主行动党顾问。

为了维护华文教育，林晃升曾经和当时身任大马华校教师总会（教总）主席的沈慕羽站在同一陈线的最前线。1982年他提出“三结合”的政治策略，为华社争取权益。1987 年，他因“茅草行动”被捕，出狱后，他高举“两线制”的政治主张，大力推动各反对党结成联合阵线的工作。

林晃升因心脏病猝逝于香港，时为 2002 年 3 月 13 日，遗体于 15 日运抵吉隆坡国际机场。马华作家甄供于 2006 年为他出版专著《华教春雷林晃升》。

131　林健安（1908—1971）

1930 年代初期马华作家兼编辑；原名林健盦，笔名有：鲁存、白雪、红冰、刘郎等。他是林仙峤的胞弟。自 1930 年 10 月继乃兄仙峤接编《星洲日报·繁星》副刊，常发表小品散文，内容多系杂感与评论，有的也带有抒情性质。当他在 1932 年中改编《晨星》副刊之后，更是勤笔，几乎天天有一篇文章见报，取材甚广，包括人生世相、国际时局、文艺探讨和身边琐事等，信手拈来，下笔写成，皆有可观。二战前及战后都由他担任《晨星》的编务，大约 1952 年，《晨星》改为《星云》，直到 1970 年代，他仍是《星云》编辑。虽然编得不如 1930 年代初那么出色，可是由 1950 至 1970 年代，他提拔了数十位新马年轻的散文作家。

根据其女婿陈敏良所撰写的《林健安生平》（载于 2016 年出版、中英对照的《星洲华响·星洲日报文艺编辑林健安文选》）一文：林健安，族谱排序名为富先，1908 年 8 月 29 日在中国福建永定县洪坑村出世。永定县位于福建省西南，是个客家村落。健安是林万全（别名晓青）七个孩子中的老二，林万全是烤烟商人，1900 年初期在上海也有业务。健安的长兄林仙峤（别名仁先）比他大上 3 岁。1930 年，22 岁的健安来到新加坡，接替他的兄长先峤在《星洲日报·繁星》的编务，第一篇文章在 1930 年 10 月 17 日刊登。健安报业生涯之开展过程充满戏剧性。他的兄长仙峤在 1929 年 1 月《星洲日报》创办之初便受委担任编辑，却在 1930 年 10 月被英殖民政府驱逐回中国，事因副刊《繁星》在该年 10 月 4 日及 6 日连续两期刊出有政治攻击意味的独幕剧《十字街头》剧本，嗟叹挨饿及失业群众的苦况，并呼吁工人挺身而出反抗工业资本家。讽刺的是，仙峤当时正在休假，最后仍被问责而离职。1934 年 6 月 24 日星期天，25 岁的健安在吉隆坡成婚，新娘翁秀兰年方 23 岁，是著名的广东客家人翁慈敬的长女。秀兰是相夫教子的好妻子，到 1938 年就为健安生了 3 个孩子，大女儿（1935）、二儿子（1936）及三女儿（1938）。离家八载，健安携带妻小在 1938 年回到洪坑村家乡探望父亲，待了一个月才返回新加坡。往后数年，秀兰再为林家多添了 4 个孩子——女儿（1940）、儿子（1944）、儿子（1947）及女儿（1948）。1950 年代，《星云》版推出了全新的一周专栏“星洲漫步”，每日邀约不同作者轮番上阵撰写，评议新加坡时局、生活的多个面向的任何课题，诸如社会、文化、经济与政治议题。健安每周也为“星洲漫步”供稿一篇，他不用本名，而是用好些不同的笔名。专栏是健安的事业成就最重要的记录。他在《星云》版扮演着推手的角色，默默耕耘激励文风，造就了 1950 及 1960 年代作家辈出的局面。1971 年 5 月 25 日，健安给小儿子璇瑞写下最后一封家信。他在“星洲漫步”发表的最后一篇文章，是在 1971 年 7 月 5 日，不久就在同月内因病入院，并在该年 11 月 5 日，安详离世。

132　林连玉（1901—1985）

林连玉是前马来西亚华校教总主席、杰出的教育家、社会活动家，领导全国华人争取华教权益和公民权。1901 年，他在中国福建永春出生，原名林采居。厦门集美师范学校毕业。1925 年南来，原为一名普通教师，第二次世界大战之后，因受时代的召唤，以教育工作者的身份投身社会改革活动。1945 年主持战后尊孔复校工作，1949 年推动吉隆坡华校教师公会成立，1951 年推动教总成立，1954 年正式出任教总主席，领导教总 8 年。在任期间，为马来亚华文教育以至华裔公民权益的实际代言人，主张国家独立、民族平等、非巫人要效忠马来亚、巫人要抱共存共荣的思想，共同建设国家。1961 年反对《达立报告书》强迫华文中学改制，结果被褫夺公民权，并吊销教师注册证。

1950 年代，他以“康如也”为笔名在《南洋商报 · 商余》副刊发表杂文等作品。在退隐的日子里，完成《回忆片片录》，继续关心时事，并如此坚持到生命的最后一刻。1985 年 12 月 18 日因病去世，终年 84 岁。

1991 年 8 月 9 日是林连玉先生的 90 岁冥诞。林连玉基金特将有关林连玉的文字编印成集，即《族魂林连玉》，以资纪念。这些由林连玉生前友好、同事、学生等所著的文章，对林连玉的生活作风、教学、献身华教的精神及艰辛曲折的斗争事迹都有深刻与感人的描述。本书共收录文章、新旧体诗及歌曲等 49 篇，已于 1991 年 11 月中旬出版，全书 224 页。

2016 年 12 月 17 日，时事评论人杨善勇在《东方日报·名家》版发表大作《林连玉先生领先时代》，他开头就写道："林连玉先生的所言和所行，现在回顾，既是领先时代也是超越时代的。马来（西）亚独立前一年的开斋节，他在《马来前锋报》发表著名的经典名篇《心理的建设》，不过是佐证之一。视角是正确的，林连玉说的正是立国的基础，也是这个国家宪法精神之体现：第一要培养共存共荣的观念。我们知道马来亚是民族复杂的地区，每个民族对这一地区的开发，都有他们不可磨灭的贡献。我们必须把所有的民族，当作一家人看待，权利和义务一律平等，使大家相信有福同享，然后，可以希望他们有难同当，把国家建设得完整而稳固。"由此，足见林连玉的高瞻远瞩是超时代的。

133 林明心（1905—1991）

原名林明心，笔名一梦。1905 年 10 月 20 日生于中国广东省海丰县梅龙镇。1927 年南渡，毕生从事教育工作。早年在中国旧制中学（4 年）毕业后，曾在上海大学社会学系肄业。

他来马后，曾主持华校校政达 30 余年之久。早在 1930 年代，他曾兼任一段时期槟城《光华日报》和《现代日报》通讯员，故与文化界朋友颇为接近。七七事变和中国抗日战争发生前后，一梦凭着一腔热情，常在槟城各报刊投稿，写作相当勤劳。日军侵马又投降后，他曾重作冯妇，但由于时局不靖，以及生活负担甚重，从此搁笔。1968 年，他正式退休，不久，其夫人亡故，乃于 1974 年定居吉隆坡养老。可能是因较空闲和生活单调的缘故，他的文章又在各报章副刊亮相。另用“迷离”“纪云”等笔名。所发表的作品，多属简短的散文、杂记、忆旧、书评之类的文章。著有：《教学讲话》（1958）、《丝丝忆语》（1965）等。1991 年 11 月 20 日 86 岁高龄辞世。

134　林鲁生（1898—1983）

“林鲁生”是1920年代末马华作家林雪棠的笔名。1898年8月11日，他生于中国潮州惠来县，1928年由中国南来槟城，不久后，因为在《南洋时报》投稿的关系，认识报社总编辑林浪沤，而常为该报副刊《星火》写小说。他为《光华日报》副刊写稿，是以洪丝丝主编《槟风》时写得较多，时为1933年至1935年。起初用的笔名是“鸣爽”，经过一个时期才用“林鲁生”这个笔名。1935年底，洪丝丝返中国，旋即赴日本进修。接替他的编务的是郑绍崖，林鲁生继续为《槟风》写稿。翌年，他也赴日本东京明治大学深造。1938年，他进《现代日报》任编辑，所主编的副刊《前驱》，后来改名《火炬》。他在这个副刊写了不少文字，多是杂文。

1950年代中期曾南下龙引，在新文龙中华中学（1953年1月到校）任教数年。

1958年在韩江中学任教时，仍以笔名“鸣爽”在《星槟日报·莲花河》写些散文及杂文，一直至1960年止。1966年退休后，林姗姗再约他替《莲花河》写稿，这次先后用“陆升”“依仁”这两个笔名，断断续续地写着，至1969年便搁笔不再写了。著有散文集《自己的文章》（1961）、《自己的文章续集》（1983）等。

在《马华新文学大系》中，可在《出版史料》等集子里读到署名雪棠、鸣爽等的小说和文评等作品。马华作家高秀和马仑，都是林鲁生在龙引新文龙中华中学任教时的学生。马仑所编选的《柔华作家百人文集》（2008）、《龙中文采》（2013）及《龙中文荟》（2018），都录用了多篇林鲁生的散文和杂文佳作。

135　林守駉（1881—1965）

砂拉越华人战前写作者暨牧师。1881 年 1 月 6 日生，祖籍中国福建闽侯盘岭乡。1921 年南来，在拉惹时代任政府学校教员，中、英文造诣甚深。

日军南进，辞职归田，曾任诗巫福州公会第一、二届主席（1946—1949），及第五届至第七届主席（1957—1962）。搜集许多砂拉越历史资料，所写的《半世纪来的新福州》，资料译自《砂拉越公报》，发表于《诗巫福州垦场五十周纪念刊》（1901—1951）。著有：（1）《砂拉越国志略》（1926），1931 年再版，是砂拉越华文小学采用的课本；（2）《诗巫俚句》（1955）等。

林守駉安息于 1965 年 5 月 1 日，终年 84 岁。

136 林姗姗（1900—1980）

早期的北马名报人；原名林铁魂，学名林毓海，1900 年生。祖籍中国福建厦门，曾到上海漳泉会馆私塾就读。

约于 17 岁南来槟城，1919 年前往菲律宾，后回厦门。1926 年再来槟城，初任商行职员。约于 1929 年间，曾任《光华日报》主编。

早在 1927 年 10 月 5 日创刊的《诗》，是马华新文学史上的第一个新诗刊，每周出版一次。当时，该诗刊常见的作者便包括林姗姗在内。1936 年间，与骆世生、方君壮等人合力创办《现代日报》。他初期爱写诗，可惜的是，文言的气氛太浓，内容不太坚实。在《马华新文学大系》的《戏剧》及《出版史料》等集中，可读到他的剧作《良心之狱》等作品。笔名有寸铁、短兵、黄瑰、啸秋、SS、宋玫、姗姗等。

二战后数十年来，他是《星槟日报》的总编辑，主编《星艺》《莲花河》等副刊，对北马文风大有影响。研究马华戏曲的中国年轻学者康海玲给林姗姗甚高的评价：“林姗姗涉猎广泛，在诗歌、散文、戏剧创作方面都有相当的造诣，其诗歌和戏剧的影响尤大。他创作的剧本紧贴时代脉搏，倡导马华戏剧的本土化建设，力求体现南洋色彩。在他的竭力倡导下，涌现了一批取材于南洋社会现实，富有独特南洋色彩的剧作，标志着马华戏剧已经有意识地走上一条属于自己的发展道路。”（载于《马来西亚华人人物志》第二卷，第 842 页）

林姗姗于 1980 年 9 月 27 日逝世，终年 80 岁。

137 林英强（1913—1975）

林英强是扬名海内外的诗人，于 1939 年由中国南来，也是马华文学繁盛期（1937—1941）的作者。他生于 1913 年，广东梅县人。1932 年就读于广州中学。

林英强是李金发所推重的象征派诗人，早年在中国时便是颇为活跃的写作人，新诗作品刊于北京、天津、上海、南京、汉口、郑州、广州、香港等地的著名文艺杂志上。他曾任广州《星期报》总编辑、东方诗作家协会主席等职，曾由上海的出版社印行诗集《麦地谣》《沙漠船之旅歌》和《骢马驱》。他于 1939 年南来吉隆坡，1949 年开始担任吉隆坡《中国报》副刊主编，编过《文戈》《展望》等文艺副刊，培植不少的文艺青年，尽了推动文运的任务，此后一直在马新报界服务。二战后专门研究南洋民俗和艺术，1971 年担任《南方丛书》总编辑兼发行人。1975 年 12 月间逝世，前后在《中国报》当了编辑 26 年，也兼任该报资料室主任。他向来保持低调，孜孜不倦地默默耕耘，但他一直都热心提拔与奖掖文艺青年，不但采用作品，给予刊登机会，而且经常在报社接待前去拜访的后辈，不吝给予诚恳的指导。

他尚编著有《马来亚新志》、《东南亚风土与艺术》、《马婆土著民俗研究》（《东研丛书》）、《在南方的天下》、《剧曲十篇》、《东南亚华人社会》、蒋士铨的《红雪楼九种曲》、郁达夫先生的作品、明代的平话《三言与两拍》等等。

在一套共 12 卷的《香港文学大系》（1919—1949）的《新诗卷》中，共收录了林英强 3 首写于 1934 年的诗歌，即：《生之重荷》《无名的歌篇》和《遥夜》。

138　林蕴光（1893—1977）

二战前马新文教界名人，原名林献河，1893 年 3 月出生于中国海南省文昌县会文镇冠南圩管区欧村。毕业于琼州府城琼山中学和广州国立中山大学，历任黄埔军校政治部宣传科少校、文昌中学教师、广东省立第六师范学校讲师、琼崖《民国日报》编辑、琼崖县中学教师、琼文中学教务主任等职务。1939 年南来巴生，先后担任巴生中华中学、巴生教师培训班、巴生高级英文中学和巴生滨华中学的华文教师。擅写散文、杂文及旧诗词。1964 年在新加坡出版有别集《文苍集》。1972 年出版《海角吟草》。另著有《愁魂》《梦中梦》《爱与泪》《林蕴光先生以荣寿酬唱集》《诗经叠字新解》等书。1977 年 2 月 26 日去世，终年 84 岁。

139　刘戈（1934—2015）

1950年代末马华诗人，原名刘伯尧，亦称刘国坚。1934年在中国广东东莞出生；1953年由香港负笈台湾大学。1957年由香港南来新、马从事文化与出版事业，是《学生周报》（后改为《学报》半月刊）的社长兼编辑，也是《蕉风》的编委。擅写新诗和剧本，笔名刘戈、林间、白垚等。他是第一位在马华文坛提倡写现代诗，并且发表了第一首现代诗的诗人，其诗作《麻河静立》发表于1959年3月5日。1971年出版剧本《汉丽宝》。刘戈于1957年至1981年居留在马来（西）亚。1981年春举家移居美国。

1990年代末，刘戈在《蕉风》双月刊的第484、485、486和487期发表了《蕉风旧事·学报当年》系列回忆录，提供了珍贵的第一手文艺史料。1998年11月间，刘戈曾返马，在吉隆坡与故友欢聚。2003年在《南洋商报·商余》及《南洋商报·南洋文艺》上发表了多篇诗作和怀旧散文等。2007年，刘戈出版的《缕云起于绿草》，收录他过去50年的许多优异作品，可读性极高。

刘戈曾于2011年5月6日与夫人严汉平（严三湄），专程从美国休斯顿回来吉隆坡，参加由雪隆学友联谊会承办的伏龙岗“前缘再续生活营”。4年后——2015年6月20日，刘戈于美国辞世，享寿81岁。其作家夫人则于两年后谢世。

140　刘柳（1914—1999）

马华女作家。笔名刘柳，本名刘晓寰（云、环），1914 年出生在霹雳州和丰，祖籍中国广东番禺。启蒙时期读过 3 年私塾，小学就读于怡保女校（即霹雳女中前身），后到槟城辅友女校读师范课程，毕业后任教于督亚冷和邦咯岛。不久，前往广州中山大学深造。抗战时期曾在汕头附近的中学执教，汕头沦陷前夕到泰国，任中学教师；战后回怡保和吉隆坡，后来定居新加坡，在社会福利部任职。她是已故易水的夫人，二人育有一女，她称爱女为“兰儿”。刘柳擅长国画，退休后于 1973 年移居英国利物浦，成为英籍公民。她晚年在那儿，有女儿关顾，所以能安心写作，作品多刊登于马新的大报副刊。除了写作，余暇时也在家中挥毫自娱。她常强调自己诞生于北马和丰，更喜欢被人称为“马华女写作人”，而不喜被人视为“留英女作家”。

她早在学生时代就常写散文，向报章副刊投稿。她曾出版 4 本书：《妇女丛谈》（香港学术书店 1961 年版）、《第二代》（新马文化事业公司 1962 年版）和《旅英随笔》（香港南粤出版社 1979 年版），以及于 1991 年 12 月自费托请诗人孟沙在吉隆坡出版的中篇小说《风雨中山》。

《风雨中山》全书 96 页，由孟沙协助印行及撰写跋文。书前有 2 篇代序，即：《我为什么写游击队〈代序一〉》和《游击区见闻录〈代序二〉》。正文 9 篇，即：《五桂山之歌》《日军搜村》《游击队拦路歼敌》《林云鼪散兵追杀叛徒》《林云设计活捉汉奸》《伪军翠亨村受挫》《日军九路围攻》《封锁粮食》和《游击队挺进粤中》。书中的女烈士林云，即是刘柳胞姐的化身。她的姐姐在广东参加五桂山抗日游击队，在蕉山村被敌人包围，突围时死于沙场。刘柳为了了解真实情况，曾从英国返乡到广东各地参观访问，并由广东省妇联协助安排她与五桂山游击队的战士们座谈。刘柳在《代序二》中写道："文中一半是资料，一半是虚构，我写了又改，改了又写，改写一次又一次，不知改写过多少次。这些有血有泪的抗战故事，只担心我的拙笔不能写出于万一。"——由此足见她创作时的认真与严肃态度。其散文《蓝湖》收入《千帆过尽》（1991 年 9 月，《南洋文学集刊》）。

她于 1999 年辞世，终年 85 岁。

141　刘强（1892—1962）

活跃于1930年代末的南洋问题研究专家，生于1892年11月，原籍中国福建闽清，毕业于清华学堂。旋赴美国爱沙亚大学深造，获哲学博士学位。曾执教于上海、沈阳、吉林等地大学。南来砂拉越和新加坡后，也从事教育事业，并在新加坡主持南洋学会，中英著述甚丰。

刘强自1936至1938年，因避日军侵入中国战事，而到砂拉越光南中学任校长，当时的学生多是清晨4时开始割胶，赚得费用，午后才能收工。学校是在下午授课，刘强利用余暇对各族群的历史、生活习俗做田野调查。作品发表于星洲各刊物。他于1930年代成为南洋问题专家；1938年，他常在《星洲日报·半月刊》发表非文学的论文。他亦名弼，字宜苐，号两弓；笔名蔷、寄生等。所出版的著作有《哲学阶梯》《群学原理》《马来亚史地讲话》等。

142　刘伯奎（1913—1996）

砂拉越史学拓荒者，笔名光甡，身高156厘米。1914年的农历三月初五，生于中国广东省揭西县河婆；6岁南来砂拉越古晋，住在石龙门；15岁返中国念书，毕业于广东国立中山大学史学系，深受其恩师史学家罗香林的影响。当时，为配合抗日战争，教育部与侨委会联合成立了重庆南洋研究所，刘伯奎入此机构当研究员。抗战胜利后回粤，出任省府科长。

1949年，他回返砂拉越，在古晋中华中学任教，后升任中华第一中学校长；他在古晋中华中学和古晋中华第一中学共执教20年，其中2年升任校长，建树良多。1969年退休后，专心于历史研究。

他先后出版著作多种，主要有《马来人及其文化》（重庆商务印书馆1944年版）、《新疆伊犁外交问题研究》、《中法越南交涉史》（台北学生书局1980年版）、《中缅界务问题》、《砂拉越之真空教》、《河婆史话》、《砂拉越古晋华文小学发展史略》（1982）、《抗日时期砂拉越华侨机工回国服务实录》（1983）、《拿督刘南辉言行集》、《杏坛二十年》、《十九世纪中叶砂拉越华人两大公司》、《寻金路——早期砂拉越华人》（1992）、《砂拉越河畔的华人神庙》（1993）。编著有《广东刘氏族谱新编》（1980）、《拿督刘南辉言行集》（1983）、《拿督刘南辉言行第二集》（1991），并主编《河婆之声》（第1—7期）。刘伯奎的《十九世纪砂拉越华工公司兴亡史》，获得1987年大马福联会暨雪兰莪福建会馆文学出版基金（学术组）优秀奖励，而于1990年出版。

刘伯奎以81岁高龄于1996年8月5日逝世。

143　刘果因（1904—1991）

马华报人、学者及翻译家。家名刘勋鸿，学名刘仪宾，笔名卫校金。1904 年 10 月 3 日生于中国广东梅县，县立师范学校毕业，后留学日本，东京日本新闻学院本科第 5 届毕业。

历任槟城韩江中学等校的高中文史教师，也担任过报馆主编和特刊编辑。擅长翻译，出版的译著有《姐妹》《爱儿不死》《古城之女》《李陵》《秦淮之夜》和《马来亚华人社会》。著作有《笛塞耳机之原理使用及修整法》（上下册）、《汉族与客家》、《论中华文化》和《历史与文学》。他于 1991 年 5 月 27 日辞世，享寿 87 岁。

144　刘隆昌（1944—2016）

1944 年出生，祖籍中国广东信宜县。约于 1951 年间，举家从森美兰州马口南迁定居新山。刘隆昌是一位建筑承包商，在太阳底下找生活，性格粗犷而随性。他曾坦言，在 2006 年左右，才重新找回写作的感觉。他不喜被称“文人”“作家”，认为写作是品味人生，是他的兴趣。他曾用过“古龙生”“大原”“金剑”“向前”等笔名。曾为《星洲日报 · 大家谈》撰写专栏“情牵南疆”，亦曾任新山陶德书香楼主席。

刘隆昌所发表的文章不算少，但只出版了一部单行本《从南方看世界》。刘隆昌于 2016 年 9 月 16 日病逝，享年 76 岁。

其治丧委员会联合主席林明华表示，隆昌对政治、社会和国家抱有愿景，对华教的发展更是从不言弃。隆昌本身毕业自宽柔中学，也身体力行地将子女送往宽柔三小和宽柔中学就读，做到了真正的“宽柔人”。他说，隆昌与他和一班好友经常在报馆街的一家餐室茶聚，他们自称此茶聚为“自由论坛的海德公园”。虽然隆昌是一位“愤怒汉子”，但与友人争论时却从不曾爆粗口。

刘隆昌遗下孀妻陈春兰，2 男 2 女皆事业有成。

145　刘前度（？—？）

二战前马华作家，也是一名资深报人。加入北马和中马报界工作，至少有40多年，一向负责电讯翻译工作，也曾任主任职位。他于1941年进入报界担任槟城《光华日报》电讯翻译，当时《光华日报》的电讯版有2版，电讯主任1名，翻译员2名，工作十分忙碌。

日军南侵期间，槟城华文报宣告停刊；光复后，《光华日报》复刊。刘前度重返该报复职。在工余之暇，他也常为马新电台及其他杂志撰稿。他有一个短篇小说《名画》，曾在英国BBC广播电台华文组以故事性质播出，得到的稿酬约马币140元，当时算来是相当高的了，因为这篇创作还未超出3000字。已出版的著作，除了《富二嫂的风情》，他还曾翻译英国名作家毛姆的《马来太太》《书箱》和德国作家齐威的《狂恋》，是交给香港创垦社出版的。1952年底，与温梓川合译出版小说《血洒黄沙》。另外，一部非文艺性质的译作《马来亚华侨史》，则由《光华日报》社出版。其后还有译作——宋旺相原著的《新加坡华人百年史》。刘前度因妻子离开，身兼母职含辛茹苦；后来3个儿子皆事业有成，晚年也算是安乐惬意了！

146　刘贤任（1917—1986）

1917 年生。祖籍中国福建省闽清六都鹿角村。二战前砂拉越华人重要写作者之一。战前从中国南来砂拉越，历任诗巫多所中、小学校长。抗日运动兴起，刘贤任在诗巫积极参与抗日宣传工作。笔名雅痴、哑蝉，号止园，又名刘子钦。

他早在 1926 年南来，在光南小学、敦化中正中学任校长。日本发动侵略战争时，刘贤任是诗巫筹赈会宣传主任，领导教育界，民众筹赈，捐资捐物，支援抗日，以“雅痴”为名，编《诗巫新闻日报·奔流》，发表抗日诗歌。随着《诗巫新闻日报》与《鹅江日报》于 1940 年合并为《华侨日报》。刘贤任在该报工作，号召民众抗日。

二战后刘贤任继续任职于教育界，长时间出任黄乃裳中学校长，也是黄乃裳中学董事，是砂拉越州著名的教育家。他也是诗巫福州公会、闽清同乡会的倡导人之一。他出任于 1940 成立的诗巫教师公会主席达 10 届之久，与黄仁琼成立该会的文艺小组，经过 10 年努力，于 1951 年注册，名为“诗潮吟社”。刘贤任为该社首位社长，后被委为永久名誉社长。

他擅写书法、尤以隶字、篆字最为特出。著作包括古诗、小说、散文集：《困心杂记》《甲骨文辞典》《止园七十自述》《止翁刘贤任遗作》。1986 年，创作《故乡之谚》；1971 年，撰述日治时期逃亡历险生活的短篇小说《苦杯》，皆发表在《垦荒七十年》。

主编诗巫福州公会庆祝垦荒周年的《诗巫垦荒五十年》（同编者为黄仁琼、许杰生、黄培桃、刘咏芝、刘会湘、黄耀明），及3本庆祝60、70、80周年纪念的特刊和《马星福州社团联合总会特刊》（1970）等。

他于1986年2月15日逝世，享年69岁。

147　刘子政（1931—2002）

原名刘恭煌，1931年的旧历二月二十七日生于中国福建省闽清县，1936年南来成为大马公民，是东马最著名的史学家。1979年，在砂拉越诗巫《马来西亚日报》的推荐下，《黄乃裳与新福州》一书荣获大马华人文化协会所主办的第二届文学奖中的论文奖。

1952年12月，他在诗巫卫理高级中学高中毕业；1953年3月至1960年4月，在诗巫中正中学任文史地教员；1960年5月起工作于诗巫某木材公司。

刘子政认为收集、保存与传布砂拉越、婆罗洲史料，藉以通古今之变，是一项有意义的工作。他的笔名取自古时治史者刘向之字子政，以此鞭策自己潜心研究历史。另有笔名念慈、向宴、刘康年、刘向、刘辉如、黄凤、刘子凤、念燕、向阳春、重夫等。晚年把位于诗巫爱珍园旧居名为明远楼，以“明”喻治史者应明察历史真伪，“远”示意治史为长远工作。因此，自1950年代始，即进行资料收藏工作，其所藏各种文史资料，数量之多，恐非一般所能想象。在砂拉越华族文化协会（砂华文协）的争取下，刘子政终于决定把毕生所积心血，悉数捐献予砂华文协。类似刘子政个人所藏如此庞大数量的资料，在砂拉越恐难再找到第二位。因此，对有志于研究砂华历史的人士来说，这是个佳音。

刘子政著作甚丰，已整合再版的“刘子政文史系列”共8种专集，是研究东马人文历史的至要书籍。另外，一部以刘子政为描述对象的新著《刘子政与砂拉越史研究》已由砂华文协出版，作者为中国福州市福建师范大学历史系副教授詹冠群。詹氏为研究黄乃裳专家。本书可视为刘子政的个人传记，内容追述了其早年学习生涯、治史经验及生活体验，而尤注重其个人在历史研究方面的心路历程，旁及对刘子政各种著述的评论。作者撰写的态度是力求客观的，在文字的应用上，也摒弃平铺直叙的刻板描述，而给予情感上的倾注。

2002 年 11 月 1 日，刘子政与世长辞，终年 71 岁。

148 柳潇潇（1957—1985）

马华“女性”写作者，本名王伟聪，后改名为王昙柳。约于1957年生于柔佛州峇株巴辖，祖籍中国福建安溪。身高170厘米，是个“男儿身，女儿心”的青年。他发表过不少的作品，笔名柳潇潇、谭柳、水灵儿等。柳潇潇曾在吉隆坡《新明日报》担任副刊编辑，后在增江担任幼稚园教师。出版有2本散文集，即《爱语呢喃》和《窗里窗外》。1985年5月23日，这位甚少受到一般人谅解与关怀的写作者，竟吞下20粒止痛药丸自杀身亡。她的文友史提文在《吾友柳潇潇》这篇悼文中写道：“……在言谈中，我知道你有很多的隐忧，生活上更遇到许多的打击和不如意。虽然我不断的鼓励你，好言的劝慰你，可惜，这都不能把你从失落中挽救回来，你还是坚持己见，固执地走上你所选择的道路，留给我无限的惋惜和心痛。……”——这位女性化的散文作家，以28年华走完跨性别者的坎坷人生路。

149　龙延川（1918—1986）

二战前战地记者，后定居怡保的彬如园，饮誉报坛数十年，本名龙延川，笔名龙井等。平生酷爱新闻工作、音乐戏剧。少时曾受三四年的私塾教育，于1929年随母南渡怡保定居。入福建公会的培南小学求学，1934年毕业，曾当小学教师，兼修中学2年。

1936年赴日本东京深造，1937年因中日战争影响，半途而废，返怡保后任《中华晨报》外勤。后参加华侨战地记者通讯团，经历了徐州大会战，及华中、桂南、粤北诸战役之战地采访工作，撰写战场新闻通讯，在南洋各华文报刊出，沟通前后方之讯息，当时颇受重视。以一篇《衔枚走徐州突围记》，选入《战地记者佳作选丛书》，置诸首要版位。

3年后因团体解散，转任香港《星岛日报》驻粤北特派记者，1941年秋，回香港述职；后见东条拜相，日军南侵势在必行，乃预先返回马来半岛，以免成为瓮中之鳖。局危之时，担任槟城一家报社特派记者之职，亲到北马英军最前防线日得拉阵地观察战局发展，及见日军压境，英军丧失斗志，乃急返槟城，警告同业紧急疏散走难。

沦陷时期，于双溪大年一家板厂担任管工，直至1945年中光复后，始重操旧业，任槟城《商业日报》的采访主任。后返怡保老家，另谋出路，曾担任《星洲日报》驻怡保通讯员；1953年赴新加坡，担任《前人锋报》《新生活报》和《箭报》总编辑。在职期间，曾为香港的《今日世界》撰写特稿，专文报道新马旅游区的胜地风光以广招徕。1959年担任吉隆坡华文《虎报》采访主任，同年返怡保，担任《建国日报》编辑；在同一个时期内，兼职为《马来亚通报》撰稿，后转入《新明日报》正式出任通讯记者，历时年余，以报告文学方式撰写社会新闻通讯，颇受读者欢迎。

后因健康关系，他于 56 岁时退休。1986 年 11 月 27 日，与世长辞，终年 68 岁。

150　鲁莽（1939—2003）

鲁莽，是1960年代开始为人所知的一位出色散文家。他原名陈水源，1939年6月1日诞生于吉隆坡，祖籍中国福建安溪。曾任《虎报》《马来亚通报》《建国日报》等报编辑；1974年担任《新生活报》编辑，并主编《风采》等综合性杂志。

他卓有见识，一路来不爱俯仰随人，曾致力提拔后进，想扇起文艺的火焰来。他用过的笔名有：鲁莽、夜郎、梦江陵、陈言、沧海水、海晴等。1963年，新绿出版社出版他的处女作《希望的花朵》，合著《牵牛藤》（小说散文集）、《祝福青春》（散文集）等。他有9篇散文，被赵戎选入《新马华文文学大系》散文二集中，赵戎在《导论》中说：鲁莽在格调上来说，是与苗芒相类的，然而，在鲁莽的作品，却有一种浓厚的凝炼的气氛，至于诗的情愫底丰满，尤其是余事了。读鲁莽的散文，有如读一首长篇叙事诗。

鲁莽曾在报界服务近20年，先后出任日报编辑和杂志月刊总编辑。1980年代末期，与友人合资创办出版社，出版《农牧世界》月刊，其出版社旗下共有5份期刊。

他于2003年9月4日与世长辞，享年64岁，遗下孀妻及两名子女。

151　鲁白野（1923—1961）

原名李学敏，祖籍中国广东梅县，1923 年 4 月 21 日出生于怡保，只念到小学 5 年级。1949 年开始大量的文学创作，也搞方物、写历史，常用笔名有：鲁白野、威北华、楼文牧、越子耕、华希定、范涛、姚远等。

自苏岛返星后，在《星洲日报》及法庭等机构担任翻译工作。后来，马来亚联合邦成立了，新加坡成为自治邦。当局定马来语为国语，鲁白野编著《实用马华英大辞典》出版，并主编《马来语月刊》，在推进学习国语和华巫文化交流方面贡献不小。鲁白野不幸于 1961 年 4 月 26 日病逝，享年方 39 岁。已出版的著作有：史地掌故《狮城散记》《狮城散记续集》《马来散记》《马来亚》；散文集《春耕》；小说集《流星》；诗文集《黎明前的行脚》；游记《印度印象》以及编有《爱诗集》等。他的散文，对当时的文艺青年有一定的影响。

鲁白野的知音人张景云曾为他整理出版专集，让众多读者更认识鲁白野的丰采。张景云编的《威北华文艺创作集》，乃由吉隆坡有人出版社于 2016 年 7 月印行的。青年诗人兼学者邢诒旺则在论述《水和英雄：威北华的诗歌意象体系初探》中指称：“已故马来西亚作家李学敏（1923—1961）在出版其著作时透露两个主要笔名点出其自许的两大写作身份：诗人威北华，历史学者鲁白野。”

152　吕晨沙（1945—2014）

活跃于1980年代初的马华文学评论工作者，原名吕关华，1945年1月4日诞生于森美兰州瓜拉庇劳，祖籍中国广东信宜。他自1963年开始写作及发表作品。在1960年代初期，他曾与鲁莽、李旺开、张寒、山芭仔（温祥英）等人筹组荒原出版社，出版《荒原》月刊，并为该刊特约撰稿人，几乎每期发表1篇作品。除散文外，他也学写过一些现代诗，但收获欠佳。《浅论鲁莽的文学观及作品风格》一文曾提到，吕晨沙自称之所以会走上写作道路，是受了散文家鲁莽很大的鼓励。

1979年年杪，吕晨沙开始倾力从事书评，评过端木虹、萧冰及驼铃的中篇小说。较后，他尝试杂感、随笔等的写作，曾以“吕晨沙”“牧固”“暮岸”等笔名发表作品。1966年下半年，因故停笔，一停就是10个漫长的年头。到了1975年，方以“牧园”“凌风”“童军”等笔名复出写作；至1976年中再度停笔。1978年末，再以早期笔名“吕晨沙”复出创作。

1981年，吕晨沙又相继在《南洋商报·读者文艺》《南洋商报·商余》《星洲日报·文艺春秋》《马来亚通报·文风》等文艺副刊发表数篇评论马华作家的论文，如端木虹的诗、丁云的小说、原上草与何乃健的散文技巧、鲁莽的作品风格等都被评介过，立论比此前有了进步。

1971年出版的赵戎编选的《新马华文文学大系·散文二集》里，选入他的作品《米乡道上》（第300—301页），原载于1964年3月《荒原月刊》第11期。1985年出版的《马华当代文学选·散文》（张树林主编），亦收入吕晨沙的散文佳作。

吕晨沙于2014年辞世。

153 吕少雄（1926—2009）

原名吕少雄。早期笔名江帆，活跃于1950年代中期的马华作家。1926年12月10日生于中国广东鹤山，童年在梓里接受私塾教育。9岁南来，住在柔佛州万孚、新万孚、哥打丁宜和避兰东。1953年前往新加坡工作。1950年代末，曾与曾梦笔搞过小报出版工作。早自1951至1952年，当时吕少雄住在柔佛州哥打丁宜，用“江帆”为笔名，在《南洋商报·文风》发表许多新诗作品。1965年，吕少雄与刘元同合作出版《时代儿童》，但出版了5、6期就终刊。1968年，吕少雄主编《青年报》，在吉隆坡印刷与发行，同样也只是出版5、6期就终刊。诗作常刊登在《南洋商报·文风》。1958年7月，由新加坡文工公司印行其新诗集《创造之歌》，内容多属反殖意识甚高的诗歌。

1981年，吕少雄出版《李三春的政治奋斗》一书，之后，常在各报章写专栏，诸如《中国报·精彩30》（1984—1994）、《中国报·中言》（1995—1996，每周3篇）、《中国报·众言堂》（1994—1997，每周7、8篇）等。从1985至1994年，他有长达10年的时间是《新生活报》的特约记者，发表了无数的文章。在《星洲日报·大柔佛》撰写“老调重谈”“看天下”和“论古说今”等专栏，也为《星洲日报》撰写“欲说还休”专栏。自1980年代以来，吕少雄几乎天天在伏案挥笔，真不知“搁笔”为何事！

他常用的笔名计有：江帆、吕公明、丁峰、江南春、一鸣、戈戈等。他结集出版的文集共有：《李三春奋斗史》《三年零八个月》《政工回首三十年》《时事风云（一）》《时事风云（二）》《多此一指》等。

1960 年，他在新山区参与马华政党的活动；1970—1973 年，在马华总部任助理秘书；于 1974 年初，由马华总部调任柔佛州马华联络委员会，在新山马华州联委会工作多年，兼任州联委会主席特别助理；于 1990 年退休。居住新山避兰东。

他于 2009 年 5 月 10 日寿终正寝，享寿 83 岁，遗下孀妻陈英，育有 4 男 5 女。

154　马汉（1939—2012）

马华著名作家，原名孙速蕃，祖籍广东潮安。1939年11月9日，出生于柔佛州麻坡县利丰港。1960年毕业于麻坡日间师训学院（华文组）；1960—1990年，在华小任教，兼任国民中学母语班教师。

自幼喜爱阅读与写作。小学5年级开始有习作发表于儿童刊物，自此立志要当一位作家。1959年，其处女作《听来的故事》由香港艺美图书公司出版。

过去50年间写作不辍，先后曾为《南洋商报》《星洲日报》《建国日报》《马来亚通报》《新明日报》及《新生活报》撰写杂文专栏。1970年代曾以笔名"莫理"在《南洋商报·言论版》的"想到写到"栏位发表杂文，甚为读者喜爱，名噪一时。此外也曾以"余亦云"为名，发表过几百篇嬉笑怒骂式的杂文，其中有些以"书信体"方式，开头为"老婆大人膝下"，末署"拙夫余亦云叩上"。此类杂文大量刊登于1991—1993年间的《新明日报·冷热盘》。

曾担任《新明少年周刊》主编（1990—1994）、《青苗周刊》、《南洋学生周刊》编务顾问及长期撰稿人（始于1985年）。主编过《世纪文丛》（2辑，共19本）、《新亚马华文学丛书》（6本）、《青少年丛书》（1辑，共9本）、《故事大王丛刊》等。曾任彩虹出版有限公司资深编辑，并担任《德麟文丛》责任编辑，此文丛已出版4辑，共48本。2003—2008年，吉隆坡嘉阳出版社创办《嘉阳小作家》月刊，马汉应聘担任总策划兼主编。

所出版的著作约 34 种，包括小说集 9 种、散文与杂文 6 种、掌故与史料 3 种、儿童文学创作 14 种、文学史料 2 种。至于少儿读物和作文辅导书籍，则约有上百种。2011 年，马汉荣获亚洲文艺基金的“文学终身成就奖”。2012 年 6 月 19 日辞世，享寿 73 岁。马汉与夫人（邱玉英，已故）育有三男一女。

155　马夫之（1937—1997）

活跃于1950年代末的马华作家，笔名赵林、马夫之、范调、陈越、贾道、陈兰、上官末等。原名吴瑞祥，祖籍中国广东东莞。1937年8月26日生于雪兰莪州加影。他以半工半读的方式在育华中学完成初中的课程。1959—1964年，被迫在霹雳州华都牙也扣留营度过大约5年与外界完全隔绝的日子。1957年8月1日，他在八打灵再也的《建国日报》报馆担任校对，年底改任编辑，后来升任为副编辑主任，直到该报馆关闭为止。工余勤于写作，由1950年代开始，曾以笔名“赵林”，在1960—1980年间写小说，同时以笔名“马夫之”撰写文学批评，在马华文坛评论作家中，成其一家之言，而其作品也自成一格。他也用其他笔名撰写时评与杂文，描述社会现象与人事的是非善恶与美丑，坚持为人生而艺术的创作，是马华文坛坚持不渝的猛将。1988年1月8日，他进入吉隆坡的《新明日报》报馆当助理编辑，3月1日离职，5月1日转到《中国报》报馆出任编辑。

1992年11月6日，他因肝癌而动了手术，在退休的日子里，他一面养病，一面辛勤写作，发表了不少的杂文。著有评论集《新马作家论》（1992）、《马华文学路向》（1994）、小说集《生日宴》（1994）及《作家与作品研究》（1996）等。

1997年9月16日上午，由于肝癌药石罔效而与世长辞，终年60岁。

156　马摩西（1918—1971）

马华作家，笔名马摩西，原名马俊武于 1918 年生于中国云南昆明，世代信奉回教，毕业于东陆大学文史学系，后负笈埃及国立爱资哈尔大学，获法学士及文学硕士学位。在外交部任职多年；第二次世界大战结束后，奉派前来新马领事馆做事。中国大陆易权，外交使节人士也遭突变，马摩西便转入教育界服务，最初任教于新加坡中正中学，稍后移居新山，担任宽柔中学教师。

1953 年任柔佛州政府的华人回教官，为期 5 年。他的作品（包括翻译小说）多刊载于《南洋月报》及《蕉风》等。除散文及翻译外，还以“兴周”的笔名发表文艺理论。1957 年 2 月，蕉风出版社印行他的散文集《集愚集》。1958 年，参加马华政党，成为会员；1963 年策划筹组马青中央文化艺术团，担任过 2 届的马青中央文化主任。1962 年，主编《马青月刊》，共出版 8 期。马仑于 2008 年 10 月编选初版的《柔华作家百人文集》（古来柔佛丰顺会馆印行），录用了摩西的散文《沙漠的边缘》（第 315—318 页）。1971 年初，病逝于新山，终年 53 岁。

157　马天英（1900—1982）

马新著名的华裔穆斯林人物；乃中国近代抗战期间，远至南洋抗日的回族领导者。1900 年在中国河北宛平出生，回族。11 岁就读于北京南塘子法文学堂，17 岁毕业后，留学法国大学攻读文学戏剧，22 岁才回中国。

他于 1948 年首次来到大马，出任中国驻霹雳的首位华人领事。他也是全马华人回教徒协会的主席。

生前曾担任中国一所大学的法文教授，当过新闻从业员、领事及一家米较厂的董事经理。他于 1949 年后移居大马。早在他客居新加坡时，就曾从事华语伊斯兰宣教运动，在此背景下，他也从此成为马来西亚华人穆斯林社群的先驱与领袖。他不仅是当时马来西亚伊斯兰福利机构的杰出华语伊斯兰宣教人士，更为后来马来西亚华人穆斯林协会的奠基者。

马天英也是马来西亚剧艺研究会创办人之一兼名誉会长，曾任该会会长多年。他也是马来西亚回教福利机构创始人之一，长期以来致力于马来西亚华人回教徒的福利活动，同时曾在马来西亚广播电台主持回教讲座多年。

他留下了多种宣教类文献与著作，主要的有《回教浅说》（在中国出版）和 1960 年代至 1970 年代在马来西亚出版的 6 种 7 册，即：《伊斯兰教问答》第一及第二集（中文版）、《为什么穆斯林不吃猪肉?》（中文版）、《什么是伊斯兰教?》（中文版）、《介绍伊斯兰教》（中、英文版）、《伊斯兰教与中国传统思想》（中文版）、《中国穆斯林》（英文版）及《伊斯兰之光》。他被公认为1960年代至1970年代伊斯兰教在马来西亚以华语宣教的典范，为马来西亚华人穆斯林社群中不可不提的历史人物。

由于他对伊斯兰教和我国社会发展的贡献良多，曾获颁多项奖状，其中包括最高元首于1972年颁发的JSM勋衔。他的夫人于1979年逝世。两人育有3女2男。

158　梅子丘（1940—1990 年代末）

马华写作人，原名伍源新，又名伍瑞荣。1940 年 6 月 13 日出生于吉打州峨仑，祖籍中国广东台山，居住在吉打州双溪大年。华校高中毕业。擅写散文和新诗，作品散见本地多种报刊，笔名有梅子丘、关南飞、马鲁等。1966 年曾主编《海天诗风》。梅子丘是佛教徒，从商，也是一位书法家。1990 年代末辞世。

159　濛崖（1956—1993）

马华写作者兼报人，原名徐永贵。1956 年 8 月 16 日在霹雳州班台埠出生，祖籍中国福建永春。毕业于槟城马来亚师范学院，除了在中学教书，同时也从事新闻业。大约从 1977 年开始勤于写诗歌和散文，用过的笔名有：濛崖、禾苗、徐公子、胡一刀、佐尔等。著有《如梦集》《拒绝溶解的冰块》（1984）。自 1987 年开始担任《光华日报》霹雳州采访主任，曾任霹雳记者俱乐部副主席。不幸于 1993 年 4 月 14 日英年早逝，享年 37 岁。

160　米军（1923—2004）

马华诗人暨小说家。笔名米军，原名林紫，1923 年生于吉打州居林，祖籍中国广东普宁，童年时代回祖籍地，在兴文中学、南桥中学等校读书，后在农村教书，又与韩萌同到西南大后方流亡和学习文学写作。年轻时，除了主持文艺刊物《青年文艺》之外，还常在《国民日报》副刊发表小说，也曾主编过《建国日报》的文艺副刊，并出版了一部浪漫气氛极浓厚的中篇小说《第一恋》。1946 年 10 月底，他与韩萌从汕头出发，经泰国回到马来亚，后来都成为战后初期马华文艺界的重要作家。

他回到居林埠不久，就把在中国时写的短篇小说《疯女》略加修改后寄给《星洲日报 · 晨星》，当时的副刊编辑是林健安，一星期后，《疯女》便发表了。不久，他南下森美兰州的芙蓉中学教书，写下《记芙蓉》《波德申风景线》《不叫多隆》等散文。他在芙蓉住了半年，1947 年来到新加坡，认识了几位当地的马华作家及编辑，如文之流（苗秀）、赵戎和林健安等；同时，也会晤了南来不久的丁家瑞、张漠青、韩萌、杨樾、晨野（张扬）等人。

1980 年 8 月 16 日，他在广州写的《怀念新加坡》一文中说："初到马来亚，对当地人民生活不熟悉，因而也只能写点像《我从中国来》、《一个中国农民的哀歌》之类的诗歌。往后，生活领域扩大了，在现实生活中看到了当地各民族人民的痛苦与愿望，从而才写出了像《跳珑玲》、《印度老人》这一类短诗。可惜我在生活中还扎根不深，发掘不深，因而也就未能写出更坚实的作品。但这里却足以说明，南来的作家是不可能在生活中画地为界的……”

他创作的诗歌和小说、散文，都具有自己的风格，且富有地方色彩，语言生动，形象鲜明。“牛子牛”是他的另一署名。大约 1948 年，他在新加坡编辑出版文艺杂志《读书生活》。1949 年夏天，他离开新加坡，经港返华。1950 年 12 月出版诗集《热带诗抄》、小说合集《为儿女求婚》（1951）、散文合集《南洋散文集》（1950）等。中华人民共和国成立后，他在潮汕搞过潮剧改革工作，编过《火烧马院桥》等新潮剧。他不幸于 1972 年得了癌症，幸而身体还健康，大约在 1982 年，完成了一个描写潮剧童伶生活的电影剧本。后任中国戏剧家协会广东分会戏剧研究委员会副主任。

米军于 2004 年逝世。马仑特为米军与贤内助方畅卿的恋爱故事写了《归侨诗人米军与方畅卿胸怀大爱》一文，收录在《当代马新文人事迹》专集里（2016 年，第 224—227 页）。

161 倪子仲（1926—2010）

资深马华作家暨教育家，1926 年 9 月 5 日出生在中国福建龙岩。1947 年毕业于厦门国立第一侨民师范学校，1960 年毕业于吉隆坡专科师范学院华文教育系。曾任亚罗士打华侨中学训导主任（1948—1961），后任吉打北海光华学校校长（1962—1979）17 年余，于 1979 年 2 月 28 日退休；之后，犹孜孜不倦地为学校、社团服务，如担任北海光华学校董事会总务、北海钟灵中学及麦曼珍国民中学董事；曾任全国外丹功总干事，推广健身运动，不遗余力；也曾为德教联合总会，宣扬德教，编写“德教歌曲”。倪子仲历任槟城龙岩会馆要职，对乡会贡献颇大。

倪子仲著有《生命的痕迹》（1993），内分“言论集”，“知己集”及“亲情集”，共 35 篇，202 页。这是作者以神采之笔将个人生命的历程、生活的经验以及正确的人生观，真挚诉说出来的文字，感人至深。1995 年 9 月和 1999 年 10 月，他分别出版《龙乡情长》和《龙津河之恋》。他也荣膺槟城州教育局颁发 1992 年度威北和威中县“模范教师”荣誉。

2010 年 4 月 6 日，倪子仲辞世，享寿 84 岁。遗下孀妻章守容和 3 男 2 女。

162　凝秀（1944—2016）

活跃于1960年代中期的马华女作家；原名陈桂莲。1944年5月20日生于柔佛居銮，祖籍中国广东普宁。在高中时代，她便开始发表文章，多刊于新加坡《星洲日报·青年园地》；笔名凝秀、莲子等。1974年，她患上癌症，病中日记《向病魔挑战》在报上刊登时，引起了广大读者的注意与关怀。

她著有小说集《走在阳光下》（1975）。小说作品收入合集《作协短篇小说选》（1980）、《新马小说选集》、《马华当代小说选》、《彩笔下的世界》、《柔莲》、《绽放的季节》和《蝠城遗事》等。1976年获得南马文艺研究会举办的第一届"青年文学奖"。曾为传销员。曾任居銮哈芝马南马华支会副主席暨妇女组主席，1991年荣膺柔佛州苏丹殿下封赐PIS勋衔。1991—1992年，曾在吉隆坡《新生活报》撰写专栏"三个女人的故事"。2018年7月21日，马来西亚华文作家协会在隆雪中华大会堂举行35周年感恩晚宴，凝秀是20位获作协颁发文坛长青奖的表扬作家之一。

坚强果敢的凝秀，抗癌约42载，于2016年11月7日仙逝，享年72岁。

163　欧曼（1944—1996）

马华写作者，本名欧振豪，后改为欧展豪，一署欧文豪。另用“郑豪”为笔名。他生于1944年7月1日，祖籍中国海南琼东，居住在瓜拉登嘉楼。他擅写时评文章，是位实用主义者，关心马来西亚社会、民族和国际等问题，主张知识分子走出象牙之塔。常以“欧曼”为笔名发表针砭时弊、尖锐辛辣的文章。他是马来西亚华文作家协会会员，也曾担任大马华人文化协会彭亨州分会主席。

欧曼早年毕业于新加坡育英中学，过后转入义安工艺学院就读，返马后，曾任马华瓜拉登嘉楼区会执行秘书，也出任过马化合作社关丹分行经理。1978年10月由瓜拉登嘉楼前来关丹，曾任关丹中华商会执行秘书，直至1982年离职。曾以“柯曼”为笔名，在《通报》开设专栏“关丹河畔”，发表了不少杂感小品文，也写过好多政论文章。他于1990年代初成为古董商。

欧曼1996年惨遭杀害，终年仅52岁。

164 潘亚暾（1932—2013）

中国学者，对海外华文文学有精湛的研究。1932年生，中国福建南安人，先后在香港华侨工商学院、广州大学、中山大学中文系肄业。毕业后在贵州大学中文系任助教，1980年代转任暨南大学副教授。后任暨南大学台港暨海外华文文学研究中心主任、中文系教授。著有《台港文学导论》《香港文学概观》《海外华文作家现状》《世界华文女作家素描》，主编《台港澳暨海外华文文学大辞典》等，在海外百余份报章杂志社上发表上千篇序评诗文。曾任中国当代文学研究会理事，后任中华台港澳暨海外华文文学研究会常务理事、世华文协筹委，也被50余家海外报章杂志社、文学社团、研究机构等聘为顾问、研究员、主编、编委等职务。1994年1月间，潘亚暾莅临新加坡，约会马仑和田流等采访马新文学资料，且多次到吉隆坡和新山等地与马华作家交流。1996年4月，潘亚暾主导的上海首届儒商研讨会，马来西亚华文作家协会会长云里风也应邀在上海共商大计。

潘亚暾与秦牧、饶芃子3位教授主编《台港澳暨海外华文文学大辞典》，历时五载，于1998年10月由广州花城出版社印行，厚达1132页。这部大辞书的第三部分——海外华文文学，分别介绍新加坡和马来西亚的华文文学之作家、作品、期刊及社团。自第745页至第936页，其中89页是关于新加坡，马来西亚的占101页。大部分是由潘亚暾负责编撰，居功至伟。全书共收录6000多词条，洋洋百万言，展示了近70年来台、港、澳暨海外华文文学之发展脉络、历史进程和现状走向。潘亚暾的《跋——高扬起中华文学之大纛》，乃写于1991年间。他被公认为研究当代马新文学的专家之一。据新华名作家骆明回答：潘亚暾于2013年辞世。

165　佩韦（1947—2009）

马华女作家，原名黄秀坤，笔名佩韦，1947 年生。1984 年开始投稿，喜欢写杂文、童诗，最爱是散文。曾获 1985 年全国散文赛冠军、1986 年全国关怀儿女运动征文赛冠军、1988 年全国童诗赛公开组冠军、1991 年全国嘉应散文赛优秀奖、1992 年全国绿禾奖散文赛优秀奖等。

她是马华沓株区会庆祝 50 周年纪念特刊《风雨同路》的主编，同时也是该党的活跃分子，为马华沓株区会副秘书及区会文化局主任。她亦曾担任南马文艺研究会及沓株文艺协会财政。1999 年 4 月中，柔佛苏丹华诞，她受封 PIS 有功勋衔。2001 年 4 月出版散文集《回忆拷贝》。作品收入合集《阳光・空气・雨水》、《异乡梦里的手》、《与女儿的贴心话》、《旧情绵绵》、《一般风物》、《兰艾集》、《耕》、《柔莲》（马仑主编，1998）、《绿原》（2001）、《龙中文荟》（2018）等。

黄秀坤是沓株巴辖中华公会会长龚忠庆的夫人，她于 2009 年 2 月 26 日寿终正寝，享年 63 岁。

166　彭士驎（1923—2008）

马华女教育家、散文作家和书法家，1923 年 10 月 6 日生于中国湖南省长沙市。在中国接受高中及大学教育，1950 年来马，定居怡保，受聘于霹雳女子中学，1954 年升为校长，直至 1978 年退休为止，前后长达 25 年，为教育事业做出了无私奉献。

她自幼受儒家思想熏陶，爱好文艺，古文造诣深，也精通书画艺术。已出版著作有散文集《夜窗闲话》《书灯絮语》《校里乾坤》《珍藏偶记》和《徘徊画廊》；古典诗集《掬翠园诗选》；杂文集《缘在山中》等。曾任霹雳文艺研究会名誉会长、霹雳三江公会副会长及代理会长、怡保山城诗社社长、霹雳嘉应会馆妇女部主任兼书画班主任及书法导师。1982 年，被推选为最成功的华族妇女，获前任霹雳苏丹颁赐奖章。1992 年，获中国台湾文艺协会颁赠海外文艺奖章，2000 年获亚细安文学奖等。

彭士驎于 2008 年仙逝，高寿 85 岁。

167　彭友真（1917—?）

活跃于1930年代末的北马报人，祖籍中国广东。本名彭友真。

他于1917年出生在霹雳州怡保。早期他在槟城《现代日报》报社任法庭记者；后任职于《南洋商报》报社，也曾在吉隆坡《新国民日报》报社担任翻译。

二战后，1946年底，《南侨日报》在新加坡开办后，彭友真由北马南下，出任采访主任。《南侨日报》于1950年9月20日被禁止出版后，他与洪丝丝被扣留问话，之后也遭递解返回中国。“文化大革命”期间，他被送到东北下乡劳改。由于患上肝病，于1960年代想尽办法申请来香港森林有限公司任职；从商后，生活写意。于1970年代在香港辞世。

168　彭质斐（1925—2010）

马来西亚媒体人兼写作者，1960 年代末南马电台广播界红人。原名彭质斐，1925 年 12 月 20 日出生于柔佛州居銮县，祖籍中国广东惠州。

童年时代，曾先后在香港深水埔崇智分校、柔佛拉央拉央育民学校、居銮华侨学校（中华学校前身）接受华文教育，并在居銮圣德莉莎私立英校专修英文，太平洋战争爆发后，在日侵时期，受过日文教育，故略懂日语。

光复后，他投身于社会，先后当过印务局设计员、华文报翻译员等职务，直至 1951 年间，即投入广播界服务，在吉隆坡马来亚广播电台中文部工作（当年总电台设在新加坡）。由于彭质斐表现卓越，1962 年间，被调任槟城分台晋升为华文部副主任，1964 年 10 月间，适逢世运在日本东京举行，当时彭质斐获得“联合国文教科奖学金”，被派往日本广播协会（NHK）接受为期 8 周之教育系广播训练课程。

返国后，于 1966 年 3 月间，电台当局委任彭质斐为吉隆坡总台华校广播组代理主任，翌年调至新山分台出任中文部主任之职，到 1978 年电台改组后，彭质斐被委任为南马区事务主任及节目主任。1979 年，曾任新山分台节目总监助理。1980 年 12 月 20 日他在马来西亚广播电台任职了 30 年，因服务条例限制而退休；但他退而不休，转入新山报界工作；在工余之暇常写文章，并积极地参与社会工作。他曾用笔名“简少波”“锡米佬”“公孙”“庞炽辉”等发表文章。

1995 年 12 月出版《广播生涯卅年》，由新山 45 位热心华教人士资助出版（慈善人士郑泓校居士乐捐 8 千马币），全书 555 页。此书共印 4 千本，赠给柔佛州 8 所独立中学、新山红新月会和南方学院出售，收入作为该校发展基金。马仑主编的《柔华作家百人文集》（柔佛丰顺会馆 2008 年版），收录彭质斐的散文《以人头赌三码女装布料》（第 339—340 页）。

彭质斐于 2010 年 2 月 23 日与世长辞，高寿 85 岁。

169　普洛（1923—1990）

二战前马华文艺工作者，本名郑德松，1923 年 3 月 17 日在中国广东潮安出生；1923 年秋，南来马来亚柔佛州新山。1940 年就读新加坡中正中学，后于 1941 年初转学至雪兰莪州加影华侨中学。到校不久，普洛主持一份油印文艺刊物《椰风》；可惜在同年秋天，又被迫离开加影。大约是 9 月间，他返回新山，直到太平洋战争爆发，陆续写诗，主要发表于《狮声》副刊，笔名为普洛、哥江等。1941 年写得最勤。日军投降后，于 1945 年 9 月，普洛在新山负责周刊《新民报》的编辑工作；至年杪，该报改为《新柔佛报》，他即离去。1948 年年杪，他离开马新，后在汕头从事文教工作，长期担任中学副校长。

作为诗人，他的诗作，始终不辍，直至 1980 年代，仍在新加坡报刊出现。收辑在《马华新文学大系》之六《诗集》中的《风暴》一诗，是普洛在日本侵马战争爆发前夕写的。这是他的代表作之一。

1987 年 4 月 21 日，离开马来西亚多年的普洛从汕头返回新加坡省亲；新华作家陈田启（贺平）安排马仑、梅井及陈汉（广播员）跟普洛欢聚，畅谈文坛今昔。

他于 1990 年 5 月 3 日辞世，终年 67 岁。

170　钦鸿（1947—2015）

中国江苏南通学者，1988—2015 年，跟东盟华文文艺界——尤其是马新作者结缘 26 载。

他原名钦志衍，笔名欣文、白金、林金等，现名钦鸿。浙江长兴人，1947 年 9 月 8 日生于上海。1966 年上海复旦大学附中高三毕业后，适逢中国“文化大革命”，遂去黑龙江生产建设兵团工作。过后毕业于黑龙江克山师专和长春东北师范大学中文系。曾担任江苏南通市社会科学界联合会《江海纵横》杂志副主编和副编审。

中学时代开始文学习作，1965 年获上海市工人学生国庆赛会一等奖；1981 年起从事中国现代文学研究，出版过评论集《现代文学散论》（新疆大学出版社）、《文海钩沉》（新加坡中外翻译书业社），编著《中国现代文学作者笔名录》（湖南文艺出版社）、《中国现代文学辞典》（广西人民出版社）等；1989 年底开始从事世界华文文学研究。先后在马来西亚和新加坡的《南洋商报》《星洲日报》《文学半年刊》《写作人》《赤道风》《蕉风》等报刊发表众多评论和研究新马华文文学的文章；1992 年，吉隆坡暨雪兰莪中华大会堂联合马来西亚华文作家协会邀请他赴马访问并做巡回文学讲课；1995 年由马来西亚乌鲁冷岳兴安会馆出版其评论集《海天集——我看新马华文文学》一书。

他在中国编选出版了温梓川游记《冬天里的伦敦》、《温梓川的文坛回忆录》、温著《郁达夫别传》及《1936 年至 1937 年马来亚华侨文化界对鲁迅的纪念》。钦鸿与夫人闻彬还编选出版《马来亚作家微型小说选》等。他于2015年8月25日逝世，终年68岁。马仑于2016年9月出版的论述集《当代马新文人事迹》，内载长文《钦鸿：马新文人忘不了您》（第283—294页），给予钦鸿极高的评价。

171　丘梅（1943—1997）

马华诗人暨报人，本名丘肇飞，祖籍中国广东大埔，生于1943年11月23日。1990年代前期马华活跃诗人之一。

他早年担任《星槟日报》驻玻璃市州加央记者，1974—1980年间，升任生产部经理，也曾任人事经理、业务经理、《星座》副刊主编。1983年受最高元首封赐AMN勋衔。1986年在怡保筹办《民生报》，历任执行董事兼总编辑。1988年5月至1993年7月，先后羁旅中国香港、中国台湾与中国大陆6年。业余爱好写作，擅长写诗。1960年代开始即以“丘梅”“野芳”等笔名在各报刊发表诗作。已结集出版的著作有2本诗集《灵泉》及《龙哭千里》；散文集《莫道男儿心如铁》；报道文学《采访线上》及《中国名牌大学巡礼》。

1997年，他返回怡保，重掌《民生报》执行董事兼总编辑，同时兼任《快报》3日刊总编辑。于1997年7月4日病逝，终年54岁。

172　丘士珍（1905—1993）

二战前马华文学界重量级作家。丘士珍，一署家珍，1905 年 9 月 12 日出生于中国福建龙岩，毕业于厦门集美中学师范班。他是战前和战后的著名作家，擅写小说、戏剧、诗歌、散文和评论。南来后担任教师，于 1929 年开始在槟城报章发表作品，1932 年前后，他发表中篇小说《峇峇与娘惹》——这是马华文学史上的第一部中篇小说，其单行本于 1934 年出版，比林参天的长篇小说《浓烟》早出版了两年。战后，他在怡保一带办报，用另一笔名“丘天”发表创作。1949 年回返原梓，著作有中篇小说《峇峇与娘惹》（1934），短篇集《没落》（生活书店 1934 年版）、中篇小说《复仇》（吉隆坡《民声》报社 1948 年版）、戏剧《三姐妹》（《怡保日报》社印行）等。约 4 万字的中篇小说《复仇》和短篇小说《爱情的快乐》都是他 1947 年的作品，被方修收入《马华新文学大系 · 战后 2：小说（一）集》里。

他后来返居中国福建龙岩市东城工农巷。1985 年 10 月间，他在信中回答马仑说：“记得我过去曾在《南侨日报》或《风下》周刊，以及洪丝丝主编的《现代周刊》发表过的几个短篇是比较好一些的，因为它们选材是比较严格的。记得有《野恋》、《春闺梦里人》、《三姐妹》、《母亲》等。我的短篇有一个特点是：短小精悍，能说明问题……”

丘士珍于 1985 年 3 月 11 日完稿的逾万言回忆录《海外二十年》，被主编马仑收入《新加坡丘邱氏公会庆祝二十周年纪念特刊》（1988 年 5 月）。

173　邱树炳（1939—2004）

马六甲报人，擅写游记。1939 年在柔佛州昔加挽出生。于 1957 年新文龙中华中学高师毕业后即在教育界服务。3 年后投入新闻界，曾任《南洋商报》马六甲办事处主任兼采访主任、马六甲潮州会馆英文文书、马六甲记者公会副主席、少年法庭陪审员；后任《南洋商报》森美兰州、马六甲州及柔佛州经理。游记收入马仑主编《龙中文采》（2013）等合集内。1979 年获马六甲州元首封赐 PJK 勋衔。

他于 2004 年 8 月 10 日辞世。

174　丘衡山（1914—?）

北马教育家、美术家兼写作人。1914 年在中国福建漳州出生，原名丘衡山，笔名龙文山、丘尚。早年毕业于厦门美专艺术教育系，后来前往上海深造，毕业于上海市立美术专科学校（上海美专）西画系。

其后即来南洋任教职。先在槟城华小执教，两年后至怡保担任教员 4 年。太平洋战争爆发，他因失业而生活潦倒——那段昭南时代里，曾执锄耕种，斩芭种植，后又转业为街边小贩，贩番薯卖咸鱼，生活十分辛苦，致使夫妻时为牛衣而哭泣，互诉艰苦。战后，丘衡山担任华小校长，所掌学校，由微型华小，而逐渐转至小型、中型、大型到特大型华小。

他自 1953 年起即在槟城圣芳济中学执教，20 多年后升任校长。1981 年，荣膺槟州元首封赐 PJM 勋衔。他历任槟城乔治市北区童军总监、槟城同乐会音乐盛会委员、垂统堂丘公司教育委员会主席及槟州童军理事会委员。1984 年 4 月初，他出版了《衡山文集》，全书约 20 万言。

本书主编马仑曾于 1987 年邀请丘衡山赐稿，录用其游记《南行记》，刊登在《新加坡丘邱氏公会庆祝二十周年纪念特刊》（1988 年 5 月）。丘衡山已离世多年。

175　任雨农（1911—2009）

活跃于1930年代中期的马华文学家、教育家暨书法家，号宇农，字湘圃，又号紫云居士，笔名任宇农或任雨农。1911年生于中国湖南长沙。早年毕业于湖南第一师范学院。1934至1937年4月任教于湖南醴陵女子师范学校，因于湖南《国民日报》发表一篇《政治家左右教育》的教育论文，在军人势力的社会，几乎遭来文字祸，遂于1937年5月南渡槟城。翌年，开始在《现代日报》《光华日报》发表作品，擅写论文、散文和小品。

历任槟城钟灵中学、太平华联中学高中文史教师、兼任华文假期师资训练班华文讲师、吉隆坡语文学院及师范学院中国文学讲师。于1970年退休。

在二战前的1938年4月，他与朋友于槟城创办《南风杂志》，亲任总编辑，唤醒海外侨胞支援祖国对日本帝国主义的抗战，因为言论不合帝国主义的立场，殖民政府下令禁封，杂志不得已而于1939年5月宣告停办，他转而投身教育界，厕身于“孺子牛”之列。从1940年到1941年期间，任雨农在郁达夫主编的《星洲日报·晨星》与《星洲日报·繁星》上发表不少散文与小品，间亦书写旧体诗词。

在3年8个月的东南亚沦陷期间，任雨农与夫人陈月莲于太平市郊外的树胶园里胼手胝足制作虾饼出售，艰苦度过战乱岁月。日军战败投降后，任雨农受聘为北海中华公学校长，之后任槟城钟灵中学教师。

其著作计有：《风雨南州》（论说文，中国北京再版）、《江山灵秀》（杂文）、《青山云外》（散文）、《生活的旋律》（小品文）、《江山万里行》（游记，稿酬 1 万 2 千元捐献予钟灵独中）、《乱弹曲》（论说文）、《绾不住的春风》（新诗）、《湘芬堂集》（旧体诗词）、《任雨农书法集》。任雨农也是书法家，墨宝见于中国河南省开封碑林、河南省巩义市杜甫碑林、山东省曲阜市孔子博物馆，和湖南省名人博物馆。2003 年 3 月 23 日，上、中、下 3 册的《任雨农全集》出版，并举行其书法回顾展与讲座会。任雨农曾受封高级拿督（DMPN）等勋衔。

任雨农于 2009 年 12 月 24 日下午 2 时逝世，享寿积闰 104 高龄。

176　融融（1952—2010）

活跃于1960年代的马华女作家，本名吴楠娟，1952年出生于砂拉越州古晋市，祖籍中国广东宝安。中学时代就开始文学创作，1968年，她年仅15岁余，参加《诗华日报》和《国际时报》这2家报章的年刊征文，皆获首奖。中篇小说《脉脉斜晖》获1986年砂华总征文小说首奖。除小说之外，她也致力于散文及杂文创作，笔名霜薇、融融等。曾任世界海外女作家协会会员、砂拉越作家协会理事。

她长期在教育界服务。出版作品有小说集《脉脉斜晖》（1988）、中篇小说《逆旅》《前路》等。合著则有：《用真情走过的地方》《云过马当山》。马仑主编的《马华文学大系·中长篇小说》（1965—1996）收入融融的中篇小说《脉脉斜晖》（2002年出版）。

融融于2010年4月17日离世，享年58岁。

177 砂耶（1934—2009）

砂华文学萌芽期（1946—1955）的土生土长诗人，于 1934 年生。原名雷皓明。祖籍中国湖南，在实务地诞生，乃 1948 年第二届美里中华公学毕业生。砂耶与吴岸是 1950 年代初写诗较多的两位本土诗人。砂耶于 1951 年由美里转往诗巫，就读于中华中学与卫理中学，课余主编《诗华日报 · 学习园地》。这文艺副刊水准不高，但对当时拉让江流域的文学活动确实起着推动的作用，也培养了一批年轻的写作人。

砂耶勤于写作，他写散文、评论、小说，但更多的是写诗。他将诗作投稿至新加坡出版的《荒地》《耕耘》《人间》。长诗《给一位马来兄弟》，感情真挚，反映当时殖民地统治下民族兄弟苦难生活的一面。同个时期，砂耶主编一份未经注册的地下刊物《草根》，这是一份以钢板刻蜡纸后油印的小型刊物，外观虽粗糙，但对当地的青年却有着深远的影响。

1956 年，他返回美里，任《美里日报》首位记者，受主编许来夫鼓励，他编《学生园地》；1961 年任《砂民日报》编辑，大力宣扬反殖、争取独立之思想；1950 年代成为砂拉越解放同盟盟员；1962 年被英殖民政府限居于木中；1963 年文莱武装事件发生不久后，他被逮捕，1964 年被释放。他曾任首席部长政治秘书，后期对于土著民俗、传奇故事，特别是实务地肯达雅人的有关资料很感兴趣。他于 2009 年 5 月 17 日逝世，终年 75 岁。

178　沙燕（1940—2011）

活跃于1960年代初期的马华散文作家，原名陈家桂。1940年9月10日生于吉隆坡，祖籍中国福建厦门。擅写散文，笔名沙燕、庄牧、白荻、沙扬琳等；与乃兄鲁莽都是1960年代初期优秀的散文家。

他已出版的合集有《祝福青春》《牵牛藤》；单行本《南泥河散曲》（散文集，1972）。沙燕的散文作品被收入赵戎主编的《新马华文文学大系》，张树林主编的《马华当代文学选·散文（第一辑）》则收入沙燕的4篇佳作：《牵牛藤》《故园》《晚星》《落雨的旅程》（马来西亚华人文化协会1985年版）。他生前从事过多种行业；曾在报界任职。

沙燕于2011年逝世，终年71岁。

179　沙乐夫（1941—2010）

南马作家兼报人，原名黄良佐，祖籍中国广东文昌。1941 年 7 月 9 日在柔佛州峇属龙引出生；1962 年肄业于峇株巴辖华仁独中高中三年级。当过酒店侍应生、乡团座办及商行书记；1960 年代末投身报界，先后为《通报》《新明日报》《中国报》和《建国日报》负责采访工作。

1970 年代初期，曾经在《新明日报》写过一个名为“今日专题”的专栏。写过的文体有影评、剧本、散文、小说、现代诗、楹联和灯谜。曾用过“沙乐夫”“愚叟”“一凡”“山野”“楚泽”“楚洋”“罗狄尔”等笔名。曾任多届峇株文艺协会理事会要职。多篇作品收入 5 种合集及选集内。马仑于 2008 年 10 月编选出版的《柔华作家百人文集》（柔佛丰顺会馆印行）收入沙乐夫的作品：《古人智慧万古传》和《不想上天堂》（第 366—367 页）。

沙乐夫于 2010 年逝世，享年 69 岁。

180　山东佬（1904—1961）

马华作家暨教育工作者。笔名山东佬。身材魁梧，本名卓凡，于1904年生于中国广东海丰，母亲是山东人；他毕业于国立中山大学教育系，担任过中国与南洋之中学教师多年。在二战前，曾与郁达夫在新加坡《星洲日报》共事。1952年5月，在槟城钟灵中学执教，一直服务到1961年5月19日，因心脏病猝发去世为止。

他于1953年7月出版的《山东佬闲话》，全书192页，收录71篇杂文，是他在1948年8月22日至1951年6月1日之间写成的，都曾在《南洋商报·商余》版发表。他在《〈山东佬闲话〉自序》里说，他的写作目标一向总是要在使尽能力揭发社会病态之余，并有把持着“延年益寿”的本质。彭松涛在序文中也说：“山东佬的文章有奇气，有幽默感，嬉笑怒骂，妙趣横生，读来使人发出会心的微笑……他的文章也具有山东人的性格，豪放爽快。”1955年8月，南洋印刷社又出版他的第2本杂文集《山东佬闲话二集》，全书166页，收55篇杂文，是他自1949年4月4日至1953年3月29日之间写成的，由庄泽宣、连士升二人分别写序。庄泽宣在序中说，这些杂文短小而精悍，谑而不虐，富于人情味。连士升在序里表示，山东佬是个富有正义感的人；他敢说，敢骂，敢做，敢为，不过他的一言一动并非从个人主义作出发点，而是专门替那些哑巴且受苦受难的同胞作正义的呼声。鲁迅先生所谓“横眉冷对千夫指，俯首甘为孺子牛”，山东佬可谓当之而无愧。方北方在《北方散记》一书中提到他的杂文集时，也说山东佬的文字富有幽默感、人情味浓厚、处处妙趣横生、嬉笑怒骂、溢于言表、有真实感，使人感觉亲切，写作技巧圆熟，人生经验丰富。

181　商晚筠（1952—1995）

1970年代初期马华女作家；原名黄莉莉（黄绿绿）。1952年8月12日出生于吉打华玲，祖籍中国广东普宁。在当地念完小学后，1963年转到居林觉民中学深造，1969年毕业。笔名商晚筠、舒小寒、星期五、商桑等。1972年开始在槟城《教与学月刊》及报刊上发表作品，并在香港《伴侣》半月刊写诗。后来负笈中国台湾，1977年夏于台湾大学外文系毕业。

据中国青年学者马峰的简述（载《马来西亚华人人物志》，第1063页）："1977年12月28日，商晚筠从台湾回国。1978年至1980年，先后担任《建国日报》副刊编辑、《商海》杂志撰稿人。1979年1月20日，在槟城与凌高结婚，1983年离婚。1980年12月28日，赴台大外文研究所深造，因健康欠佳而辍学。1981年3月回国，任《大众报》助编。1983年至1986年，历任马来西亚华人文化协会《文道》月刊的采访编辑、执行编辑、总编辑。1987年，赴新加坡加利谷广播局戏剧组担任编剧。1992年，被选为新加坡作家协会受邀理事，并任'小说遴选小组'成员。1994年，返回马来西亚专心从事写作。1995年6月21日，因心脏瓣膜发炎导致中风，在吉隆坡马来亚大学医院病逝，43岁的风华才女遽然离去。"

留学中国台湾期间，她曾以小说《木板屋的印度人》和《君从故乡来》分别获得中国台湾"全国"短篇小说大竞写优胜奖和《联合报》第二届小说佳作奖。1978 年，她以《寂寞的街道》荣获马来西亚“王万才青年文学奖”（小说组）。著有小说集《痴女阿莲》（1977）、《七色花水》（1991）、《跳蚤》（2003）等，都获得极高的文学评价。其中《痴女阿莲》，截至 1987 年，共印了 5 版。

182　劭安（1919—1999）

砂拉越州作家，原名谢名平，1919 年 2 月 22 日在中国广西省容县出生。毕业于江苏省无锡国学专科；1949 年在香港避难；1953 年来砂拉越；先后在泗里街、美里，以及文莱斯里巴加湾市执教；1989 年，与文友筹组留台同学会写作组。笔名劭安、邵安、卲安、柳塘、佐才、宴之、容西安等，擅写小说及时评文章；1993 年，出任美里笔会主席，后来移居文莱，是文莱留台同学会写作组发起人。曾任文莱留台同学会写作组组长，亦任文莱中华中学资深华文教师，勤于笔耕；1995 年 9 月旅居新加坡。曾几次出席国际文学会议。

1996 年，他退休后，所创作的作品更多。他是 1996 年 5 月 17 日创刊的美里笔会文艺版《巴南河》之首任编者。1994 年美里笔会替劭安出版专集《蜕变》。辞教席后，出版另 4 部作品：《脚印》、《邵安小品》、《大蓝图》（1996）、《谢名平文集》（2000）。1999 年 3 月 21 日辞世，终年 80 岁。

183　沈亭（1915—1991）

马华作家、书法家暨教育家，1915 年 1 月 1 日出生于中国福建诏安县，1935 年由中国南渡，翌年任教于槟城中华中学。战后担任怡保深斋中学校长多年。在 1973 年开始的霹雳州独中复兴运动中，他为独中的发展鞠躬尽瘁。

常用笔名有：萧墙、北公、萧郎、云悝、安书客、牛亨等。曾任马来西亚书艺协会会务顾问。1969—1973 年之间，他发表了不少的杂文。1988 年，霹雳华校校友会联合会为他印行《云山千叠楼诗》。另著有：《沈亭回忆录》（1986 年 7 月）等书。沈亭功在华教贡献多年，故被赞誉为“独中复兴运动的先导”。

他于 1991 年 7 月 8 日逝世，终年 76 岁。

184 沈强（1934—1979）

原名沈焕瑜，砂拉越州知名的文艺作家和副刊编辑；1934 年 5 月 9 日诞生于古晋，祖籍中国广东东莞，马来西亚公民。华校高中肄业。曾在古晋《中华日报》广告部任职，亦曾任副刊编辑。

1952 年，他念初中时，投稿到古晋《中华日报・青年园地》；1956 年，在古晋《新闻报・拉让文艺》发表戏剧、小说、诗歌。以“亦云”为笔名，在《新闻报》地方版刊登约 1000 字短小精悍杂文，写作甚勤；1959 年任纯文艺月刊《心声》主席。编《中华日报・椰风》《中华日报・拓荒》《中华日报・文艺阵地》，在古晋《人民论坛报》写社论、特写、杂文，也为该报编《猫城文艺》。写作二十余年，以杂文最突出。著有散文集《微风细雨集》（1980）。

沈强不幸于 1979 年 1 月 22 日病逝，享年仅 45 岁。

185　沈安琳（1926—2008）

马华女作家暨教育工作者，原名冯绮璋，生于1926年农历五月二十七日。原籍中国河南开封，上海复旦大学肄业。1948年南来，次年起即投入教育界，前后21年。

她曾执教于居銮中华小学、龙引新文龙中华中学（1953年1月到校）、关丹中华中学、哥打巴鲁中华中学。1957年，应严元章博士之聘，到峇株巴辖华仁中学执教14年。

在任教期间，利用业余时间写文章，后来应聘吉隆坡马联出版社工作（1984—1995），仍陆续写作。其校友郭隆生出任《南洋商报》总经理期间，多方鼓励她写作，并辟专栏让她有机会发表，因此她在这段时间写作特别勤奋。约于1999年8月间，由吉隆坡蕉风出版社同时出版其3本著作：《自由的召唤》（生活小品）、《难忘的旅程》（旅游小品）、《一串情谊》（人物小品）。作者文笔流畅，描述细腻，叙人状景，活泼生动，感人至深。她说，她出版这3本书，只是作为自己一点见闻和感触。她虽来自中国，却在马来西亚住了50年，成为马来西亚人，也将一生心力献给马来西亚。她要感谢华中校友会和校友协助出版工作，更要感谢丹斯里李金友于1999年9月初为这3本书主持推介礼。

马仑编选的3部合集：《柔华作家百人文集》（2008）、《龙中风采》（2013）和《龙种文荟》（2018），都分别录用沈安琳的佳作。

她于2008年3月间与世长辞，享寿82岁。

186　沈观仰（1948—2014）

砂拉越州的一代政治强人兼学人。1948 年出生在古晋，毕业于加拿大马尼托巴大学（学士，1975）和加拿大温尼伯大学（哲学硕士，1997）。

1978 年，他学成回国，代表行动党攻打古晋国会议席，但出师不利。不过，经过多时的耕耘，他成功于 1982 年攻下该选区，并连续 3 届中选该区国会议员。在党职方面，沈观仰曾担任行动党副主席及砂州主席。退下政治前线后，沈观仰多次开办民间哲学班，培育与影响大批关心原住民课题的社运分子与政治领袖，其中包括人民公正党砂州峇都林当区州议员施志豪。他曾在 2011 年的砂州州选时，为施志豪等民联候选人站台。

虽他仅念完华文小学，却擅长用华文写作。在 1980 年代至 1990 年代常发表政论文章。著有《追求光明》一书。1995 年 1 月，他的政论集《野地里的政治独白》（152 页）由吉隆坡《南洋商报》总社出版。他隐退政坛 4 年后，于 1999 年 6 月申请成为公正党的一名普通党员。

2014 年 11 月 28 日，报章刊载题为《行动党元老·沈观仰逝世》的新闻。他于 11 月 27 日安详离世，享年 66 岁。

沈观仰生前最为人津津乐道的，是他倡导跨族群对话，并积极为原住民社群发声，他也是砂州社区部落格《解放犀鸟》（Hornbill Unleashed）的创办人之一。

187　沈慕羽（1913—2009）

马华文教界知名人士暨书法家。1913 年 7 月 20 日诞生于马六甲。祖籍中国福建晋江，马六甲培风中学毕业，从事教育工作 30 余年，担任华小校长多年，献身华教的精神可嘉。

1940 年代初，他参与抗战运动，担任马六甲抗日动员总会秘书和马六甲战时青年服务团团长。沦陷时，沈氏被囚，嗣逃匿太平，从事地下工作。战后仍积极从事青年活动。1952 年，曾任马六甲《古城月报》主编。较早时，曾兼任《南洋商报》《光华日报》和《中国报》记者。1956 年，荣膺英女王封赐 JP 太平局绅勋衔。1966 年，担任华校教总署理主席。后亦任大马教总主席和马六甲中华大会堂主席。

他在 1951 年与林连玉创办华校教师总会，1966 年，因争取华文为官方语文的地位，被马华开除党籍。1971 年，在内安法令下被捕入狱。1987 年，他反对不谙华文教师担任高职，号召全国罢课，在“茅草行动”下被拘捕入狱。这是他第三次为民族事业而坐牢。如今，数十年来的斗争终于云开见日，华教得以保存，且已呈现完整体系的雏形，由小学、中学至学院，乃至大学。

1977 年，沈慕羽复办马六甲孔教会，此为全马硕果仅存的儒教机构。他开办书法班，为马六甲书艺之开山鼻祖。他的书法浑厚苍劲，雅俗共赏，被称为“沈体”。沈慕羽的一生事迹围绕着华族教育，他坚决维护民族教育的丹心，让他在华文教育界享有崇高的地位，贡献受到肯定。

他自45岁（时为1957年）起，至97岁逝世，每天写日记，前后长达52年。与之相关的书籍有《沈慕羽资料汇编》、文集《石在火不灭》等。

2009年2月17日，拿督沈慕羽的家属在报端刊登的《泣谢》启事披露："拿督沈慕羽局绅博士于2009年2月5日安详舍报往极乐世界，终年97岁。遗灵于2月10日举殡，安葬于士毛月富贵山庄。居丧期间，荷蒙我国首相慰问、华裔正副部长、甲州与槟州首席部长、多位华裔前任部长、各政党领袖与国州县市议员……中国大使馆、吉隆坡台北经济文化中心、董教总、华总、中华工商总会、福联会、林连玉基金、独大理事会、马来西亚华教校友总会、晋联会、沈氏总会、台商协会总会、新纪元学院、南方学院、留台联总南大校友会、各宗亲、文教与宗教组织、独中及华小等团体代表与学生、各阶层贤达及亲友们屈驾致祭，国内外团体函电慰唁、刊登挽词、致送挽轴、花圈、祭旗、帛金捐献予沈慕羽书法文物馆基金、惠借车辆用具等物。举殡之日，复蒙亲临致祭执绋……"

【附注】此乃珍贵的已故华教泰斗亲属之鸣谢词，录此亦藉以追思致敬。

188　沈庆旺（1957—2012）

知名诗人，1957 年 7 月 4 日生于古晋，祖籍中国福建省诏安县。1970 年开始写作；1976 年毕业于中华第一中学理科班。酷爱现代诗创作。早在 1973 年已在报社兼职，主编文学副刊。1974—1977 年是创作盛产期，发表不少的现代文学各类作品。唯自 1980 至 1989 年间是歉产期，其兴趣转至关注当地原住民生活。曾任业余记者及专栏作者，是星座诗社和中华文艺社要员之一。笔名有风子、白点、西门、西门亭、七月、偶然、CANCER 等。

沈庆旺的诗作《鹤》写于 1976 年 7 月 7 日，是其 19 岁自描。此诗被主编何乃健选入《马华文学大系・诗歌（一）》（1965—1980），2004 年由彩虹出版有限公司印行。他曾于 2001 年底旅居台北，在台北发表系列散文。荣获过诗巫中华文艺社第四、第六届常年文学奖新诗奖及新诗推荐奖等。

沈庆旺曾在古晋经营艺品店，从事书画、篆刻、木雕、铜雕、网站设计及字画装裱等工作。曾于 2003 年主持“犀鸟天地”网页，后期则积极参与当地道教活动。已问世的著作计有：《哭乡的图腾》、《蜕变的山林》（2007）、《台北的雨・古晋的蚁》（2008）。陈大为与钟怡雯编的《马华新诗史读本（1957—2007）》（2010）选入他的诗作。他于 2012 年 9 月 12 日辞世，终年 55 岁。

189　施远（1943—2013）

原名邓如钦，马华报人、写作人。1943 年 6 月 28 日生，祖籍中国广东东莞，吉隆坡语文学院毕业。曾任教师、记者、广播员，也曾任职于吉隆坡《星洲日报》。笔名施远、李轩、项舟、方悟、莫衷、令狐臭、庄穗、易洁、柳浪、何况等。擅写时评。曾获 1988 年度（第五届）“黄纪达新闻奖”报导文学的佳作奖。

马华文学史料家李锦宗（黄梅雨）是施远的“钟灵同学”和马来西亚广播电台的同事。他在《悼施远》（《南洋商报·商余》，2013 年 12 月 23 日）中写道：

“他的兴趣极为广泛，许多题材都能够让他自由发挥。他也写广播剧，有时参与声音的演出。然而他主要的作品是散文，大多抒发个人感受和书写怀旧文字。

“在电台任职 7 年半后，因不满薪金的调整，马上辞职，转到邵氏宣传部当宣传主任。从此以后，我跟他会面的机缘越来越少。在这个时候，他持续摇笔杆，不过跟他的工作范围有关。他经常在娱乐版写影评，散文的内容多是影圈中人印象记。他还以‘李轩’为笔名，在《南洋商报》娱乐版写专栏〈幕前闲话〉。事实上，李轩是他当时妻子的小名。他岳父生下这个长女时，由于怀念故乡，尤其是李树丛中的那间小书斋，便给她取了这个名字作为纪念。……”

这位文坛多产的才子作家，始终不愿出版个人专集。于 2013 年 12 月中旬永别尘寰，享寿 70 岁。

190　石诗元（1928—2014）

南马著名的教育家和文艺作家。1928 年 1 月 14 日生于森美兰州波德申，祖籍中国福建南安。1953 年森州师训班毕业，曾在柔佛州武吉士钵思朴学校、巫罗佳什等华小担任校长一职。自 1950 年以来，所发表作品大多数是杂文，累积著作甚丰，他个性内向，不善交际，喜欢独来独往，厌受任何约束，办事唯作是非之明辨，不喜伪情应酬或作党同伐异的袒护。笔名计有：石斋、石兄、结崖、花岗石、大石、沈积岩、瓜西山人、傻大石、眉山老人等等。1978 年，曾获国际桂冠诗人协会颁发桂冠、国际科学研究院、联合会文化部隶属巴基斯坦自由大学颁发文学荣誉博士，和美国亚利桑纳杜松世界大学颁发哲学博士荣誉学位。已有厚册专集问世。

2013 年，武吉士钵思朴学校七百名校友献捐经费的 1 座“诗元亭”揭幕。受邀成为座上嘉宾的时事评论作家杨善勇，后来在 2014 年 4 月 4 日《东方日报・仅供参考》专栏以《诗书永在，元气长存》为题悼念石诗元校长写道：

“……是上一代人的修养，也是上一世代的功夫。诗书琴画，件件精通；作文论述，出神入化。《易经》之道，儒家经典，全在他的脑海，也在他的肚子里；格物致知，常有新见，出口出手，都是大块文章。

“退休后，他应聘到母语班上班，配给的是后进班。他坚持如一，他循循善诱：‘你们读不了书，也要懂得做人做事。’他说他在播下一个种子，希冀以后开花以后结果，学生最终怎么想怎么做，他不懂也不管；他做他的本分，他行他的守则。

“一听闻筹建诗元亭，散居全球的校友四处奔捐，7 万块一早有了。师恩浩荡，由此可见。那是一颗颗实实在在的反哺之心，说明了他在学生心中不同的重量，也流露他在村民心底高大的形象。

“没有想到年杪的那一场风光，转眼之间圆满了。2014 年 3 月 27 日，石校长悄然走了。甲午新春短暂的相见，是最后的终结篇；他的诗书永在，他的元气长存……”

192　宋子衡（1939—2012）

杰出的马华小说家，原名黄光佑，祖籍中国广东惠来，1939 年 9 月 21 日出生于大山脚；曾肄业于大山脚日新小学，唯念到五年级即辍学了。在 12 岁时，即被夹杂于社会洪流中，后为一名纸扎工艺商人。他开始以“梦吟”“沙苗”“少明”“迅羽”“黄杰”等笔名，发表诗与散文。1963 年过后，方以“宋子衡”为笔名，专写小说。1964 年成为海天社社员；1971 年与北马文友合创棕榈社，并负责所有出版事务，他的处女作《宋子衡短篇》，于 1972 年出版。曾任大马华文作家协会第一届理事会理事、大马华文作家协会理事会研究组组员，历任北马作协联委会委员。

宋子衡的小说，构思巧异，字字珠玑，甚获好评；初期发表的小说多以写实为主，后曾沿袭现代派，惟没有什么优异的表现。到了《宋子衡短篇》出版后，他的创作手法多介于传统与现代之间，作品亦多以探求人存在着的基本位置为主，被公认为“对人性、道德、善恶问题表现得最敏感，也探讨得最多的一位小说家”。他曾以短篇《香子》《冷场》荣获马来西亚文化协会颁发的第二届（1979）及第三届文学奖（小说奖）。著有《冷场》（蕉风出版社 1991 年版）、《裸魂》（出版人陈政欣，1994 年 4 月）。短篇创作《绝症》收入《世界中文小说选》。吉隆坡燧人氏事业有限公司于 2013 年出版宋子衡遗著《表嫂的眼神》（短篇小说集）。

宋子衡于 2012 年 1 月 28 日逝世，享寿 73 岁。

191　孙流冰（1914—1987）

活跃于1930年代的马新作家，原名孙薷，1914年7月1日出生在新加坡，祖籍中国广东省兴宁县。父亲早年到马来亚、新加坡侨居，是手工业工人，母亲是家庭主妇。曾经用过的笔名还有孙流冰、刘宾、夏风、夏枫、炉火、高扬、高风等。

童年就读于新加坡及新山等地的小学；青少年时，曾二度回广东省受教育。

1929年秋又回新加坡，开始写作。第一篇是诗作，以笔名“炉火”，发表在副刊《瀑布》。之后，陆续发表了一些诗歌及小说，开始用“流冰”这个笔名。自此到1933年，在新加坡、马来亚各地任中、小学教师。

1933年秋，他从雪兰莪加影回上海，在上海加入“中国诗歌会”。在上海期间，也从事诗歌、小说及杂文的写作；小说以反映南洋手工业工人生活的题材为多；1935年秋，由上海东渡日本东京，参加了当时留学生组织的“诗歌座谈会”“新文学座谈会”和“戏剧座谈会”；1936年，再度回马来亚，直到1940年夏天。在这期间，他的职业仍是中、小学教师，但主要精力放在写作上，特别是抗日战争开始之后。这时已很少写诗歌，主要以戏剧、小说、散文、评论等形式；

1940年秋，他回中国。其后由于工作的需要，基本上已脱离文学道路，转而从事经济理论工作。曾担任广东省社会科学院副院长兼经济研究所所长，只偶尔在报章上写些杂文，也甚寥寥。方修编选的

《流冰作品选》，于 1979 年出版，所收集的 40 篇，是孙流冰在 25 岁以前之作，刊登在 1930 至 1940 年代的马新报刊上。

1945 年冬，孙流冰在香港任《正报》文艺副刊主编，刊登好些散文。当时，也常在《华商报》的副刊发表文艺创作。

1983 年 10 月间，广东省归侨作家联谊会宣告成立，他被推选为理事长。他于 1987 年 6 月 15 日在广州病逝，终年 73 岁。

193　宋哲美（？—？）

沙巴教育家、史学家及传记作家。历任婆罗洲文莱中正中学、沙巴华侨中学等校校长，华南大学国际经济研究所所长、香港东南亚研究所所长、香港亚洲联合书院教务长暨训导长，以及联合、广侨及广大等校教授。著作甚丰，有：《世界文学家传》（1954）、《马来西亚华人史》、《东南亚建国史》等书；也写了许多东南亚人物的传记，如《星马人物志》（1—4 册）、《印度尼西亚人物志》、《东南亚人物志》、《当代世界人物志》、《林绍良传》等；所撰人物超过 4 百位。

新加坡邱新民先生则在《星马人物志·序》中赞许："在《星马人物志》、《印度尼西亚人物志》、《东南亚年鉴·人物志》，以及早于五十年代撰述的《世界文学家传》，撰述人物达五百多篇。个人传记专著一种，尚在撰述中多种。他是当代撰述人物传记最多的一人。

"在宋教授的笔触下，综合地告诉世人，星、马与印尼华裔人物，都是社会国家创业、推进文化，以至促进各民族和谐共处的贤能人物，留给后人的好榜样。

"现在，《星马人物志》第四集，又出版了。用传记文学体裁，精辟撰述，情文并茂，而勾勒先驱者，以及继往开来的后进者，一如宋教授撰述的大旨，殊堪赞颂。本书不仅是励志类读物，且于华人移民史料的整理，尤具重要参考价值。"

早在1969年元月，宋哲美在《东南亚人物丛刊》序中也写道："《东南亚人物丛刊》，是一部重要文献。在各地学人的合作下，继续编撰。其中所提供的史料，可作东南亚史的研究参考。从人物志到现代史的整理，这是我们共同努力的一大目标。深望当代通人，不吝指教；有识之士，予以匡助；俾能完成这种艰巨工作。"

194　唐珉（1946—2016）

活跃于1970年代中期的马华女作家，于1946年在雪兰莪州沙登埠出生，祖籍中国广东惠阳，本名周雪娇。中学毕业后曾担任书记。1977年年杪开始文艺创作；1983年年杪发表小说、现代诗及戏剧多种。另署宋瑜、朱萸等笔名。

唐珉曾两度获福联会文学“出版基金奖”。著有诗集《千秋不尽》；小说集《悬案》、《津渡无涯》、《这一群人》（长篇小说，2010）等。诗作收录于《南洋文艺·诗歌年选》。曾任《爝火》文学季刊（1999年7月创刊）编委。1990年初加入吉隆坡董总出版局为编辑。马仑主编的《马华文学大系·中长篇小说·1965—1996》（2002），录选了唐珉中篇小说《津渡无涯》（第453—470页）。

她于2016年10月13日往生，终年70岁。

195 唐米豌（1956—2016）

马华女作家，原名陈美芬。怡保出生，祖籍中国福建南安。笔名唐米豌、商魂布。自称“我出身警察世家”。曾任电视监制及编剧。小说作品被陈和锦主编收入年选《旱天花露》（1997）。她曾经写过相当多的惊悚小说，名噪一时。2002 年，她到中国山区义务扶贫时就地取材，写了一系列作品，刊登在《星洲日报》，后来她把这些作品结集出版，更有了“扶贫作家”的美誉。

唐米豌生前是《星洲日报·星云》版的“常客”——有不少的作品在此发表，或在社区报《大都会》刊登。她也用过“唐姥姥”的笔名写《五秒钟惊悚掌上小说》，甚受读者欢迎。她本身具有丰富的人生经历及想象力。

《星云》版主编曾毓林在悼文《我认识的唐米豌》中写道：“唐米豌，我习惯喊她原名‘陈美芬’。她在丧女后往中国生活一段日子。她回国后我才认识她，并听她说了很多在中国帮助贫困儿童的故事，我安排记者作专访，随后也邀她在《星云》版写一系列在中国扶贫的故事。她与副刊的因缘因此而展开。

“她命运坎坷，婚姻不理想、女儿自尽，且身体一向不好。后来再入境中国，陆陆续续地寄了稿来。我们知道她要靠稿费生活及帮助中国小朋友……”（《星云》副刊，2016 年 7 月 16 日）

她于 2016 年离世，享年 60 岁。

196　田舟（1940—2014）

活跃于1960年代后期的马华诗人，本名田天华，1940年1月20日出生于霹雳州安顺，祖籍中国广东梅县。师训学院毕业，曾任职教师及校长，在教育界服务了34年，于1995年正式退休。曾任下霹雳华教教师公会主席（1979—1991），历任全国华校教师会总会理事。

田舟于中学时代开始写作。1960年代末，偏向新诗创作，以“小船”“风扬沙”“田玮”等笔名发表作品。田舟曾荣获马六甲州圣约翰姑务联队主办1983年第五届全国青年文艺创作比赛公开诗歌组第一名。已出版的诗集有《问山》和《盾》，前者获得马来西亚福建社团联合会与雪兰莪福建会馆“文学出版基金”1985年度诗歌组优秀奖；后者由马来西亚华文作家协会出版，并列为“90年代马华文学丛书”。另有诗集：《田舟短诗选》和《十月的彩灯》。其作品亦散见于海外文学刊物，入选于专集或年度诗选；1992年中国台湾《葡萄园》诗刊30周年诗选、1996及1997年度中国台湾“中国诗歌艺术协会”出版的《中国诗歌选》、《世界华文新诗总鉴（1991—1995卷）》、1999年台港澳暨海外华人生态环境诗选《地球村的诗报告》、马来西亚《南洋商报丛书》1995年及1996年度诗年选。1997年曾受邀出席中国台湾《葡萄园》诗刊庆祝创刊35周年主办的“面向21世纪中国诗歌学术研讨会”。1998年受邀参与第四届国际华文诗人笔会。

田舟病逝于2014年1月21日，享年74岁。

197　田里夫（1939—2015）

马华作家，原名罗观山，又名罗伯友，笔名田里夫，一署海里浪。他于1939年4月1日出生在雪兰莪州乌鲁冷岳，祖籍中国广东东莞。曾任马来西亚各报通讯记者、青年会秘书、社团座办、彭亨州马华及柔佛州马青执行秘书。1953年，他于彭亨瓜拉立卑中华小学毕业后，当过学徒、杂役，迨至1955年开始升入直凉华侨中学，被选为该校学长。当时，他就爱好文艺写作，常发表散文、随笔，多反映1950年代《紧急状态法令》黑区时期劳苦大众的艰苦处境与心声，也记录下新一代的成长以及面对生活挑战的精神。

田里夫自1959年开始积极参加政治活动，担任《青年报》与《马青之声》（马青喉舌报）主编。参政后，热衷钻研民主政治理论，所撰写结集出版的《政论集》，备受党团推崇与重视，并被列为全国马青区级政治干部训练班补充教材与受训学员必读基本政治理论参考资料。

1978年，他重返文坛，用“田里夫”的笔名在《南洋商报·商余》辟“闲人散记”专栏，撰写杂文随笔，针砭时弊，揭露人性弱点与华裔社会百态，颇受读者欢迎。他的作品被选入《〈学生周报〉征文选集》、《风暴》（“文风丛书”散文一集）、《礼篮》等合集里。柔州马青分团主办1980年首届全国马华文艺创作比赛及设立出版基金，加入推动马华文艺行列，他担任小组主任，主编征文小说选《梦魇岁月》，由他撰写后记，沈玉璧作序。

田里夫于2015年离世，终年76岁。

198　田绍熙（1923—2013）

砂拉越华人写作者兼政治工作者。1923 年出生在古晋，祖籍中国福建诏安田厝村。1930 年，他在古晋福建学校肄业。1939 年初中毕业后，转入圣多玛学校接受英文教育，两年后，因日军南侵而辍学。二战后，他活跃于政坛，是砂拉越人民联合党发起人之一。曾任古晋市议员、州议员，敢怒敢言，1968 年被捕，入狱达 14 个月。

他是集政、商、文教、社团、事业成就于一身的人物。曾担任古晋中华中学校董会秘书、财政、主席等要职达 40 年，也捐献古晋店屋给独中。他与夫人杨月英育有 4 男 1 女。

1981 年，他因患脑血管阻塞，记忆力全失，语言困难，行动不便，经 6 年坚持翻读字典、背书、认字，逐渐恢复健康。晚年皈依三宝，成为佛教徒。出版有《横眉集 · 田绍熙卅年言论集》（1992）、《一路走来 · 田绍熙回忆录》（2003）这两部著作。

2013 年 8 月 29 日，田绍熙以高寿 90 岁逝世。

199　陶焰（1916—1994）

马华作家，笔名陶焰，本名陶华裔，另有“康然”等笔名。1916年4月4日出生于霹雳甲板埠，祖籍中国广东惠阳，后成为大马公民。早年在甲板埠华侨小学念书，毕业于怡保育才中学。历任吉打鲁乃侨民、吉南司南马育强、霹雳江沙崇华、硝山侨民、峇眼色海东华等小学教职。于1935年开始写作，1950至1960年间创作最丰，作品多发表于《光华日报》《星槟日报》《南洋商报》《南方晚报》《星期六周刊》及《蕉风》月刊等报章杂志上。

从1950年7月至1955年5月所出版的《南洋商报丛书》的小说书目来看，北马槟城小说家陶焰的小说，在1950年代初期是颇受出版社欢迎的。在1952年2月及10月，《南洋商报》分别出版了他的短篇集《夜归人》和《蛊恋》；同年7月，《南洋商报》出版短篇合集《甘榜之春》，主题篇就是他的创作。此外，1956年10月，槟城康华出版社印行的短篇集也以其作品《桥下》为书名。

陶焰殁于1994年3月13日，享寿78岁。

200　陶仁琳（1907—1984）

陶仁琳于1907年6月28日生于江苏吴县。槟城女教育家兼女作家。毕业于省立苏州女中高师科。她的家乡苏州是个文化古城，她又生在书香之家，所以从小就喜欢看小说；在3年的高小（旧制高小3年才毕业）时期，有3本班上创办的《三余》集刊发表她的作品，加上杨卫玉校长的嘉许，更奠下了她写作的兴趣。1928年，她在高师科毕业后，先当教师，后来奉命调任，掌吴县县立砚山小学；不及五年，七七卢沟桥事变发生。于是由上海、香港辗转到了槟榔屿定居，时为1939年。二战后，先在明德学校任教务工作5年，后来到怡保圣母玛利亚中学；1952年在太平华联中学执教；当时课后颇多闲暇，便执笔为文，投《星洲日报·星云》版发表，累积了若干散文，1955年1月印单行本，书名《人间天堂》。1957年重返槟城，在韩江中学执教时，由于课务繁忙，没有空闲的时间，因此只好与写作绝缘了约10年。1966年底，她已届花甲高龄，陆续在《星槟日报·莲花河》版发表了数十篇作品。

她约于1984年辞世，享寿77岁。

201　王葛（1922—2011）

活跃于1950年代初的马华散文作家，原名王进昌，1922年8月3日诞生于北马大山脚，祖籍中国广东普宁。童年在大山脚日新小学受教育，过后在槟城圣芳济中学及钟灵中学接受中等教育；1941年毕业后在怡保及马六甲商界任职；1947年转入教育界服务；1977年退休；自1953年起在高渊培德小学任职23年，期间任副校长10年、校长13年。

他于1950年开始发表作品，作品以抒情散文和诗为主，散见于《学海》《世纪路》《南方晚报》《星云》《星洲周刊》及《南斗》等报章杂志。他的散文自成一格，文笔清丽；他的诗歌也颇有韵味。从1965至1979年，他仍写得颇勤。出版著作有散文集《路上》（1960）；诗集《雨天的诗》（1966）。

王葛于2011年10月19日辞世，高寿89岁。谢世后，其友好冰谷及学生们替他出版两部散文集，分别是《寂寞的桥》《帆影集》。

202　王恢（1909—2000）

南来任教的中国国学大师。1909 年 4 月生，中国广西全州人。1930 年，全县县立初中毕业；1957 至 1961 年，任柔佛州龙引新文龙中华中学教师。签证到期，便回香港，在新亚书院兼课，后来到了中国台湾；1967 年任中华文化大学史学系教授；1979 年获中山学术文化基金会学术著作奖；1987 年退休；任“国史馆”特约纂修；1987 年获台湾行政机构三等服务奖章；1989 年获台湾行政机构二等服务奖章；1997 年 9 月下旬，回上海定居；2000 年 6 月 13 日辞世，终年 91 岁。遗著丰硕，包括《思齐集》《敝帚集》等。

新文龙中华中学校友拿督丘自发州议员在校友会会讯的《献词》中称：“王恢老师一生对教育鞠躬尽瘁，培育桃李，遍布天下，所著论作，亦为经典之作，获中外文教界的褒奖。王老师虽居台湾多年，仍不忘早年献心力的新文龙中华中学，1997 年 6 月更从台湾运来其大批呕心沥血的著作 5 种及个人珍藏书籍 1405 部，惠赠新文龙中华中学，以充实校藏图书。王老师斯举令人感动和敬佩万分！”

王恢已出版著作至少 17 种，兹将前 10 部列下：

1. 《思齐集》（香港人生出版社 1958 年版；台北学生书局 1977 年再版）

2. 《敝帚集》（香港天泉出版社 1959 年版）

3. 《国学概要》（香港人生出版社 1961 年版）

4. 《禹贡释地》（收入《人人文库》，台北商务印书馆 1971 年初版，迄今已三版）

5.《括地志新辑》（台北世界书局 1974 年版）
6.《太平寰宇记索引》（台北文海书局 1975 年版）
7.《汉书地理志索引》（台北文海书局 1975 年版）
8.《中国历史地理论文第一辑》（台北世界书局 1975 年版）
9.《中国历史地理》（上下册）两册（台北学生书局 1976 年版）
10.《中国历史地理提要》（台北学生书局 1980 年版）

203　王锦发（1939—1997）

《星洲日报》前主笔、《南洋商报》前总主笔。1939年生，祖籍中国福建同安。在柔佛州笨珍长大，后移居吉隆坡。

早年毕业于南洋大学中文系，一生为新闻界与教育界服务，曾任《星洲日报》主笔，国际新闻组主任，1988年离职。1990年出任《南洋商报》专题作者，1992年11月接编《南洋商报・言论》版，次年3月1日，擢升为主笔、总主笔。

他在报界服务20多年，曾任独中采用之教总出版华文课本的编委之一。1960年及1961年两度参加南洋大学中国语文学会主办的全校文艺创作比赛，分别获得小说组入选奖与冠军奖。编余爱好阅读与写作，笔名丘易寒。

1997年9月9日病逝，享年58岁。

204　王慷鼎（1936—2011）

马新学人，原名王荣华，笔名慷鼎，祖籍中国广东番禺桥碧沙乡，1936 年生于马来亚，后为新加坡公民。1961 年南洋大学毕业，1970 年考获硕士学位；1990 年获得新加坡国立大学中文系博士学位。先后在新加坡国立大学担任讲师、中文系副主任（1992）、中文系代主任及汉学研究中心代主任（1995）等职位。他的研究兴趣包括新加坡华文日报社论研究（1945—1959）、东南亚国家华文报刊史。著有《新加坡华文报刊史论集》（1987）等。其作品收入林水檺编《文教事业论集》（马来西亚雪兰莪中华大会堂 1995 年版）等。

王慷鼎早期曾任《星洲日报》记者、公关主任，也曾服务于新加坡外交部。他获得华文新闻业基金赞助，于 1995 年 8 月出版其博士论文《新加坡华文日报社论研究（1945—1959）》（新加坡国立大学中文系汉学研究中心出版），471 页。约于 1998 年出版《华人报业史》。亦于 1987 年出版《新加坡华文报刊史论集》；1994 年出版《新加坡华文报刊史研究的回顾与前瞻》。王慷鼎于 2011 年 11 月 14 日逝世，享寿 75 岁。他与遗孀黄珍玲育有四男，均事业有成。

205　王宓文（1903—1972）

一代教育家王宓文，字艺初，号惕斋。1903 年出生在中国江苏省泰州县。早年毕业于南京高等师范学院及东南大学（中央大学前身），荣获英文系文学士学位。毕业后在南京钟南中学任教，南来后，先后任吉隆坡尊孔中学、马六甲培风中学、新加坡华侨中学教师，并曾任荷印泗水华侨中学校长；1931 年获聘任霹雳州华校视学官，战后升任马来亚联合邦教育部华校总视学官。退休后，赴英国伦敦大学博物馆研究中华文化；曾于 1958 年应聘到吉隆坡尊孔中学执教；1959 年出任柔佛新山宽柔中学校长；1968 年辞职，仍被聘为该校顾问。曾担任教总理事多年。

他的高足黄海生在《想起王宓文》时赞誉王老师个性耿直、教学严谨，批改学生之作业毫不苟且。王老师虽是独立前英殖民地政府教育部高官，惟谦恭待人，一生奉献华校，为华社景仰的长者。

2002 年，其独子王赓武教授所编之《王宓文纪念集》在新加坡出版。

王宓文于 1972 年 2 月 6 日逝世，终年 69 岁。

206　王绣晻（1963—2003）

活跃于1980年代中期的写作人；原名王绣晻。1963年8月17日，生于柔佛州麻坡，祖籍中国海南省琼州。他初中三年级毕业。曾主持一项书籍代理工作，名为“朋友书籍代理”，后办“朋友出版社”，地点在麻坡巴冬。他对于推动马华文艺活动的工作不遗余力，曾经组织过全国文友聚会。常用“铭锦铃”“火流星”“巴冬人”等笔名。已出版的集子有：《白灰阁的回音》（别集，1985年8月）。王绣晻是麻坡《中国报》记者。

他不幸于2003年12月23日因车祸丧生，得年仅40岁，英年早逝。2008年马仑编选的《柔华作家百人文集》（柔佛丰顺会馆出版）（第405页），录用了王秀晻的作品两篇：《破船·人生》《忆……》。

207　王植原（1894—?）

马华传记作家，原名王佐邦。1894 年生于吉隆坡，原籍中国广东新会。曾在尊孔中学和暨南大学（1908—1911）求学，成绩优良。

南返后，他一直在马来半岛和南暹的教育界服务，凡 55 年。历任槟城丽泽、新加坡民众义学、泰国董里新华三校校长和吉打华侨三校总校长等。著有《吉隆坡开埠人叶德来传》，星洲人类学者叶华芬硕士作序赞之为“新马三十年来所见侨史中第一本之佳构奇作”。另著有《古代之马来亚与芙蓉之旧貌》。曾出任《槟城王氏太原堂六十周年纪念星马王氏特刊》义务总编辑。

王植原是叶亚来法律顾问王天全的哲嗣。1960 年，他自槟城侨南小学退休后，编撰《王氏宗谊录》一巨册。

208 巍萌（1932—1986）

砂拉越华人作家，原名魏国芳，又署丹峰、林崖、芝华、巍嵬等。1932 年 8 月 8 日生于砂拉越首府古晋，祖籍中国广东宝安。他出生胶农家庭。1954 年年杪在古晋中华中学第一届高中毕业，翌年即献身于教育界，担任华小教师，在华小服务 31 年。

他于 1952 年念高一时便开始写作。已出版的著作有小说集《鲁素英》（1958）、《女记者》、《红毛丹成熟的时候》、《狂风暴雨》、《闻人》、《晨光照耀着山村》、《微波》；散文集《青春的痕迹》；广播话剧《下场》等。马仑于 1980 年 12 月主编的《马华当代文学选·第二辑（小说）》（大马华人文化协会 1984 年版），录用了巍萌的作品《养鸭人家》（第 74—86 页）。

他于 1986 年 5 月 23 日逝世，享年 54 岁。

209　韦晕（1913—1996）

马新文学家，原名区文庄。常用笔名有山笺一、上官豸、秦系、叶葭、曹苓、韦多、王都、陈侩、沙耶、韩兵、高浪、冉叔牛等。1913 年 2 月 15 日出生于香港，原籍山东济宁。中学毕业后转入广州美专学画，当过小兵；1937 年南来，人生经历丰富，作品多，是马华文坛享有盛誉的老牌作家之一。个人作品结集计有小说集《乌鸦港上黄昏》《都门抄》《旧地》《春冰集》《寄泊站》《韦晕小说选》《流霞》（李锦宗责任编辑，马华作协 1998 年版，以纪念韦晕逝世二周年）；中篇小说《还乡愿》《荆棘丛》《陨石原》；长篇小说《浅滩》《海不变》；散文集《东海 · 西海》《野马随风》《余尘集》；文坛轶事《文苑散叶》等。

韦晕曾任大马作协顾问、南马文艺研究会顾问。他于 1991 年荣获吉隆坡与雪兰莪中华工商总会颁发的第二届马华文学奖；1996 年荣获亚细安文学奖。由潘碧华、杨宗翰主编的《马华文学奖大系 · 06》是《韦晕小说选集 · 风过处，水无垠》全书 370 页，共收 22 篇中短篇小说（台北酿出版社 2012 年版）。

他于 1996 年 6 月 1 日逝世，享寿 83 岁。

210　魏维贤（1928—2013）

马新文教界知名人士，生于1928年。1950年，毕业于马来亚大学教育系，而后获伦敦大学文学硕士及哲学博士。其后，他迁居新加坡，于1950年至1952年执教于新加坡华侨中学，1955年至1962年任马来亚教育部华文师训主任，1963年至1971年担任新加坡大学教育学院院长，1972年至1982年任南洋大学历史系主任及所长，1983年至1988年晋身银行界，1989年始任南洋艺术学院院长。

民间学人吴华在悼念魏维贤之《新马文教界折翼》（《星洲日报·大柔佛》“大家谈”专栏，2013年3月3日）一文中，还披露：魏氏热衷于学术研究工作。自1966年起，他担任南洋学会学报编委主任，同时主编《东南亚教育学报》，并于1970年起担任南洋学会会长，连任32年，是该会历任会长中任期最久的一位。在任期间，他出版一系列的《南洋学会丛书》，也接连出版学报及举办几次学术研讨会，邀请专家学者做专题讲座，做出不少的贡献。但在当年的环境之下要出版作品，是并不容易的事，有谁愿意出版呢？当时，设在奎因街的南海印刷所东主许苏吾先生却把书的计划推荐给魏博士。他则毫不犹豫地一口答应，由南洋学会出版。并将《石叻古迹》（作者：柯木林、林孝胜、张夏帏、张清江、吴华、李奕志）列为“南洋学会丛书第十三种”，而吴华的《新加坡华族会馆志》（三册）则列为“南洋学会丛书第十六种”。得到魏博士的厚爱与帮助，才圆了出书的好梦。

魏维贤于2013年2月10日逝世，享年85岁。

211　温梓川（1911—1986）

北马著名的马华作家；原名温玉书。1911 年 5 月 3 日在槟城出生，祖籍中国广东惠阳。1926 年秋，他考入广州中山大学文学院预科甲组；1927 年，转入上海暨南大学攻读；1934 年，始回槟榔屿，任时中学校教务长至 1942 年。他曾尝试各种文体的创作，在 1927 年至 1930 年间，他是北马五家报刊的活跃作者。他于 1945 年出任槟城《光华日报》副刊主任，之后被擢升为该报总编辑。他在此时期也到小学任教。1971 年，自教育界、出版界退下后，他专心写作、译介并积极编写话剧。

早在 1930 年代，他在上海出版诗集、散文集各 1 本。1940 年代，有小说集 1 本。1950 年至 1960 年间，出版 1 本诗集、3 本小说集及 3 本散文集。1964 年至 1966 年，《蕉风》月刊连载温梓川的《郁达夫别传》。1960 年代中期，他也发表了系列的《文坛忆旧》，惜未结集出版。1980 年代初，仍常有文章登载报端。

温梓川先后用过的笔名有：丘山、五舒、CC、苹君、高汉、于苍、舒弟、棨弟、半沓沓、南洋伯、或人、秋郎、山叶等。自 1929 年至 1960 年，他先后出版了 18 本编著译述的专集：《恋歌两百首》（1929）、《山歌选》（1930）、《梦呓》（1930）、《梓川小品》（1933）、《托尔斯泰短篇小说集》（1933）、《南洋恋歌》（1935）、《美丽的谎言》（1940）、《夫妻夜话》（1952）、《美丽的肖像》（1953）、《血洒黄沙》（1953）、《走向桥边的女人》（1955）、《郁达夫南游记》（1956）、《沈从文小说散文选》（1957）、《作家的学生时代》（1957）、《作家的创作经验》（1958）、《马来亚研究》（1959）、《某少男的日记》（1960）和《文人的另一面》（1960）。马仑于1980年12月主编的《马华当代文学选·第二辑（小说）》（马来西亚华人文化协会1984年版）录用了温梓川的佳作《泰晤士河畔》（第11—16页）。

他不幸于1986年10月20日逝世，享年75岁。中国学人钦鸿特别珍惜温氏的遗作，费时多年，想尽办法为他在大陆出版了《温梓川的文坛回忆录》、《郁达夫别传》、游记《冬天里的伦敦》等书，这无疑提高了温梓川的文学地位。

212　文彪（1914—1999）

活跃于1930年代末的马华写作人，原名李文彪。1914年11月11日在中国广东梅县书乡出生，县立中学高中会考及格。1936年南来，曾在森美兰州瓜拉庇劳新民学校当临时教师。1937年，他在李健夫掌校的学校教书，开始投稿给新加坡的《总汇报》和吉隆坡的《马华日报》，后来转业为小商人。

1970至1980年代，他仍保持写作的兴趣，1972年参加马华公会举办的“华人精神革命”征文比赛，获得安慰奖；先后在《南洋商报·商余》版发表“阅读随笔”约30篇、和《星洲日报·文化》版刊登论文十余篇。已出版的著作有《水浒传杂谈》（1982）。他后期从商之余，曾编选33篇力作，再加上其哲嗣李维建（任新加坡《联合早报》副总编辑）的旅游随笔，合著1部《凡鸟凤凰烽烟时代》单行本。他于1999年2月6日辞世。

213　文怀朗（1914—1969）

1914 年生于中国海南省万宁县安镇吴村。北京大学文学士，曾任万宁简师教导主任、马六甲培风中学教师、柔佛峇株巴辖华侨中学和霹雳金宝培元中学教师、古来中华公学校长及多所中学教师。1947 年至 1950 年间，执教于槟城钟灵中学，兼任舍务主任。

1950 年代，他写作甚勤，笔名：姜太公、老太婆、徽徽。1955 年 5 月，南洋商报社印行其杂文集《文人的气质》，全书 130 页，内收 37 篇杂文。他在《前记》里说："当我把这部文集的校样，做最后的校对之后，不禁深深地叹了一口气。这里所选出来的 40 篇文章，都是我于战后 10 年中《南洋商报》各种副刊上发表过的。最早的一二篇，远在 1946 年的《和平》副刊上发表，惟大部分却是 1952 年和 1953 年两年中在《商余》上发表的。前 20 篇是杂感文；接着的 15 篇，也是杂感文，只是关于教育方面的；最后 5 篇，是追悼我所敬爱的人物的文章。生在这大动乱的时代，住在这拜金的地方，在神经还没完全麻木的时候，多多少少总是有些感觉的。忍耐不住的时候，便自然而且无可奈何地流露出来了。《文人的气质》是我所偏爱的文章，所以用来当做文集的名字。"彭松涛在《序》中写着："文先生的文章，并不尖酸刻薄，亦非专求清丽洒脱，却自成一个风格。这一风格，正是文人的贞刚之气的自然表现。"

1969 年 4 月 10 日，文怀朗在柔佛州峇株巴辖逝世，终年 55 岁。

214　吴岸（1937—2015）

马华著名文学家，是40多年来马华文学界活跃诗人之一。原名丘立基，祖籍中国广东省澄海县，1937年7月24日生于砂拉越古晋。1953年，中学时期开始写诗，投稿于新加坡报刊。1958年至1962年，任职于砂拉越华文日报，主编文艺副刊《拉让文艺》。用过"顾适远""威寂千""江山川""罗程"及"达雅"等笔名。1962年在香港出版第一部诗集《盾上的诗篇》。1966年至1976年，因参与政治斗争，被政府拘留于集中营而暂时停笔，重返社会后即恢复创作。作品以诗为主，兼及文学评论，数十年笔耕不辍，是马来西亚具影响力的诗人之一。1995年12月，获砂拉越政府颁发华族文学奖；2000年荣获马华文学奖；2009年，获得国际华文诗人笔会颁"中国当代诗魂金奖"。

吴岸历任马来西亚华文作家协会会长、砂拉越华文作家协会会长、砂拉越州政府文学奖委员、国际诗人笔会副秘书。他同时亦是大型文学季刊《马华文学》的主编。出版的诗集有《盾上的诗篇》《达邦树礼赞》《我何曾睡着》《旅者》《榴莲赋》《生命存档》；评论集《到生活寻找缪斯》《马华文学的再出发》《九十年代马华文学展望》等。由潘碧华与杨宗翰主编的《马华文学奖大系·吴岸诗歌自选集〈残损的微笑〉》，于2012年由台北酿出版社印行，是一部他极受重视的代表作。

吴岸于2015年8月9日病逝，享寿78岁。

215 吴广川（1901—?）

马新早期名作家、报人。1901 年的农历六月初十生于中国福建厦门。早年出国，往返马、新、菲各地，曾任厦门市和菲律宾马尼拉数家日报的副刊编辑；1937 年任新加坡《新国民日报·新国民杂志》等版编辑；1941 年随《新国民日报》由新加坡迁到吉隆坡；1946 年，由柔佛州回新加坡任《南侨日报》新闻编辑，兼代编副刊一段时期；1950 年返回中国，晚年居住在广州市朝阳南普宁里。

其笔名有：一村、拓夫、拓、广川、川、邝村、奚因等。1920 年代后期在新加坡时，常写短篇小说和散文，发表在新加坡《曼舞罗》周刊，也常投稿到吉隆坡《益群日报》副刊。1980 年代初，他撰写过数篇以南洋为背景的短篇小说，发表在马新报刊上。

216　吴宏声（1939—2013）

马新作家，笔名吴宏声，原名黄雅固，又名黄万源。1939 年 3 月 2 日生于柔佛州北干那那，祖籍中国广东大埔。7 岁时，迁至 5 英里外的乌鲁槽居住，在敬业学校受小学教育；1956 年，在小笨珍培群中学念初中二年级，后负笈新加坡中正中学完成中学课程；1977 年毕业于新加坡中医学院。常用的笔名有：童元、白金、叶下珠、吴宏声、黎力、黎声、章河等；1980 年代发表更勤。

自 1961 年至 1962 年间，黄君的作品以文学评论居多；1963 年至 1964 年，则多写杂文；自 1970 年至 1978 年几乎停笔近十年之久。曾任职社团多年。

他也是位医师，曾担任新加坡中医学院讲师多年。已辑成书的有：短篇小说集《头家和估俚》（1975）、散文集《林涛声里》《鸟群飞过山村》；二人小说合集《在诊所里》（合著者陶熙，1983）。由马仑编选的《柔华作家百人文集》（2008）、《笨珍恋歌》（2012），都选录了吴宏声的佳作。

他约于 2013 年 7 月 3 日因癌症辞世。他的几位好友已整理、筹资，为他印行长篇小说《蒲莱山下》。

217 吴静子（1919—1991）

马华女作家暨教育工作者，原名吴君素。于1919年在中国湖南省出生和受教育。

二战后，于1947年7月21日由香港转来新加坡。后到柔佛州一带的中小学任教。课余常写作，在新马报刊发表文艺作品。

1960年，出版单行本《南岛集》。她的一些创作被编入合集《火之恋》（1952）、《马来亚之恋》（1955）等。

1960年代初，笔者曾在麻坡与吴静子老师晤叙；她回答说："我生性好动，不容易安静下来读书与写作，所以取了'静子'为笔名，希望有平静的心性多写些文章。"

吴静子于1991年11月30日与世长辞，享寿72岁。

218　吴铭富（1924—2007）

马华教育家兼写作人，在柔佛州担任华文小学校长多年，已经退休。早在1953年年杪已写小说，并以作品《黄老师之死》荣获《星洲周刊》举办的“征文悬赏”第十名。在1990年代，吴铭富常在本地各华文报章的《言论》等副刊发表时评杂感，笔名“中流”。曾任柔佛州巴罗福建会馆会长（第五届，1998—1999），以会长身份告诉报界记者：随着时代不断进步，今日的会馆和乡团也应追随变革的步伐，以四化行动，即领导民主化、组织现代化、活动多元化及思想科技化，以积极推展会务。除了凝集同乡的力量，为同乡谋福利外，更应扩大视野，共同主办一些有意义的活动，以提升族群的素质，同时加入州际性、全国性，甚至世界性的同乡会组织。

吴铭富的著作《教余走笔》，全书247页，于2000年12月1日出版。

附录：2007年10月12日之报章报道：

“（巴生11日讯）柔佛州文教界闻人吴铭富在本月（10月）8日寿终正寝，享寿积闰83岁，遗下子孙满堂，堪称福寿全归。吴铭富老先生生平为人和蔼可亲，仁心慈祥，深获后辈敬仰。吴先生生前是柔佛州文教界闻人，曾出任巴罗华小前任校长、东甲启明一小前任校长、培风校友会前任华文秘书、巴罗福建会馆名誉顾问及前任会长、居銮中华中学巴罗区协理委员会前任护法和巴罗华小家教协会及校友会名誉顾问。”

219　吴太山（1896—1986）

活跃于1920年代的马华教育家暨写作者，本名吴鹤汀，字渚玑，号太山。1896年2月出生于中国福建诏安县南诏镇一个华侨家庭，父吴泗金经商致富，诸叔父多名列士林。家聘西宾，设松斋私塾。童年的吴太山，家境优裕，怡然在家就读，后进入丹诏小学。

1911年辛亥革命时，15岁的吴太山正读小学二年级，即响应剪辫子运动，主动请人剪掉自己的发辫，为此受了父亲的鞭打。但他不因此屈从，反而偷偷买了一套理发工具，义务为乡亲剪辫子。

辛亥革命后，吴太山就学于厦门玉屏中学，后又转至福州省立第二中学。约于1924年，28岁的他首次南来，不过只过了约三年，又因在家乡的私立松斋小学之事而返梓。大约在1938年，吴太山重渡马来亚继续从事教育事业，任宁宜华侨小学校长，以及芙蓉中华、振华两所中学的教务主任。最后任波德申小学校长，他积极创造条件，把小学升办为波德申中学，连任校长15年，直到1964年退休。后被该校董事部聘为顾问。

吴太山在马来亚任教期间，热心华侨社团活动，德高望重，连续两届被选为联合邦华校教师总会副主席，连任三届森州教师会主席，又任这两个教师组织产业受托人多年。1970年，他已74岁，遂辞去担任的各社团一切职务，隐居宁宜太山庄。

抗日战争时，吴太山身居南洋，心怀祖国，支持抗战大业。1938年5月，厦门被日军占领，诏安遭日寇骚扰，他为诏安会馆拟函，要求国民政府加强闽疆防务，抗击日寇的侵略，作为诏安华侨代表，他也出席陈嘉庚主持的华侨代表会议，共商支持祖国家乡抗战事宜。他日夜奔波，为祖国抗日劝捐筹款，出任森州筹赈会宣传部长和宁宜筹赈分会募捐主任。1942 年 2 月，日军南侵马来亚后，大捕筹赈人员，大肆屠杀抗日志士，他的不少亲友惨遭杀害。他把悲痛化为力量，挺身而出，组织华侨疏散，避匿山林；并发动殷商富户捐款救济难侨，竭力保护侨胞的生命财产。

吴太山因病逝世于 1986 年 12 月 23 日，终年 90 岁。遗著有《榴梿馆冷饭集》等。

220 吴仲青（1900—1948）

活跃于1920年代的马华作家，原名吴青，笔名吴仲青。1900年生于中国浙江嵊县，毕业于浙江省立第一师范学校和国立测量专科学校。

1920年代南来，服务于新马教育界。二战前，他曾在太平一小学、星洲育英中学、启发中学、南洋女中及华侨中学执教，也担任过巴生中华学校校长。日治时代，他们一家避居廖内岛。曾任印尼吉里汶培本学校校长，也担任过廖内端本学校校长。他的创作以小说见称，作品虽不算多，但却是很有价值的文学创作。笔名有白龟、西摩等。他与冷樵、禾草曾担任早期的文艺副刊《浩泽》（1926年12月6日创刊）的编务工作。

1983年1月14日，通过施寅佐与杨卓卿夫妇的介绍，笔者有幸在新加坡的中华书局访问了吴仲青太太李佩芬，当年已77岁高龄的吴太太披露：仲青的父亲是举人，家学渊源；他13岁会作诗，又刻苦自励，新旧文学好，数学也不错，书法佳；身材高大，仁厚待人。

据苗秀说，吴氏约于1948年，曾以“吴菁”的笔名在《晨星》副刊发表一两篇文章。于1948年11月28日谢世。

221　夏洁（1934—2011）

马华作家，原名范高贵，笔名夏洁、尤勉、御剑、堂堂和金则等等，原籍中国海南省文昌县。1934 年 9 月 26 日出生于槟城。1956 年钟灵中学毕业；1960 年新加坡南洋大学毕业，考获文学士学位。曾被聘为钟灵独立中学教务主任和校长。曾任槟城艺术协会副研究、钟灵中学华文学会总务、《钟灵学灯》主编等职位。

1950 年开始在各报章副刊发表作品；1964 年出版新诗合集《失落了的笑》；1974 年与吴超亮、林海树联合出版旧诗词合集《槟隅吟草》；1975 年又和林海树、黄晚香、梁圭堂出版合集《晨曦》，内收他的散文与诗歌。

2013 年 12 月，马来西亚海南会馆联合会出版由李锦宗主编的《马来西亚海南诗文选集》，录用夏洁的 3 首新诗作品（第 27—35 页）。2011 年 11 月 25 日，他在槟城医院往生，终年 77 岁。

222　夏霖（1920—1987）

二战后初期（1945—1948）马华小说家之一；原名陈求，约于1920年生。原籍广东。笔名有：夏霖、曾九州、曾五洋、江霖、丹子、彭剑桥等。二战后初期，在吉隆坡一家华文报社当排字工友，1948年4月，由《民声》报社出版小说集《静静的彭亨河》。任印刷业工友多年，也兼任赛马场小职员。晚年是著名的政治评论家。作品多刊登于吉隆坡《新生活报》《先生》《中国报》《新晚报》等报章。

夏霖在小说中专门描写下层社会的生活动态。《静静的彭亨河》是反映马来西亚种族问题的最早的一篇小说。他在文坛活跃的时日并不长，自1950年后就不再读到他的新作了。在方修编选的《马华新文学大系——战后（二）小说一集》里，收了夏霖的三部短篇小说：《分》《冲》及《急潮》。

苗秀曾评论："他（夏霖）出身下层社会，因此熟悉下层社会生活，同时又具备相当的写实手腕，因此在他的小说中的人物面貌，大都十分传神。为了使得所创造的人物更具逼真起见，在他的作品中大量使用着各种方言土语。……我以为小说家应该多多吸收生动的大众的口语，这主张非常正确，这不但可以丰富作家的语言，有助于作品的形象性的确立，并且也是创造民族风格的不可少的要素。"

夏霖于1987年8月7日辞世。

223　夏浓（1925—2016）

原名吴宗海；1925 年出生在柔佛州笨珍，原籍中国广东普宁，是 20 世纪 40 年代末很有朝气的本土作家；笔名：夏浓、蓝浓、鲁斯、晨婴、白桥、西岸、夏诺等等。日本南进前，他在新加坡中正中学念书，当时就酷爱文艺了。日本投降后，他离开南马到中马去教书时，开始向新马两家报刊投稿，写的多是反映日本统治下和日本投降后人民的生活。自 1946 年至 1949 年，作品刊于《南侨日报・南风》、《南洋商报》、《星洲日报・晨星》、吉隆坡的《战友报》、《前锋报》、《民声报》等副刊，也在新加坡的《潮流》杂志上发表作品。

1949 年下半年，他移居香港，后居留汕头多年，在广东省当过报纸的文艺副刊及文艺杂志编辑。1960 年代起，专门从事戏剧创作。1980 年定居香港。曾主编过《地平线》《华人》等杂志。他的大型山歌剧《足球世家》，曾获国庆 30 周年献礼作品优秀奖。《夏浓山歌剧选集》，作为《香港文艺创作与研究丛书》之一出版。2004 年 11 月，出版山歌剧选集《彩虹》，共 303 页。

马仑编选的《柔华作家百人文集》和《印象笨珍》（笨珍文艺协会 2014 年版），都选录了夏浓的散文及游记。笨珍文艺界人士都珍视这位土生土长的知名作家。

2016 年 8 月 1 日，夏浓于香港逝世。

224 萧冰（1939—2006）

马华小说家。本名郑式侨，后据报生纸（出生证明书）改名为郑华侨。1939 年 2 月 17 日，生于柔佛州东甲，祖籍中国广东潮安，后居吉兰丹巴西布地。由于父母早丧，童年生活坎坷，中学还未毕业就辍学；早年当过小贩、送货员、杂工、店员等，主要从商。

从 16 岁就开始写作和投稿。早期用过“李红”“子才”等笔名。1971 年，他与北马文友宋子衡、冰谷、艾文、游牧、温祥英、菊凡等 7 人合创棕榈出版社。1975 年 10 月，出版了第一部单行本《萧冰短篇》；1980 年代初期之后，极少从事文学创作。马仑于 1980 年 12 月主编的《马华当代文学选 · 第二辑（小说）》（马来西亚华人文化协会 1984 年版），录用了萧冰的佳作《最迟回家的那一天》（第 182—186 页）。

2006 年 10 月间，萧冰永别文坛，终年 67 岁。

225　萧光（1913—1998）

马华前辈写作人，1913 年生于中国广东省番禺县，是一位鱼贩。爱好古典文学。1960 年代常写旧体诗，诗作多刊登于《建国日报·吟苑》《光华日报·辞苑》和《星槟日报·诗圃》等副刊。萧光尤擅写长联，当地渔业公会和大伯公庙的楹联多出自他的手笔。

萧光是潇枫的岳父、荷凡的父亲。1980 年 10 月，萧光、潇枫与荷凡出版 3 人合集《迎风楼诗草》；1997 年 9 月出版单行本《萧光诗集》，收入他历年在北马报章副刊发表的古体诗及对联；2015 年 7 月印行增订版。

萧氏于 1998 年辞世，高寿 85 岁。

226　萧遥天（1912—1990）

马新文学家，原名公畏，以笔名行世；1912 年 10 月 1 日生于中国广东潮阳。上海艺术大学毕业，曾任潮阳县立一中、揭阳县立一中高中文史教员共 6 年；1946 年在汕头，应饶宗颐教授特邀，为潮州修志馆撰写 1 部《潮州戏剧音乐志》，书成，但因中国政治纷乱，而不能出版。移居槟城后，于 1953 年 9 月受聘在钟灵中学任教；1960 年担任该校华文主任。他课余编辑中小学华文教科书、辅导书、考试指导书 30 多种，逾 600 万言。主编《教与学》月刊 13 年。主要的著作有：散文集《东西谈》《食风楼随笔》《热带散墨》；小说《冬虫夏草》（长篇）、《豹变》（长篇）、《夜莺曲》（中篇）、《春雷》（短篇）；诗集《遥天诗草》《不惊人草》《食风楼诗存》，专题研究《中国姓氏的研究》《中国人名的研究》《文艺真善美论丛》《民间戏剧丛考》《修辞说例》《语文导论》《文字学通解》《年兽与图腾崇拜》；潮州文献研究《潮州语言声韵之研究》《潮州戏剧音乐志》，编有《全国短篇小说比赛精品特辑》和《马来西亚第二次全国短篇小说比赛精品特辑》等。他是马新著名的学者、画家、书法家、诗人，也是小说和散文作家，于 1990 年 10 月 27 日辞世。

对于萧遥天的文艺贡献，马仑给予高度赞誉：“萧遥天是 1950 年代中期马来半岛的诗人、艺术家和画评家。从 1953 年 9 月至 1967 年，他在槟城钟灵中学、进而在全马推动华文教育和马华文学，所编著的华文中学辅导读物和主编的《教与学月刊》，对当年的中学生和文艺爱好者影响深远。他精通经史，也擅长诗词，喜欢考据，也专长书画，甚至关于音乐戏剧，也有专门的著作。萧遥天已印行的著作超过20部，尚未付梓问世的作品将近20部。他不仅是创作文学作品，同时也苦心孤诣地在多个文化领域中反复探讨，所涉及的范围广及潮州文化、戏剧、音乐、华人姓氏、人名、语文、修辞、文字学、教学、图腾、年兽和其他方面的钻研及考证。因此，他是位公认的多面手文坛怪杰。易君左赞誉他为‘天南第一支笔’。”（原载《马来西亚华人人物志》，第1278页）

227　晓帆（1933—2014）

旅港文学家兼诗人，原名郑天宝。是南宋郑侨状元的第 25 代后人。曾用笔名晓岚、晓华、驹影等。祖籍中国福建永春；1935 年 10 月 31 日出生于柔佛州龙引；1951 年至 1954 年在新马华文报刊发表诗歌和散文；1954 年回中国，在福州第五中学念书；1957 年考入厦门大学英语系；1959 年入北京大学东语系，主修乌尔都语，后获研究生待遇。曾在中国国务院外文局外语干训班任教，并从事翻译工作；1972 年赴港，后投笔从商近二十年，从事机械贸易；1980 年代末重返文坛。他博学多才，精通多种语言，译著甚丰。著有汉俳专辑《迷朦的港湾》、诗集《香港小夜曲》（此乃中、外华文诗坛的第 1 本汉俳专集，并被选译成多国文字）、《南窗梦》。后任客座教授、美国明州中华文化中心顾问及香港文学促进会名誉会长，其诗集《香江那片晓帆》于 2003 年 11 月 3 日荣获中华文化杯优秀文学奖。北京大学建校以来，仅有 2 位来自海外的成名的侨生诗人，即马来西亚的晓帆（龙引）和杜运燮（实兆远）。

晓帆是马仑在新文龙中华中学的学长，他主编的《柔华作家百人文集》（2008）、《龙中文采》（2013）和《龙中文荟》（2018），都选录了多篇晓帆的诗文，对晓帆推崇备至。

2014 年，他病逝于香港，终年 81 岁。

228　谢继麟（1963—2013）

马华知名报人兼大马音乐巨人。谢继麟曾为不少海内外音乐人比如郭富城、刘德华、孙楠、周博华等创作过音乐作品。他的病逝让本地乐坛折损一位有才华的音乐推手，使人痛感惋惜！

他生前也是《南洋商报》专职记者，在吉隆坡从事采访工作，常有专题报道及特稿发表于报端。

2015 年 7 月 7 日，吉隆坡记者张心怡在特别报导——《谢继麟纪念专辑·遗孀圆梦隔空对唱》中指出："谢继麟生前的音乐人好友们，在他逝世后决定为他发行《*As Long As I Love* 谢继麟》纪念专辑，分双光碟，第一张为他的独唱 Demo 或合唱；第二张则收录他创作的歌曲。这专辑出动了近百位台前幕后的音乐人共同完成。"

专辑策划人林泰宪表示："这张专辑选在 7 月 6 日，也就是谢继麟生日的这天，当作我们给他以及他留给喜欢他音乐的人的一份礼物。"

专辑中重新编排完成了包含华语与粤语版的《轻轻摇摆舞照跳》，当中还使用了谢继麟生前最爱的绿色吉他进行伴奏，升华歌曲意义。"山脚下男孩"成员之一的洪瑞泉，也为这次专辑设计了纪念款衣服。所有专辑与衣服售卖所得，在扣除成本后捐给慈善团体。

这次专辑中的主打歌"*As Long As I Love You*"是谢继麟生前亲自伴奏并演唱的 Demo，音乐人好友让其遗孀黄淑仪圆梦与他隔空对唱。

谢继麟于 2013 年 1 月 9 日离世，终年 50 岁。

229　谢水旺（1931—2009）

本名谢水旺，是东马砂拉越州古晋市的著名写作人；笔名有尤淑夫、丁一、思仁等等。1931 年 9 月 16 日生于古晋。祖籍中国广东惠来。华文高中毕业。曾任报社主编，后为书店经理。他魁梧奇伟，身高 177.5 厘米，体重 100 公斤。

1954 年，他开始写作，擅写评论、游记及散文。1968 年 7 月 18 日由婆罗洲印务公司承印第一本专集《萍踪散记》；1974 年 11 月 23 日由砂拉越印务公司承印第二本专集《北京去来》。另著有《神州纪行》（1993）。曾在《中华日报》发表长文《巴南与马鲁迪发展史》（1969 年 1 月 1 日）。

他于 2009 年 1 月 11 日辞世，享寿 78 岁。

230　谢永成（1947—2015）

笔名谢圣洁、艾弦。1947 年 11 月 24 日生于古晋，祖籍中国广东遂溪县。曾在古晋七哩三合兴港中华公学受教育。

1964 年开始写诗；1965 年至 1971 年勤奋写作，自称是写作生涯的“盛唐时代”，内容多是抒情叙事，作品发表在古晋《国际时报》、《婆罗洲时报》、《蕉风》月刊、《南洋商报》周刊。他认为想写诗，就要先读诗，诗人的精神贵于独立，写出自己的欢乐和哀愁，表达出自己的语言和精神面貌。

他曾任《砂拉越晚报》经理、《诗华日报》古晋分行营业部。后期任旅行社经理。1964 年开始写诗，诗作选入《砂拉越现代诗选》。谢永成是砂拉越星座诗社筹委，后任财政；1957 年出任副主席，其后改任该诗社主席。他于 2015 年辞世，终年 68 岁。

231　谢又斋（1906—?）

已故马华写作人和教育家。1906 年 10 月 23 日生于中国广东潮安县古板头村，终身从事教育工作，也是业余中医师。早年毕业于上海中国公学大学部文史学系，当时该校董事长是蔡元培，校长是胡适，教授有沈从文、曹聚仁等。

南来后，曾在马来亚某独中执教。1970 年代初，谢又斋受聘到麻坡利丰港培华独中担任校长数年。他曾将自己参加有关孔子学说之征文比赛所得的奖金，捐献给南马文艺研究会为经费。他热心推动文艺活动，精神可嘉。自 1973 年起，他一直担任麻坡南马文艺研究会顾问，直到辞世。

著有单行本《功过格》（1983）、《演讲须知》（1975）、《常用中药一览表》（1975）、《潮州黄岗革命实录》（1984）、《百万潮州饥民流亡图》（1984）等。

232　许聪思（1897—1959）

东马文史研究者兼左手书法家。约于1897年诞生在中国福建金门，性敏慧，幼时饱读诗书，过目不忘；稍长，转入金门县立学校受新式教育，后负笈集美师范学院，卒业返里即掌母校，后出任金门中学校长，开一代风气之先。

南来在荷属北干峇汝英学校任校长，后应砂拉越友人之邀，在古晋从商。曾任砂拉越华侨筹赈祖国难民总会委员，负责古晋《砂拉越日报》的发行工作。二战后，亲历三邦内地，考察风土民情，编撰《英属婆罗洲年鉴》，第一册、第二册分别于1951年、1956年出版，由于材料丰富，颇受欢迎。

他不幸殁于1959年，享寿62岁。

233　许光道（1927—2002）

马华政治经济评论家兼作家，原居柔佛麻坡。1927 年 9 月 25 日生于麻坡峇吉里，原籍中国福建安溪。二战后入新加坡华侨中学，高中毕业，转入英校，剑桥九号班毕业。曾主编《海啸》和《学生月刊》。后定居于吉隆坡。他的祖父敬立、父亲崇墉，都是孙中山先生领导的海外革命同盟的会员；崇墉创办了勤德、造化两所华小，是马华公会发起人之一。

许光道的生活经历丰富，当过工人、农夫、渔夫、猪农、店员、图书馆管理员、教师、报章通讯员、杂志助理编辑、财务咨询顾问，从事种植树胶油棕、重机械拓荒及翻种工程、西马伐木业等行业。曾任马来亚银行高级职员公会会长和麻坡中化中学及启智书报社董事。曾由内政部委任为政治犯拘留营督察委员和少年罪犯再造顾问。

许光道拥有“许筒”“骆侠”等超过 30 个笔名，在报章杂志发表了约 300 万言的文章，重要的有小说《妲萤》、译作《股票大王》、汉诗英译评论《家家有路到长安》、专题政治经济评论等等。他的一支笔，曾经写出一系列令华社为之轰动的文章。大约自 1988 年起，退休在家当全职商业咨询顾问。

许光道于 2002 年 3 月 15 日逝世，享寿 75 岁。

234　许平等（1911—2000）

已故槟榔屿工商社团领袖、《中华公报》总经理。原名许丙丁，祖籍中国福建同安县马巷。1911 年生于法属安南海防。幼年回乡求学，14 岁南渡新加坡；1933 年赴槟城，升任新加坡民生有限公司分行（今东成公司）总经理；1938 年筹组大同有限公司，经营树胶出口；1945 年第二次世界大战后，再创大福有限公司树胶厂等。

1945 年 9 月 4 日，英军回槟城的第二天，槟华各社团联合会负责接收日军出版的《彼南新闻》，同时创办《中华公报》，由他担任总经理；1950 年，兼任苏门答腊岛棉兰市万年有限公司总经理；1961 年，在槟城创立同德有限公司，业务扩展到建筑业和纺织业。

他由于长袖善舞，后来成为槟州工商社团领袖，曾任槟榔屿中华总商会会长及华人大会堂主席（1974—1978），当选马来西亚中华工商联合会会长（1974—1976）、马来西亚树胶公会总会会长（1975—1977）、马来西亚中华工商联合会名誉会长（1985）。

除了办报，他也为办学而鞠躬尽瘁，先后参与福建女校（今日的槟华女中）、钟灵中学、菩提中学及协和女中等校的办校工作。

他平素热心社会公益事业，1973 年获最高元首封赐 AMN、1974 年受封太平局绅（J. P.）、DJN，1978 年受封拿督（DSPN）勋衔。

他著有《平言集》（1979）、《平言续集》（1985），收录 1979 至 1985 年间所发表过的言论。1999 年出版《平等的回忆》。他以 90 高龄于 2000 年 1 月 11 日病逝。

235 许生理（？—1967）

活跃于1920年代初期的马华写作人，生于清末的福建惠安。擅写旧诗词，与当时北马的著名文人如苏铁石、许晓山、陈少苏、管震民、周曼沙、郭碧峰等时有唱酬，文酒往返。

二战后，约于1946年2月1日《光华日报》复刊了，许生理担任社长。他于1967年11月4日辞世。

236　许万忠（1943—2016）

马华作家，生于1943年12月29日，祖籍中国海南省琼海县南掘村，长期居住在马六甲。1967年毕业于南洋大学工商管理系（第八届，商学士）。在1988年至1989年间，许万忠撰写的长文《云南园的回忆》，在《中国报·醒目》版连载，后来他出版了《回忆云南园》。

他从商之余，积极参与华团工作。曾任马六甲中华大会堂筹委会主席、马来西亚全国华团文化咨询委员会副主席、马来西亚全国华团文化基金秘书、第六届全国华团文化节秘书、马六甲中华大会堂秘书兼副主席、马六甲南大校友会秘书与副主席、马六甲海南会馆副总务、培风校友会副总务、培风独中策划委员会委员、马六甲海南会馆副主席、马六甲中华大会堂署理主席。

中学时代开始文艺创作，用过“阿戈”“杜明”等笔名。1980年代，改写时事评论。曾任《中国报·精彩三十》及《南洋商报·星期评论》特约撰稿人、《东方日报》评论专栏“龙门阵”特约作者。笔耕不辍，数十年如一日；笔锋锐利，行文简洁流畅，针砭时弊，一针见血。出版的单行本有：《回忆云南园》《点到为止》《风雨大会堂》和合集《浴火凤凰》。

许万忠于2016年9月8日辞世，终年73岁。

237　雪凝（1948—2009）

砂拉越州女新闻从业员兼写作人，原名俞希珍，1948 年生于诗巫。1966 年毕业于卫理中学之后，曾经到一所私立中学执教一段时期，后负笈中国台湾，毕业于政治大学新闻系。除曾在诗巫电台任职一段时期外，一直都在报社服务，担任《诗华日报》古晋分社采访主任，采访政治要闻及社团社会活动。

雪凝自幼爱好写作，在报馆服务期间，也写了一些散文与小说。著有：《飘风拾零》（1980）、《雪凝选集》（共有第 1—5 集，分别于 1982 年、1984 年、1995 年、1996 年及 1999 年出版）。此外尚有合著、主编和合编、合著等 6 种。她于 2009 年 11 月 10 日辞世，享年 61 岁。

238　迅郎（1946—1986）

自 1965 年开始学习写作的迅郎，原名郑振聪，1946 年 9 月 28 日出生于柔佛州麻坡利丰港，祖籍中国福建永春。他受学校教育不多，从事过多种行业，靠自修而勤于写作，在 1970 年代末多次参加创作比赛并获奖。

迅郎著有小说集《夜奔》（1981）、散文集《踏青散记》等；用过的笔名有迅郎、郑公判、向北、南山草等。散文《穷家的孩子》被马汉编选在合集《记得当年年纪小》里（1980 年 10 月）。散文作品被选入《马华文学大系·散文（一）》（1965—1980）。

马仑编选的《柔华作家百人文集》内收迅郎的散文《篝火》（第 479 页）。他不幸于 1986 年 1 月 22 日英年早逝，享年 40 岁。

239　雅波（1947—2013）

本名王昌波，活跃于1960年代的马华小说与散文家，1947年2月生于霹雳州太平，祖籍中国海南琼海县。他在华联中学念书时，就对文艺产生浓厚的兴趣。曾在新加坡南洋大学中国语文学系肄业。自1966年开始写作和发表作品。从事文化和出版工作多年，担任太平闪亮出版社社长。已出版的个人作品专集约有17部，所主编或编著的儿童文学书籍则有数十种之多。主要著作有《崩》《焚之外》《深山寄简》《雅波专栏》《禅之微型》《血肉砌成的太平》《谁在黑雾中熄灯》《床》与《族脉》等。曾参加国内外多项创作比赛，获奖高达30多项。

他曾出版10本小说集、2本散文集和5本杂文集；另编著儿童读物4种、医药读物2种和宗教读物39种。他所出版的散文集《深山寄简》，更令人爱不释手。

雅波于2013年11月28日逝世。

马仑于2015年9月撰写《柔雅碧波映山湖——悼念作家雅波》，给予他高度评价，收入专集《当代马新文人事迹》（书辉出版社2016年版）。

240　严元章（1909—1996）

马新教育家兼学人，1909 年生于中国广东四会县的书香世家，祖父是举人，父亲是秀才；1951 年，在英国伦敦大学获取哲学博士；同年受当时槟城韩中校长庄泽宣博士礼聘为教务主任；1953 年，受聘为麻坡中化中学副校长；1955 年受聘为峇株巴辖华侨中学校长，直到 1959 年；1960 年“被迫受聘”于南大，为文学院院长兼教育系主任。

严元章是知识分子的楷模，是一代师表，他穷毕生精力，献身教育。他将自己多年来的教育理论、体会和实践，写成两本伟大著作——《教育论》（1984，教总于 1988 年又在吉隆坡印刷发行）、《中国教育思想源流》（1994）。《中国教育思想源流》是严元章博士留给我们最宝贵的遗产，它是指引我们教育改革方向的耀眼明灯。全书 9 章，是他对中、西教育“材料的配合融贯，食古能化，采今能通；言之成理，言之有物。终于构成‘人生教育’的思想体系”。这本书并非只适用于中国，而是处处可用。其高足郭洙镇说：“严博士以严谨治学态度，逐句逐字研究《1956 年拉萨教育报告书》，最先发现‘最后目标’的存在，并通过教总及三大机构努力争取，达致‘1957 年教育法令’的形成。严博士在峇株华中掌校四年、执教一年，成为该校校史上的光辉时代。峇株人士都对他怀念不已。严博士在南大当院长数年，后因《王赓武报告书》表明坚决态度，被迫离开前往香港执教。”

林连玉基金委员会已于 1999 年 11 月初遴选出 1999 年度“林连

玉精神奖”得奖者，他们是严元章、沈慕羽和林晃升。严元章是1950年代教总教育顾问，他毕生奉献教育，以其“比较教育”的专业，对马新华文教育有积极的影响。他的遗作《中国教育思想源流》是经典之作，他本身也是理念的实践者，堪称楷模。

享有“华教诸葛亮”雅誉的严元章，于1996年7月23日与世长辞，享寿87岁。他是马华教育史上“理论与实践兼具的教育家”。

241　颜龙章（1925—2006）

马华资深作家，世界桂冠诗人暨教育家，1925 年 12 月 1 日生，原籍中国福建永春县东仙峰乡。福建省立南安高级师范毕业。1948 年初南来后，在柔中一带担任小学教师、校长和中学教师；1980 年退休后，受聘为峇株巴辖华仁独立中学华文导师。他爱好新文学及古体诗，也常写新诗及散文；1960 年初开始写得更勤，笔名有水沫、村夫、村铎等；1990 年，銮中校友会资助出版其诗词专集《湖畔跫音》。马仑编选的《柔华作家百人文集》，录用颜龙章的散文《给亡妻》（第 382—384 页）。

他曾担任峇株巴辖文艺协会会务顾问，并于 1998 年被国际纽约四海诗社委为名誉顾问，这更肯定了他在诗词方面的造诣。

颜龙章于 2006 年 8 月 23 日往生，享寿 82 岁。其遗著《龙吟雅韵》于 2006 年 12 月面世。

242　杨涌（1938—2004）

马新诗人，笔名杨涌，原名刘汉勇，另有笔名戈凡、殷凡、霜晨月等。1938年出生于马来西亚龙迈港，祖籍中国湖北天门，新加坡永久居民。1955年移居新加坡就读于中正中学，1959年入南洋大学修读现代语言文学系，后转修中国语言文学系，获文学士学位。曾任私人教师、社团秘书。

1970年代，他先后与文友创办青山文化社，为《现代文艺》《热带文艺》《赤道风》的编辑。其创作以诗歌为主，也兼写散文、评论。以笔名“霜晨月”谱曲《文艺卫兵歌》（席宣撰词）。作品收入《半世纪的回眸·1938—1988热带诗选》。曾编辑《词选》，合译《非洲诗选》，主编新加坡19位诗人的合集《拔弦在赤道》。杨涌作于1971年的诗《霹雳河》被选入《马华文学大系·诗歌（一）·1965—1980》。已出版诗集《长箭的鸣响》、散文集《片帆集》《只要阳光一出》和《枫林来雁》。曾任新加坡南洋客属总会《客总会讯》主编。1980年代，他开始积极创作，游历过中国、欧洲（巴黎）、纽约等地。

杨涌于2004年8月2日逝世，享年66岁。

243　杨际光（1926—2001）

诗人暨报人。原籍中国江苏无锡。于 1926 年出生，上海圣约翰大学学士。1950 年代南来，在吉隆坡从事新闻工作，曾任《虎报》副总编辑；1960 年代开始在马来（西）亚电台工作，他太太罗蓉兰（梦阑）是位出色的广播员。他曾在一篇短文里说："在马来西亚十多年，曾三度参加 3 份华文报纸的创办工作，不论自己努力结果如何，至少了解此中艰辛。"

大约在 1974 年后，举家移民到美国去；1975 年 8 月初，曾任吉隆坡《建国日报》美国特派员。他是知名的诗人及报人，常以"贝娜苔""罗缪"等笔名发表诗歌及短文，也翻译一些西洋文学作品，曾为广播电台主持《我们的文坛》节目。大约于 1968 年，香港华英出版社出版他的诗集《雨天集》，此书在他逝世后在吉隆坡再版。

他于 2001 年 12 月 9 日病逝于美国，享寿 75 岁。其遗著诗集已于 2003 年面世。大约 2006 年，吉隆坡燧人氏事业有限公司替杨际光出版遗著《纯境可求》，全书 137 页，收录他晚年作品 20 篇，多系作者的人生心境历程及"情感和精神生活"追忆。

244　杨国斯（1921—2001）

砂拉越政坛人物，亦为律师。1921 年 6 月 2 日生于实文然，祖籍中国广东大埔百侯镇。幼小时在大埔同乡会创办的大同学校、实文然中华公学受小学教育，其后到圣多玛中学就读。

1953 年，得英国林肯法学院法律学位。砂拉越人民联合党发起人之一。曾任砂拉越人民联合党主席、州副首席部长。

杨国斯是反殖年代、砂拉越参组马来西亚时期的政坛风云人物。记载杨国斯的人生、从政历程的著作有：《人生奋斗，政治经历》，1998 年再版时易名为《回首来时路——丹斯里杨国斯回忆录》，中文译本《杨国斯自传》、《杨国斯政论集》（1971）。

他不幸于 2001 年 7 月 4 日辞世，享寿 80 岁。

245　姚楠（1912—1996）

马新著名史学家暨翻译家；字梓良。中国上海市人。1912 年 11 月 16 日生，上海暨南大学毕业。从事东南亚研究工作 60 年；笔名施平、南迁等。曾经担任上海译文出版社编审、上海复旦大学历史系兼任教授、中国社会科学院、北京大学东南亚研究所兼任研究员、中外关系史学会副会长、中国东南亚研究会副理事长、中国海外交通史研究会顾问、中国华侨历史学会理事兼上海市华侨历史学会副会长、中国太平洋历史学会理事、上海市工商业联合会常务委员、福建厦门大学历史系兼任教授等职位。

早在二战前，姚楠曾任职《星洲日报》，是该报《星洲十年》专书的主编。他与当时的新加坡报界和文化界人士，关系密切，于 1940 年联同许云樵等创办了南洋学会，是该会创办人之一。其重要著作与译作有：《马来亚华侨史纲要》（1943）、《槟榔屿志略》（与张礼千合著）、《古代南洋史地丛考》（与许钰合著）、《中南半岛华侨史纲要》、《缅甸史》（译著）、《马来亚史》（译著）、《中东史》（译著）、《战后东南亚史》（合译）等十余种。1989 年初，姚楠重游新加坡，探访亲友；约于同年 4 月间，他开始在新加坡《联合晚报 · 茶馆》发表重访新加坡随笔长文《忆旧话新》。

笔者曾于 1985 年 10 月 10 日收到姚楠前辈从上海惠覆的《新马华文写作〈辞典〉》填具表格，其中披露他生平事迹。（详见《南来作家研究资料》新加坡国家图书馆与新加坡文艺协会联合出版，2003 年 3 月）。

姚楠于 1996 年谢世，终年 84 岁。

246　姚拓（1922—2009）

马华文学家暨编辑、书法家。本名姚天平，另署姚匡，笔名姚拓、张兆、鲁庄、鲁文等。1922 年 11 月 9 日，生于中国河南省巩义市桑林镇的鲁庄，1950 年南赴香港，3 年后出任《中国学生周报》主编、《大学生活》社长兼主编等职。

1957 年，移居新加坡和马来亚，历任《学生周报》《蕉风》社长及主编、吉隆坡剧艺研究会顾问、马来西亚文化事业有限公司总编辑（自 1970 年开始），也兼任全马五家出版公司联合组织的马联出版机构总编辑一职。结集出版之作品非常多，有《弯弯的岸壁》《二表哥》《四个结婚的故事》《五里凹之花》《姚拓小说选》；散文集《美丽的童年》《墙头上的小红花》；自传式小说《雪泥鸿爪》；剧本《三个王老五》《小夫妻》《万金和尚》（五幕剧）、《还阳》（三幕剧）等。姚拓是第三届（1994）马华文学奖的得奖人；1996 年荣获亚洲华文作家文艺基金会的“文艺奖及纪念碑”表扬奖。他也担任《星洲日报》花踪世界华文文学奖终身评委。由潘碧华、杨宗翰联合主编的《马华文学奖大系·011》是《姚拓小说选集·九个字的情书》，全书 326 页，于 2012 年 12 月由台北酿出版社印行。

姚拓于 2009 年 10 月 7 日逝世，享寿 88 岁。

247　姚新光（1944—2004）

马华著名相声演员兼写作人，圣名大卫。1944 年 7 月 15 日生于雪邦，祖籍中国福建省福州古田县吉口村。自 1983 年定居新山。从 1999 年初开始，姚新光与吴林友合撰供稿，在《星洲日报・星云》连载“每日一笑”微型相声剧本。姚新光编的《相声小段精选》，于 1996 年由飞蒲文化社印行。历任马来西亚华语培训测试中心创办人和大马华语正音委员会主席。他曾获得中国曲协颁发相声传播奖。2003 年，他则在第四届大马表演艺术薪传奖中荣获个人成功荣誉薪传奖。出版的著作有《聚笑集》《马季东南亚演出实录》等。马仑编选的《柔华作家百人文集》选用了姚新光的对口相声《新山有三》（第 497—500 页）。

他不幸于 2004 年 8 月 21 日病逝，终年 60 岁。

248　姚景水（1918—1973）

砂拉越华人作家，生于1918年，笔名马寒冰、卢隐、寒晖、司马漠驼等。祖籍中国厦门。

他受教育于厦门大学文学系。日军攻打厦门时，南来砂拉越，任教职于民丹越南小学、泗里街广建小学、民丹莪开中中学。

二战后，他在诗巫从商。作品多是散文，发表在诗巫《诗华日报》《旅行杂志》等。他的遗作由夫人萧如意女士编集为《姚景水文集》（1996）；其作品亦收入《漳泉文苑》。

249　姚峭岭（1879—1978）

砂拉越华人写作者，1879 年 11 月 19 日生。字峭嵚，圣名保罗，别号晦庐，原籍中国福建古田。是位牧师、教师和医师。1901 年考入全闽师范学校。

1916 年乘船到诗巫，任光南小学校长兼三一堂传道；1922 年在民那丹开设药店，在药铺楼上开办开文小学。长期担任教职，服务于教会；1951 年，时年 72 岁，编《卫理报》《卫理公会七十五周年纪念特刊》；1961 年，在诗巫创办中医夜校；1958 年至 1970 年，担任“诗潮吟社”社长。著作有《六十自述》、《九秩荣寿感恩礼拜答词》、《百龄回忆录》、《经筵续集》（1963）、《经筵丛集》（1958）、《经筵三集》（1966）。编有《诗潮吟社诗钟选集》第一、第二集（1959、1960）。

姚峭岭于 1978 年 12 月 12 日逝世，高寿 100 岁。

250　叶尼（1913—1989）

战前马华作家暨剧作家。叶尼即吴天，原名洪为济，又名洪吴天、洪为忌，另署洪叶等。1913年8月27日生于中国江苏省扬州市，原籍湖南祁东县。早在青年时代，叶尼便从事学生运动，反对帝国主义及其走狗代理人——鱼肉人民的中国军阀，他誓志要打倒他们，绝不做顺民。因此，他给自己取了个“违忌”的别名（“为济”的谐音）。他又号“一舟”，这是撷取“同舟同济”的寓意。在上海沦陷的敌伪期间，为了隐蔽，他化名“方君逸”（取“隐姓埋名”的含意），并以这个笔名写了不少作品。他又用过“叶尼”这个笔名发表一些文章；“叶尼”是马来语“这个”的意思，他用来表示自己是“这么一个”普通的人。

1936年，他只身去马来亚，在新加坡、芙蓉等地中小学任专职教员；但他仍未中断业余戏剧的活动，曾集合了一些话剧爱好者组织“星洲业余话剧社”。“九・一八事变”爆发后，他曾以话剧为武器，进行宣传工作，编写了《伤病医院》《春回来了》等剧。

《伤病医院》是叶尼的代表作，发表于1937年10月12日至26日的马来亚报纸《晨星》上，该剧在很大程度上代表了这阶段马华戏剧创作的主流。该剧通过刻画前线战士的英勇顽强，期待唤醒人们参与战斗。

他南来后的第一篇剧作《南岛风光》（独幕剧），曾由芙蓉某中学的学生演出。1937年，开始在《晨星》《文艺》等副刊，大量发表散文、评论、小说和报告文学，并积极参与话剧活动。他与流冰、啸

250　叶尼（1913—1989）

平是马华新文学繁盛时期的知名剧作者。另署：马蒙、高哥、丹枫、天等。1937 年冬，他接编《星中日报·星火》。

1939 年春，他离马返沪，在上海成为驰誉的戏剧家和名导演。中华人民共和国成立后的第一部影片《走向新中国》的导演他就是吴天。他还曾以华侨生活为题材，编写多幕剧《海恋》。方修为他编选的《叶尼作品选》，列入“马华文学六十年集”（1919—1979），于 1979 年由新加坡上海书局出版。叶尼晚年居住在广州；1989 年 12 月 12 日逝世，终年 76 岁。

251　叶明（1955—1995）

马华诗人，原名叶明琚，笔名叶明。1955 年 5 月 3 日生，彭亨直凉中学毕业。约于 1978 年开始写作；曾使用“飘零人”“叶凡”等笔名在《当代文艺》发表小说、诗及散文，之后停止创作约十年，当过书记、杂工和罗厘司机等。他在 1987 年前后，重提诗笔，参加《星洲日报》主办的端午节诗歌创作比赛并得奖。

1995 年 9 月 30 日，叶明与诗人李宗舜出版诗合集《风的颜色》，这也是他的第一本诗集。1995 年 8 月，《南洋商报》社出版的《三十三万个理由——南洋文艺 1994 诗年选》，也收录了他的 4 篇作品。在 1995 年由中国台湾出版的《马华当代诗选（1990—1994）》（陈大为主编）中，也收录了他的 8 首诗作。叶明不幸于 1995 年 10 月 6 日因胃癌病逝，享年仅 40 岁，留下遗孀王秋花及两个女儿。

252　叶存厚（1935—1969）

东马砂华写作者，生于1935年，祖籍中国福建金门，乳名阿虎，别名李国安，笔名李笑山。1951年进古晋中华中学念书；1954年加入砂拉越解放同盟；1956年任《新闻报》编辑；1959年为主编，撰写社论。参与领导老中中（按：即古晋中华中学）1955年“330大罢课学潮”。曾任人联党中央常委，1963年到印尼，为武装斗争作准备，任北加里曼丹共和国宣传部长；1969年受印尼伏击，3月25日不屈牺牲，年仅34岁，携带的日记随人逝世而失。

253　叶观仕（1941—2010）

活跃于1960年代中期的马华散文作家与诗人，1941年11月18日出生于关丹甘孟埠，祖籍中国广东惠阳。早年毕业于甘孟培英小学、关丹中华中学、槟城韩江中学，后负笈中国台湾政治大学新闻学院，获文学士，嗣又远赴加拿大首都渥太华卡尔顿大学，专研大众传播学，获新闻学荣誉学士。1965年至1967年，任台湾《南岛月刊》总编辑；1972年至1974年，担任加拿大卡尔顿大学中国同学会《青华》杂志总编辑。于1967年任槟城槟光学院讲师。后出任数家报社的编译、副刊编辑和总编辑等高职。

叶观仕从初中一开始便发表新诗作品。笔名有陌上桑、叶获、沙岛等。已出版的单行本有散文集《旅台小笺》（1967年初版，1971年再版）、《凌晨诗笺》（1976）、诗集《飞渡神山》（1969）。1980年代初，叶观仕离开了报界，担任名人出版社社长兼主编，出版了《马来西亚名人录》和《马新新闻史》（1996）、《马新报人录》（1806—2000）、《马来西亚政坛名人录》（1883—2003）等专集。

2010年8月17日逝世，享年69岁，遗下孀妻陈玉宽及一子。

254　叶汉秋（1922—2004）

马华教育工作者兼写作人。柔佛居銮人，1922 年生，原籍中国广东陆丰，毕业于广州省立韶州师范学校，国立暨南大学肄业，曾任居銮中华中小学教师。1953 年 1 月开始任教于新文龙（文律）乐育总校。曾从商多年。他是沈安琳（冯琦璋）的夫婿，用过“叶寒修”“寒江学”等笔名在《南洋商报》写时评文章。约于 2000 年编制《剪贴作品集》随感录，分赠友好共赏。马仑编选的《龙中文采》（书辉出版社，2013 年 3 月），选录了叶汉秋的 2 篇作品：《民族与传统》《扬善弃恶》（第 393—397 页）。

叶汉秋于 2004 年 2 月 22 日不幸辞世，享年 82 岁。

255　叶华芬（1900—1964）

最早发掘与探研砂拉越史地的著名学者。中国福建古田人，幼年随父南来诗巫。1912 年 4 月 8 日毕业于诗巫光华小学，后赴福州深造。1926 年年底，毕业于福建协和大学人类学系。他精通中英文，旁及日、法、荷文。

约在 1922 年前后，他在大学念书时，已常撰写有关砂拉越南洋华侨史的文章，发表在北京的学术刊物上。返马后，曾任教于马六甲培风中学，著有《马六甲华侨史》一书。二战，他曾任吉隆坡某英校校长。1949 年后，又从中国南来新加坡，在社会福利厅任职。1958 年 12 月出版《新加坡政府组织法》，另著有《中国交通史》《南洋史》《南洋地理》《侨务史》等书。他于 1964 年 11 月间谢世，终年 64 岁。

256　叶守和（1915—1988）

砂拉越华人写作者，1915 年出生在砂拉越，在诗巫中华学校受华文教育，后转入英文部念英文。

1946 年参与组织并领导诗巫华侨青年协进会，反对英殖民政府的统治。该组织于 1947 年创办诗巫第一所民众国语（华语）义务夜校，提供免费教育。其作品收入合集《漳泉文苑》。叶守和于 1988 年逝世，终年 73 岁。

257　叶苔痕（1905—1982）

马华杰出剧作家，闽籍，1905 年在中国出生，后为马来西亚公民。在福建厦门求学时，曾与已故新加坡剧作家王秋田等组织南天剧社，从事戏剧工作。他在二战前，就已南来；日侵时期，避居苏门答腊。光复后，曾任巴东《大众日报》主笔，不久移居槟榔屿，初任《中华公报》主编，后转任槟城亚齐商公会及树胶公会秘书多年。曾任槟城艺术协会戏剧组副主席。曾编著《槟城对邻国贸易》一书。他不但对经济贸易有独到的研究，在中华文学如诗词、戏剧等方面，更有优秀成就。

已出版的剧作集有《第二街》（1968）、《乔迁之喜》（1970）、《孔雀东南飞》、《叶苔痕剧作选集》等。

叶苔痕于 1982 年 11 月 12 日遽然长逝，享寿 77 岁；遗下 4 男 1 女。

258　依藤（1912—1976）

马新文学家，原名汪开竞，笔名尚有：南岛居士、仲平、陶然、金惠吾、落人、慎良、克铨等。生于 1912 年 9 月 17 日，原籍中国江苏泰昌。上海同济大学肄业；南来后，居住在槟城，致力于从事文学活动。他的一生，尽瘁于文学与教育事业。1933 年，他已在钟灵中学担任史地科主任，1972 年 9 月退休；但退休后仍在钟灵独中执教。自 1975 年 8 月以还，身体健康欠佳，9 月进入中央医院治疗，不幸药石罔效，延至 1976 年 1 月 9 日凌晨零时寿终正寝，终年 64 岁。

1957 年 9 月，槟城钟灵中学出版他的《彼南劫灰录》。另著有一部 12 万字的长篇小说《阳光底下的人们》。

有一位作者晨照君在《敬悼汪开竞老师》一文中披露："早在 1927 年，当汪师还在中学读书时代，就与一般爱好文艺的朋友在槟城的《南洋时报 · 玫瑰》，并以"慎良"、"落人"等笔名撰写诗歌、小说、戏剧等文艺作品，《玫瑰》的特色是纯粹刊登文艺创作，并不掺杂非文学或旧文学作品，思想正确，这在当时文坛而言，是难能可贵的。《玫瑰》创刊于 1927 年 9 月底，至 1929 年 11 月宣布停版，一共出了 52 期，对于马华新文学运动的扩展，作出了一定程度的贡献。战后汪师对旧小说的研究发生了浓厚的兴趣，50 年代初期，经常以'依藤'的笔名，在《南洋商报 · 商余》副刊发表其心得，由于分析入微，见解精辟，读者无不击节称赏，汪师亦名噪一时，这些论文后来结集为《旧小说新谈》一书，列为《商报丛书》第 32 种出版。"

259　易水（1914—1973）

原名汤唤乾，又名汤伯器或汤运生，另有笔名：乃迁、田灵、孟加里、自羽、海上鸥等等。他于1914年8月11日出生于霹雳州波赖埠，祖籍中国广东客属蕉岭县。生前是新加坡公民。三岁时，随父母迁居泰国宋卡；父亲是裁缝师，母亲替人洗衣服和挑水帮补家用。他只念到小学五年级就辍学了；12岁就到处找工作，后来到吉打州执教。自小爱好阅读及写作，立志要做个新闻从业员；15岁那年，幸而有机会到槟城报界工作。后来，他任《中南晨报》编辑，也兼任《星洲日报》驻槟城特约通讯记者。

《中南晨报》停刊以后，他转入《光华日报》任职，编过一个时期的副刊，如《光华日报·戏剧》等。他在《光华日报·戏剧》发表了好几篇优秀的剧作，获得好评。大约1932年，他在槟城《电讯新闻》负责编新闻版，后来与梁若尘合编《南洋导报》周刊。在1930年代初期，易水还不满20岁，但已是一位表现不俗的知名报人及写作人了。

直到抗战期间，他返回中国，在丰顺县立中学教书兼任教务主任。汕头沦陷前夕，被炮火轰回到泰国《中原日报》当新闻记者，也兼《星洲日报》驻曼谷特约通讯记者，用笔名“乃迁”写过大量有关泰国研究的文章，出版过《抗战以来的泰国华侨》《今日暹罗》和《泰国自然地理大纲》3个单行本，署名汤伯器。曾从商。和平后，粮食店改为书局“南洋科学图书公司”。1948年南下吉隆坡做影片发行。

1963 年，易水任职于综艺电影公司，导演过电影片《狮子城》等，可是不久又引退了。从此，他辗转于新马泰之间，大约一年半载后，在曼谷京华银行做公共关系主任，直至逝世。他在马来西亚华语电影早期发展史上，虽遇到挫折，不过其努力、贡献及成果是功不可没的。

易水不幸于 1973 年 5 月 23 日逝世，享年 59 岁。其夫人是女作家刘柳（1914—1999，详载于本书第 140 篇）。

260　殷枝阳（1912—1988）

活跃于1930年代中期的重量级之马华作家，原名陈树英。1912年出生在中国江苏省常熟县。乳婴、枝阳、周容、金枝芒，是他的笔名。他于卢沟桥事变后来马来亚；1936年开始出现于马华文艺界；1937年至1942年间活跃于马华文坛，作品多发表于《晨星》《狮声》《世纪风》《南洋周刊》《文艺长城》等文艺副刊上。其主要创作是短篇小说，也有一小部分散文及报告文学作品等，都很生动，富有感人的力量。战后，用“殷枝阳”为笔名发表创作。战前在《南洋周刊》刊载的中篇《弗琅工》，甚获好评。苗秀在《新马华文文学大系·小说二集·导论》里说：“马来亚沦陷时期，金枝芒即放下笔杆，拿起枪杆捍卫这热带的土地。所以他不单是个文人，而且是个革命实践者；被公认为‘马华左翼文学的第一把手’。和平以后，他仍旧固守原来的工作岗位，一面从事文艺创作，但产量似乎不及战前那么丰富了……”

1948年，殷枝阳被马来亚当局遣送回中国，在马来西亚前后逗留共11年光景。据说他的夫人周文琴女士则仍居留在大马霹雳州。

马华作家张逸萍在小学时代曾是陈氏的学生，张逸萍曾在覆信中告知笔者，殷枝阳始终是不苟言笑，一向很严肃，对学生的教导方面，也是很严峻的。殷枝阳从1936年至1942年尾，在霹雳州督亚冷同汉学校服务了7年时间，这一段时期，也是殷枝阳从事抗战文学著作最丰盛的时候。马来亚光复后，他弃教投入报界服务，在吉隆坡

260　殷枝阳（1912—1988）

《民声报》报社担任编辑，直至1948年被遣送回中国为止。他于1948年回到中国，1961年回返上海，后赴北京工作，1988年1月28日逝世于北京。

吉隆坡21世纪出版社于2004年12月，为悼念马新老一辈文学家殷枝阳逝世16周年，出版了其遗著《抗英战争小说选》。

261 尹鸿飞（1935—1985）

马华报人、写作人。1935 年生，霹雳州怡保人。1955 年出任《星洲日报》驻怡保记者。1982 年 9 月升任副采访主任，1984 年 2 月中再升为采访主任。

曾任霹雳记者俱乐部主席、霹雳篮总理事多年。擅长地方特稿和专讯报导；著有《新闻特写》（1969）。1985 年 3 月 3 日逝世，享年仅 50 岁。

262　忧草（1940—2011）

活跃于1960年代的马华优秀散文作家，原名佘荣坤，1940年4月19日出生于威省大山脚，祖籍中国广东普宁。曾在大山脚日新小学及新加坡育英中学念书。在1960年代发表许多作品，一部分已收集为专集。自1970年代末开始不再创作文艺作品。

他曾先后担任槟城《光华日报》新闻编辑主任、《大众报》总编辑、《华商报》总编辑、《民生报》总编辑等。已出版的著作有诗集《我的短歌》、《五月的星光下》（与萧艾合著）；散文集《风雨中的太平》《乡土·爱情·歌》《大树魂》等。笔名有：忧草、陆夫、李纪等。

忧草于2011年病逝。其生前好友小说家宋子衡在悼文《道具——致忧草最深切的悼念》中写道："……生性率真随和的忧草……学生时代他赋性叛逆，曾是个出名的篮球健将，认定灌篮技巧就相等于人生把握。过后就追随着人家搞学潮，护人权。结果还不是赔了夫人又折兵，得不偿失，因此也悟解了革命不是随便人可以玩的。于是，在当青春逐渐凋落的时候，他毅然跨进了这个你推我挤竞争激烈的报界。他明知这是道荆棘满途的路，可是偏向虎山行，尽管泥足深陷也无所谓，因为他已没有更多的时间再做选择了。况且他已被命运引荐着必须沿着这道虚线直往人生终站。"

263　游川（1953—2007）

原名林友泉，笔名子凡、游川。祖籍中国湖南衡阳，1953 年在中国台湾出生，5 岁时随父移居到吉隆坡。1969 年开始写诗，主要发表在中国台湾《笠》诗刊；曾于 1970 年代与数位好友合办“鼓手出版社”；1978 年获得福联会最佳诗歌奖。除创作之外，他也从事马来诗的翻译。他的诗平易近人，极富人情味，后期作品则着重在马来西亚华人历史的探讨上，对此作冷峻地解剖、针砭、讽刺；1989 年，全国华人文化节在马六甲举行，他参与演出的“动地吟”诗歌朗诵，获得文教界和青年学生的激赏。他曾在吉隆坡任盛世广告（马）公司中文创意总监。

2007 年 4 月 11 日，《星洲日报》报道——

《诗人兼广告人游川心脏病猝逝》

（吉隆坡 10 日讯）马华著名诗人兼广告人游川今日（2007 年 4 月 10 日）中午约 12 时许于吉隆坡孟沙班底医院，因心脏病发逝世，享年 54 岁。游川是于本月 7 日（星期六）身体不适进院，延至今日不治辞世。他的灵柩于今明两天设在吉隆坡新街场路边的富贵纪念馆，供亲友凭吊，本月 12 日（星期四）出殡。游川，原名林友泉，生于 1953 年，早年毕业于八打灵再也公教中学，以“子凡”为笔名创作过不少现代诗。多年来他出版过的著作包括《鞋子》《呕吐》《回音》《蓬莱米饭中国茶》《血是一切真相》《千年莲子》；另有《马华七家诗选》《吻印与刀痕》（诗合著）。

另有与采多（洪古）的合集《两个后生》，还有散文合集《守候着的鼓声》。游川乃资深广告人，现任 Ideasmith 广告公司广告策略兼创意总监，拥有 30 年广告行销经验，曾担任好几家国际广告公司的创意总监，拥有实战经验及英、美、日国际视野。其广告行销著作有《广告：说真话的谎言》，于 2000 年出版，丰富的文采与深度内容，成为本地广告新秀的“必读”书籍之一。

264　游牧（1936—2002）

活跃于1950年代中期的马华小说作家暨专栏作家，原名游禄辉，祖籍中国福建永定。1936年3月26日生于威省大山脚，槟城钟灵中学高中毕业，其后参加假期师训班，历任光育学校校长及新亚学校校长，1991年退休。曾在1960年与友人创立“海天社”，出版《海天月刊》并担任该刊编辑。后又与友人合组“棕榈出版社”，出版《棕榈丛书》。曾任作协北马区联委会主席。

他用过“游雨”“岚子”“余也鲁”“杜夷”等笔名，作品被收入《新马小说选集》、《马华当代文学选》（小说集和散文集）、《海外华文散文佳作导读》、《中国当代散文辞典》、《马华文学大系（1965—1996）》等。已结集出版的作品计有《生与死》《那些过去的》《演剧者》《游牧散文》《风尘录》等。

1980年代，致力于杂文创作，为多家报章专栏作者。其著作《风尘录》（杂文集）收集他于1988年在《星槟日报》副刊上发表的80多篇杂文作品。马来西亚国家语文局把他的短篇小说《玻璃》译成马来文，收入小说集出版。

游牧于2002年10月21日逝世，享年66岁。

265　余寿浩（1905—1957）

活跃于1930年代中期的南洋问题研究者，生于1905年，祖籍中国江苏省苏州。其父是位名孝廉，姐姐佩皋女士是南洋女中的首任校长。

他年轻时曾到福建厦门大学深造，学成南来任教，在吉兰丹中华学校做过校长，也曾任星洲总领事馆的主事，到了该馆关闭后，才加入《南洋商报》报社，担任中文秘书。他的国学基础好，英文也能够自由阅读与翻译——连士升曾赞誉他写得一手好散文，时常在《星期六》周刊上发表有关国内名山胜水的游记，行文利落干净，毫无雕琢之感。

余寿浩于1957年谢世，年仅52岁。遗著有：《马来亚古今谈》（南洋报社，1950年）、《马来民间故事》（包括《干冬山天降天子》《马立巴希女王》《苏丹拉玛末》和《槟榔花里的孩子》）等。

266　雨川（1940—2007）

马华小说家，本名黄俊发，1940 年 5 月 5 日生于吉打州万拉峇鲁双溪文池。小学毕业后，因《紧急状态法令》而辍学两年，后于 1957 年重返居林觉民中学就读。两年后，又因家庭经济困难而辍学，从此便投身从事制陶工作。1973 年举家搬到北海一家砖厂工作。20 年后，刚辞去砖厂工作，即被聘到彭亨州加叻管理另一家砖厂。

中学时期开始热衷写作，在各报刊发表小说、散文、新诗等作品。后专攻小说，也兼写散文。1970 年代，曾受邀编写广播剧，皆获电台录用。1980 年代以后，文风略变，用多种手法写小说。用过的其他笔名有：俊发、纪红、士凡、劲草等，作品甚丰。已出版中篇小说《生活的历程》《茁长》，短篇小说集《埋葬了的鲜花》《村之毁》《轮椅上的琴声》等。马仑编选的《马华文学大系·中长篇小说·1965—1996》，收录雨川的中篇《茁长》（第 574—588 页）。

一生以烧窑为生的北马小说家雨川，于 2007 年 3 月 24 日过世，享年 68 岁，遗下妻子陈玉蕊及 1 男 3 女。

267　芸亦尘（1943—2007）

活跃于1970年代中期的马华女作家。本名黄鸾，笔名傲泊梵、永驹、芸亦尘、芸逸尘、雪永崧等。1943年11月16日生于北马怡保，祖籍中国广东梅县。1961年高中毕业，1964年师训毕业。1965年被调派至柔南执教，曾在边佳兰和新山区华小服务多年。

自1975年开始，她发表了多篇有关生活写照的短篇小说、散文及新旧体诗歌。费时8年完成的中篇小说《渡越》，获得福联会暨雪兰莪福建会馆的1980年度文学出版基金，于1982年印行。1990年代，她曾为《新明日报》撰写专栏。1997年3月出版《东风万里师生缘》；另著有《肝胆红尘》和《童诗梦苑》等书。马仑主编的《马华文学大系·中长篇小说·1965—1996》，收录芸亦尘的中篇小说《渡越》（第628—652页）。她于2007年8月29日病逝，享年64岁。

268　韵斌（1934—1997）

活跃于1950年代的马华作家。本名张友群，1934年4月24日在雪兰莪州加影出生，祖籍中国广东大埔，大马公民。他年轻时到新加坡中正中学念书。大约在1953年至1954年，他经常有作品在钟灵中学出版的学生刊物《学报》及《沙漠风》刊发。《学报》是集学术、艺术和文学于一体的综合刊物，而《沙漠风》则以纯文艺刊物姿态出现。当时在《沙漠风》投稿的青年作者，除了韵斌之外，尚有文丁、沙风、谦君、征雁等人。

韵斌在20岁左右就连续出版了3本短篇小说集，且都获好评。他也是当时槟城《星槟日报》著名的外勤记者，采访新闻表现优异。后于1957年弃笔从商，成为槟城殷商，是多家公司的董事经理和社团主席，任康华印务有限公司董事经理，也是《华商报》重要负责人之一。

韵斌的处女作短篇小说集《世纪末的情调》，于1954年9月由香港三人出版社印行，曾铁忱写序，薛残白写序诗《无题》，再版本则于1956年由槟城文汇图书公司印行。第二本小说集《太阳下山的时候》于1954年9月出版，名作家郑子瑜、萧遥天分别为他撰写序文。槟城康华出版社于1956年5月出版他第三本小说集《出殡》，郑子瑜写《〈出殡〉序一》，何永佶写《〈出殡〉序二》。

韵斌于1997年病逝于中国广西江滨医院。槟榔屿报人李良树于1998年7月31日在《光华日报·国内新闻》版发表的《悼念张友群》一文，为作家韵斌提供不少新资料。据李良树披露：张友群是因患上严重糖尿病，加上心脏病并发而辞世，终年63岁。

269　原上草（1922—1999）

马华小说家及散文作家，也是马华作家协会领导人之一。本名古德贤，1922 年 11 月 25 日生于中国广东省梅县；4 岁随父母南来。毕业于林明中华小学。自 1941 年开始写作。和平初期，参加《南侨日报》主办的“青年创作比赛”，以《正义在人们心里》一文荣获首奖。曾用笔名有：沙风、原上草、虱虫、古迹等。曾担任《建国日报》《大众晚报》及《通报》等报文艺版和《学生周报》主编。1978 年，马来西亚华文写作人协会选举，他当选为第一届理事会主席。

1961 年至 1985 年，他共出版了 4 部短篇小说集、1 部散文集和 1 部长篇小说。1990 年代出版《原上草散文选》，主要著作有《韭菜花开》（1961）、《水东流》、《万家灯火》、《乱世儿女》、《风雨榴莲坑》（2001）等。1998 年荣获第五届马华文学奖。由潘碧华种杨宗翰联合主编的《马华文学奖大系 02》是《原上草小说选集・水东流》，全书 348 页，于 2012 年 5 月由台北酿出版社印行。

原上草于 1999 年 10 月 13 日辞世，遗下孀妻吴秋萍和 3 男 4 女。

270　曾圣提（1901—1982）

新加坡《南洋商报》第七任编辑主任。名报人、作家。原名曾曼尼，1901 年生于中国广东饶平县凤凰乡。出生于书香之家。1918 年前后，在厦门集美学校受中学教育，高中毕业后曾在厦门报社工作，并开始写作生涯。

1922 年，他应道南小学礼聘，南来新加坡执教，半年后离职前往缅甸，准备担任《仰光日报》副刊编辑，但因误会一场而返回中国。

1925 年，他到印度追随圣雄甘地，1943 年 3 月写成《在甘地先生左右》一书。1926 年回国，次年再到新加坡，进入《南洋商报》担任电讯翻译兼副刊编辑。1930 年 5 月 26 日，汪颂鲁离开《商报》，他便接任第七任编辑主任，时年仅 29 岁。1931 年 8 月 17 日辞职，前后在《商报》任职 4 年多，其中 1 年 3 个月主持编务。

他呈辞后本欲赴英深造，船经槟城，却遇到“九·一八”事变，因此留在槟城与友人合办《电讯新闻》，鼓吹救国运动。1932 年，因《电讯新闻》停刊，他便转往印尼，出任《巴城时报》主编，不久回国。1932 年，再度西赴印度，二度追随甘地左右。过后到印尼棉兰从事小本生意，仅 3 个月便亏蚀殆尽。当时槟城《光华日报》主笔林珊珊与记者骆世生正筹办《现代日报》，函约他回槟城主持编务，1936 年 10 月 10 日《现代日报》创刊，他便成为第一任编辑主任。

1937 年，七七事变后，他联合马、新、泰及印尼四国 10 多位华文报记者，组织“华侨战地记者通讯团”回国采访抗战新闻。次年 7

月，该团结束战地采访工作，他重回《现代日报》复职，直到日本南侵前才回返重庆。

二战后，他定居天津。1979 年 12 月 7 日受印度基金会邀约，偕夫人陈可美第三度到印度，致力于甘地生平事迹与思想的研究。1981 年 11 月 17 日，曾到新加坡探望其胞妹曾曼真等亲朋戚友，翌年 4 月 18 日回返印度。

曾圣提病逝于 1982 年 12 月 1 日，享年 81 岁。曾圣提不但是报人，在马新华文文学发展史上，也有一定的贡献与地位。他以“大吉”“出丈”“白丁”“前壁”“黑玉”“小伟”“大男”“M”等笔名发表了诗、散文、小说、剧本、翻译、文艺理论等各种文章。

马仑在何启良主编的《马来西亚华人人物志》（第 1478 页）中盛赞曾圣提的文学功绩称：“他曾和一群志同道合，有共同理想的作家，以‘南洋文艺铁塔的铸造者’自命。他是战前（1920 年代末）马华文艺界的先行者。不论在马、新及缅甸等地的报社担任主导者，或者在印度国际大学求学和追随圣雄甘地身边，他都专心致志，使创作与职务等臻于完美。他提倡文艺“大众化”、“讲良心话”，主张抗日救国。印度圣雄甘地于 1943 年 2 月绝食，曾圣提赶到印度探望恩师；耗费十天的时间，完成他的代表作《在甘地先生左右》，是第一本从华人的视角近距离地描写印度圣雄甘地之作品。”

271　曾心影（1903—1988）

马新报人兼主笔，生于1903年，祖籍中国福建省惠安县。1945年《南洋商报》复刊时，出任督印兼主笔，撰写社论18载。曾以社论救过20条人命，是华文报业史上二大佳话。盖因1946年，霹雳州发生华巫冲突事件，英国军政府以《紧急状态法令》宣判19名华人死刑。他撰写1篇社论，要求英国军政府给予公道，否则号召全体华人向伦敦上诉。后来英国军政府终将19名死囚释放。另一宗事件是《紧急状态法令》期间，马共女青年党员李明被捕。三司会审，对她应否判处死刑，意见不一致。曾心影为此案写了3篇社评，终于救了李明一命。在马新报业史上，曾心影是以笔救人的最大恩人！这是美谈，更是报人壮举。

曾心影于1960年代退休。离开《南洋商报》后，掌理宏文印务公司，并主编《马来西亚闽人创业史》。他于1988年3月22日逝世，高寿85岁。

272 曾子才（1936—1998）

马华名报人、文教界闻人。曾君字吾荣，号竹围居士，祖籍中国广东新会。

早年先后在西德西柏林新闻学院及新加坡大学进修新闻学与行政管理学，并获美国旧金山大学公共行政管理学士学位。

6 岁开始学习书法，中学时受书法家沈慕羽影响极深，后则专研于右任行草，风格上力求创出自我，作品多次参加国内外大赛，并获佳绩。

1965 年曾任《中国报》总社高级记者，撰写“国会点滴”专栏，后与《新明日报》记者黄迪合出一本小书《国会点滴》。稍后出版解释公民权问题的《公民权与你》，获时任财政部长兼马华公会总会长的敦陈修信接见，并得陈氏大力称扬。1974 年马中建交，他也出过一本类似特辑的《马中建交展新页》，书中所收包括拿督曾永森所写长文《我在北京十八天》。

1970 年代中，他离开《中国报》，先后进入《星洲日报》《建国日报》等报担任记者、编辑。1984 年重返《中国报》任（行政）高级经理，次年因《中国报》自动停刊而离职。1986 年，转任马来西亚艺术学院学生事务主任暨公关主任，兼书法研究发展主任。

在 1990 年代后期，他曾任马来西亚新加坡国立大学现代管理课程校友会秘书。他于 1998 年 6 月 10 日辞世，享年仅 62 岁。他遗下孀妻张妙英和 2 男 1 女。

273　詹瑞兰（1942—2016）

马华女作家。1942 年生于吉打州居林。在八打灵阿松大医院担任了 27 年的护士长，仍孜孜不倦地修读学位，考获卫生保健管理硕士学位，并常有文章发表在报章上。曾任阿松大医院运营经理，著有《陪伴身体走一生》（1994 年 7 月）。

2016 年 10 月 28 日《星洲日报》报载——

《大马临终关怀先驱詹瑞兰逝世》“（八打灵再也 27 日讯）大马临终关怀先驱詹瑞兰本月（2016 年 10 月）27 日逝世，享年 74 岁。曾在阿松大医院加护病房担任护士长长达 17 年的詹瑞兰，5 年前患上乳癌；经过一系列的电疗与化疗后，病情受到控制，不幸在今年 6 月病情恶化。詹瑞兰的灵柩将从即日起至周六，停放在新街场富贵纪念馆 2 楼 22 号紫罗兰教堂，并于本月 29 日（周六）上午举殡，再举行火化仪式，骨灰将安放在士毛月富贵山庄。”

274　张悌（1946—2015）

马华报人暨作家。本名张悌（张娣），1946年8月6日在彭亨州金马扬出生，祖籍中国广东信宜。在森美兰州马口榕吉中华小学求学，后毕业于马口启文中学。曾在《南洋商报》报社任编辑职约30载。在1970年代期间，曾经积极地参与文学活动，担任鸽出版社秘书。笔名张玄、诗悌等。作品被编入合集《鸽声》；小说佳作《接力赛》被编入马仑主编的《马华当代文学选·第2辑（小说）》（1984）。个人单行本有小说集《良心》（获马来西亚福联会及雪州福建会馆文学出版基金）、《新闻特写与专题》等。马仑于1980年，应聘替马来西亚华人文化协会编选《马华当代文学选·第二辑（小说）》（1984），录用了诗悌（即张悌）的佳作《接力赛》（第527—531页）。

1998年，他兼职保险代理员。2010年，他离开报界。2001年起，他任全职保险代理员，后任助理组经理。于2015年4月24日逝世。

275　张白萍（1918—1989）

20 世纪 40 年代马华作家；原名张白萍，约生于 1918 年，粤籍。任华小校长多年，1978 年 1 月间退休。1960 年，他在新山搞出版社，担任《我的月刊》主编和社长。

早在 1940 年代末即开始写作。1949 年 6 月出版《芙蓉漫记》；1952 年在新加坡出版《情债何时了》；1954 年出版《马行漫记》。在退休之前，他常活跃于文教界及社团，曾任古来华文第二小学、沙令华小和江加埔莱华小等校校长，也担任过柔佛古城会馆会长和名誉主席、柔南华校退休教职员联谊会福利组副主任。马仑替古来丰顺会馆编选《柔华作家百人文集》（2008 年 10 月），录用了张白萍的《马行漫记》（节选，页 511—515）。

他于 1989 年 4 月 25 日逝世，终年 72 岁。

276 张清广（1921—1997）

马华作家，原名张清广。祖籍中国广东省潮安县南桂区诗阳乡。1921 年 11 月 26 日出生于柔佛州昔加末县巫罗加什。年幼时在当地接受小学教育，小学毕业前赴中国升学，进入汕头光礐中学攻读，随后转入厦门集美中学。因其父病逝而返回马来亚，后毕业于加影华侨师范学校。

他从此从事教育工作数十年，先后担任士姑来路六哩半公立华侨学校、淡杯丹柏华文小学、新山宽柔二小的校长。他也是马华知名作家，在 1930 年代至 1940 年代，他先后用了“漂青”“飘全”“高梦”“夏朗”“一秀”等笔名，发表数量可观的散文、诗歌、小说和报告文学。同时，他又是老报人，在 1950 年代开始担任《星洲日报》驻新山记者。

1997 年 12 月 31 日，他离开了人间，享年 76 岁。遗作散见各报章副刊及《南洋文摘》。2005 年 5 月，他结集成书的遗作《风雨曲》，以笔名“漂青”问世。漂青发表于 1941 年 1 月 14 日《狮声》副刊的散文《明天》，被马仑选录在《柔华作家百人文集》（第 345—346 页）。

277　张灿泉（1936—2016）

活跃于20世纪80年代的马华时评作家，本名张灿泉，又名张松运。1936年出生在柔佛州新加兰，祖籍中国福建南安。后移居小笨珍，小学毕业于笨珍三十碑崇实学校，负笈新加坡中正中学。1959年，南洋大学第一届史地系毕业；曾在教育界服务多年。历任多家公司董事，亦任婆罗洲土产有限公司董事经理。

张灿泉擅写经济评论；1980年代中期，是大马《星洲日报·言论》版的特约撰稿人，也受邀为《中国报·星期刊》撰写“每周一谈”。著有《经济问题评议》（1995）、《讲台上杏坛外》（1996）、《围堵中国是空想》（时事评论集）等。马仑编选的《柔华作家百人文集》（2008年10月）和《印象笨珍》（2014年10月），均选录了张灿泉的佳作。

张灿泉于2016年10月18日逝世，享寿80岁。

278　张慎修（1936—2004）

活跃于1960年代的马华作家，本名张慎修，笔名方理、饶君等。1936年9月生于森美兰马口，祖籍中国广东大埔。麻坡中化中学高师班毕业，长期从事教育工作。退休后移居新山。擅写散文和儿童文学作品。从1982年起历任南马文艺研究会财政等。

自1977年开始，先后出版的文集有儿童文学《美丽的彩虹》、科学小品《太阳系漫谈》、散文集《迟来的喜悦》（南马文艺研究会，1983）及《童声飞扬》（1999）等。于2008年10月出版的《柔华作家百人文集》，选录了张慎修的新诗《中化儿女同欢唱》（第528页）。

张慎修于2004年10月13日辞世。他遗下孀妻吴金和2男2女。

279　张天白（1902—?）

曾长期住在中马、活跃于1930年代初的马华作家；于1902年12月出生在中国广东平远县坝头程南村。亦名张晓光。曾在平远铁民学校、梅县隆文中学等任教师；在平远兼任《汕报》通讯工作，有时也为副刊供稿。较后在汕头《岭东民国日报》《民报》发表理论文章和新起的民歌。1930年8月来到马来亚芙蓉，开始构思写作。10月间，用笔名“伧父”在《星洲日报》发表《杂感》，每天一段，约一周连载登完。11月移居怡保狮尾郊区，向李西浪主编的《雷报》和邓剑影主编的另一报章投登杂文。从1934年6月至1938年底，投稿最多，每周投登《星洲日报·晨星》短文2篇，延续4年半。他先后在《益群报》（1933年）、《槟城新报》（1934年1至6月）、《马华日报》（1939年1至6月）和《星槟日报》（1946年5至10月）四家报社编辑新闻和副刊，有时兼写社论。1945年11月至1946年4月，替《民声报》写社论、看大版。1947年1月至1948年6月，出任加影华侨中学校长。

他在1947年至1948年，常写散文。有关马来亚华侨教育发展史之类的文章，就有好几篇。30多年前，他在吉隆坡、加影，先后做过中小学教师及校长。日侵时期，还做过店员暨家庭教师。笔名除了上述的之外，还有：马达、晓光、太阳、炎炎、东方生、丘康、丘幸之、莘莘、杨明等等。他在马来亚写的最后1篇作品《归航纪事》（非原题），署名“张晨”，是记述当时变化中的新情况，全文1万多字，占《星洲日报》全版。他生前在马来亚写出的文字不下160万字。他的一小部分杂文，由方修编撰为《张天白作品选》，于1979年6月出版。

张天白大约在1940年代末返回中国，居住广州。已故，是生前跟马仑通过最多信简的归侨作家。

280　张一倩（1915—1988）

马华小说作家、剧作家暨教育工作者。原名张业隆。笔名张一倩，另署丁倩、葛蒙、张路、方野等。马来西亚公民。1915 年 10 月 10 日生于香港，祖籍中国海南文昌县。

他早年在上海受教育。1937 年南来，活跃于马华文坛，在报刊发表诗歌、小说和杂文、评论等作品；1940 年回中国；1948 年再度南来定居。先后于吉隆坡中华中学和循人中学任教职，共达 40 余年；1985 年荣休。他对于文艺活动，一向热心关怀；1983 年年杪雪兰莪中华大会堂主办马华文学史料展览，他担任史料收集组组长，风尘仆仆地随团到南北马各地搜集史料。

他是唯一被列入《中国大百科全书》的马华作家。著有中篇小说《一个日本女间谍》，与铁抗的中篇《试炼时代》、吴天的戏剧《伤兵医院》，被誉为 30 年代文艺界传诵之作。

他于 1988 年 2 月 10 日逝世，终年 73 岁。

281　张逸萍（1926—2000）

马华作家暨中学校长，本名张奕东，1926 年 6 月 4 日生于彭亨关丹，祖籍中国广东新兴。1957 年，毕业于台湾师范大学文学院。自 1952 年开始写作，笔名除张逸萍外，还有瑞丝、毅之、抚松斋主、张萍、夏雨天等。其处女作小说集《希望》由谢冰莹作序。1970 年，他以这部小说集申请第五届“台湾海外文化奖”，获颁优异奖章和奖状等。

张逸萍从事教育工作多年，1959 年至 1962 年间，曾任怡保、安顺和关丹的日间师训班讲师，并担任过沙巴亚庇中学、柔佛永平中学等校校长及教师。留台时，曾任华侨同学会总干事和《侨声月刊》主编。马仑主编的《马华当代文学选 · 第二辑（小说）》，录用了张逸萍的短篇《希望》（第 108—111 页）。

张逸萍于 2000 年 8 月 22 日谢世，终年 74 岁。

282　张紫薇（1900—1986）

1930 年代马华作家，原名张紫薇，本名张朝佐，又名张维，1900 年 4 月生于中国四川省郫县；1920 年代初期改名为“张紫薇”。大约在 1920 年代初，毕业于成都华侨公学后，便到了上海。经过不少的波折，才南渡新加坡；后来又到了马来联邦，辗转于怡保、槟城等地从事教育工作，并与当时知名写作人曾圣提、林姗姗等过从甚密，经常在报刊上发表作品。早期擅写中、短篇小说和新诗，后来喜爱写旧体诗；前期的作品多用“紫薇”署名，后来则用了“了娜”二字。他的太太丝白女士当年也常在北马报刊发表作品。

到了 1930 年代中期，张紫薇转赴印尼巴东执教，游遍整个苏门答腊岛。有一个时期留学东瀛，攻读法律，返回苏岛后在巴东掌校数载，就在这段期间，张紫薇与郁达夫在同一地方结识而成为至友，彼此坦诚相待。1943 年 9 月，逃难文人郁达夫与当地侨生少女何丽有结婚前夕，他把新作《无题四首（用〈毁家诗纪〉中四律原韵）》抄与张紫薇。这几首律诗委婉曲折地反映了身陷虎穴的郁达夫极其复杂的思想感情。

张紫薇十分珍惜彼此之间的患难交情，除了珍藏郁达夫的手迹之外，还曾冒着杀身之祸为郁达夫通风报信。在郁达夫影响之下，他后期多撰写旧体诗词。1947 年，张紫薇回到上海，应文学史家刘大杰之约，以“了娜”为笔名发表了最有分量且充满真挚友情的回忆文章《郁达夫流亡外记》，约达2万言，发表在《文潮》月刊（第三卷第四期）；它是记叙郁达夫的同类文章中最引人入胜的一篇。

他携眷返梓执教多年，直至1970年代退休，曾出版小说集《飘流异国的女性》。1986年4月1日病逝，享寿87岁。随后蔡育平与金鸥合编出版了《张紫薇诗文集》。

283　郑良树（1940—2016）

在马来半岛南端大城新山诞生的郑良树教授，是新山人引以为荣的学者、文学家兼书画家。其本名郑良树，笔名郑百年。1940 年出生，祖籍中国广东潮安。

郑良树在新山宽柔高中毕业后负笈台湾大学中文系，其后以本地生的身份参加考试，1964 年考入中文研究所硕士班；1967 年再考入博士班；1971 年通过答辩取得台湾大学第一届第二位文学博士，成为海外学生取得此殊荣之第一人。在论文答辩之前，马来亚大学（马大）即已寄发聘书，邀约前往马大任教。1971 年 8 月，他开始在马大担任讲师（英制）：5 年后，被升为副教授（即英制高级讲师）。其后，他受委为中文系主任，负责策划中文系的发展。在马大 17 年（1971—1988）期间，他为马大中文系创办学报《汉学论文集》，为在职同事提供发表论文之园地，是本区最早的汉学研究学报，今已出版将近 10 集。在至少 50 年的写作、著述生涯中，郑良树的学术及文学作品之丰收是令人心折的。

郑良树是第四届（2011）南方人文精神奖的奖项得主。他花了 33 载编撰完成共 4 册的《马来西亚华文教育发展史》，内容记录华校开创到 2014 年的华教历程；他因此荣获 2015 年（第二十八届）“林连玉精神奖”。

郑良树于 2016 年 11 月 19 日离世，享年 76 岁。

284　郑成勋（1894？—1974）

马华旧体诗人，古体诗词造诣甚深。原籍中国福建永春。1970年代住在柔佛州新山，是晨曦诗社的导师。新山吟社是在郑成勋于1974年10月9日督促下才宣告成立的。青年作者李寿章、黄建成、黄天星和李秀玲是该吟社的四大支柱。郑郑成勋信奉基督教。出版有《葵园词》（槟城教育出版公司1962年版）、《樵隐诗集》（1973）、《齐不老楼诗词别集》（1974）等。1973年2月，郑成勋在《〈樵隐诗集〉自叙》中写道："余之诗词作品，中年以前，词多于诗；中年以后，诗多于词，尤以晚年为最。中年以前之诗，于日军南进时毁去，后凭记忆，只录出一小部分。本集共收四百首，分古绝律为三卷，名曰《樵隐诗集》。附词一百阕，名曰《葵园词续集》。数十年来之生活环境，寄慨抒情，常于诗词中率真写出……"

郑成勋于1974年逝世。

285　郑秋萍（1966—2014）

马华童诗创作者暨导师。出生在森美兰淡边，先前是华小教师，后于增江中学执教，是位甚受欢迎的儿童写作班和童诗创作班的导师。

毕业于柔佛州师范学院华文组、怡保师范学院华文专修班，后获马来亚大学语言暨语文兼教育系、中文系荣誉学士。

编著有《小小写诗人》、《简单有趣学童诗》、《简单有趣学童诗2》、儿童小说《M国的少年礼》、童诗挂图及说明、静思语教学参考资料、静思童诗《树快乐，人就快乐》、小学课本及作业等。她的儿童小说集《妈妈的秘密情人》于2006年出版，全书共154页。

曾获“花踪”儿童文学奖首奖及佳作奖、马华儿童小说创作奖优秀奖、中国“冰心儿童文学奖”佳作奖等。

曾任UPSR写作技巧讲师、写作班及童诗创作班导师、儿童诗歌营讲师、中小学诗歌朗诵比赛评审。

她不幸殁于2014年7月22日。

286　钟敏璋（1914—1991）

马华女教育家、联邦女总视学官暨写作者。

她生于1914年，原是菲律宾侨生，后赴中国深造，毕业于暨南大学（1931—1935），与来自吉隆坡的留学生梅洪宝相恋而缔结良缘。二战后南来，初期在关丹甘孟华小掌校。不久被吴毓腾总视学官器重，擢升她到联邦教育部服务。这位福州才女才智过人，又精通中英文。1949年起，成为空前的一位华校副总视学官。后来升任马来亚联合邦女总视学官。她出任视学官共21年。

自1950年代末至1960年代期间，她曾为马来亚教育部编译撰写多种有关教育的专集及中学教科书。其中尤以她编著的《马来亚历史》（香港东南亚出版有限公司1959年版）最为著名。

1970年，钟敏璋退休后，积极参与及推动妇女活动，曾任全国妇女机构理事会的励志会代表。马华学人廖文辉在概括译述钟敏璋的奉献时强调："她虽然是公务员，却能成为教育部与华教之间的桥梁，数度解救华教于困厄之中，多次协调双方的误解，居功不少。她知道政府要消灭华教的意图，也清楚教总的斗争历史。林连玉称赞她'为人和蔼可亲，处事精明，口才辩给，确是华族中杰出的女性……她一方面既为教育部建立了不少荣绩，另一方面为华文教育界化解了不少危难。双方面都蒙其利，像这样的公务员可以说是凤毛麟角的了。'这绝非溢美过誉之词。"（详见何启良主编《马来西亚华人人物志》，第1586页）

这位令后人钦敬的非凡女士于1991年离世，享年77岁。

287　钟山松（1935—2016）

原名钟廷贤，活跃于1960年代初的马华文艺工作者。

1935年11月23日出生于小笨珍，祖籍中国广东潮安。笨珍培群独中第一届初中毕业生。其写作时间历时虽长，但时写时停；自1979年至1982年，写作最勤，他有十数篇短篇小说在《南洋商报·读者文艺》与《星洲日报·文艺春秋》和《通报·文风》等副刊刊载。

1980年，出版小说集《神的落难》。1990年，定居在士姑来大学城花园，曾主持《一条街购物指南》出版物（约出版6期）。用过"钟山松""郁青""飘摇""宜江"等笔名，1977年发表不少小说。较新作品被马仑选入合集《印象笨珍》(2014)。

他不幸于2016年3月17日辞世，终年81岁。

288　钟锡金（1941—2014）

吉打历史学人。

身世不寻常的钟锡金于1941年8月4日诞生在吉打河畔，祖籍中国广东普宁。他出身贫困，幼年丧母。自小进入吉打华侨中小学校受教育，半工半读。1958年初中毕业之后，曾于1959年担任临教一段时期。

1960年，重回吉打华侨中学修读高中，年底被当局引用《内安法令》扣留，在霹雳州峇都牙拘留两年；1962年被释放后，次年加入当时的左翼政党劳工党从事编撰党讯和出版工作。当时，钟锡金开始以“戈萌”的笔名发表不少诗作；1967年4月10日出版诗集《北望祖国的蓝天》；1968年，再度被扣留于吉隆坡政治部。释放后回返吉打跟随他父亲从事售卖糕饼生意；1978年，加入新闻界，重新他的写作生涯。另署“顺谭”等笔名。

1983年底，钟锡金凭着默默耕耘的精神，终于完成吉打州华裔史上的第一套文艺丛书——“赤土文丛”第一辑（1981—1983），共6本专著。后来，从1984年初开始，又将其编著的12部书，合为“赤土文丛”（第一、二集），以精装套装本的形式问世，甚受欢迎。

2014年6月17日《星洲日报》报载：

《吉打文史研究者兼作家——钟锡金癌症病逝》

“（亚罗士打16日讯）吉打文史研究者兼作家钟锡金，不幸因癌症今日（6月16日）清晨3时05分病逝，享寿73岁。钟锡金一生出版35本著作，并于今年2014年5月11日推介其最新著作《禾浪波外》第一集《吉打河历史的河流》，该系列第二及第三集已重编，但还来不及印刷。其次女桂羚（43 岁）及幺女桂美（38 岁）指出，2 年前医生诊断父亲肠胃有小肿瘤，之后父亲定时看医生并服药。

“‘去年 9 月，父亲开始消瘦及肚子肿胀，家人初时以为他因应酬多而有“啤酒肚”，所以不以为然。’她们说，2014 年 4 月 23 日，父亲突然肚痛，且肚子肿胀异常，经医生诊断，始发现肠胃小肿瘤已变成恶性肿瘤。‘父亲于 5 月 10 日入院，并于 19 日动手术切除肿瘤，后因父亲体质差，仅成功切除 65% 肿瘤，留在小肠的肿瘤扩散至其他器官，造成父亲的健康每况愈下。’

“她们透露，为让父亲获得更好照料，家人把父亲送入私人疗养院，怎知父亲于本月 12 日因心脏衰弱而需送院，当时父亲的意识时而清醒、时而模糊。她们补充，周日父亲节时，家人只是口头祝福父亲，而父亲常嚷着要回家，家人承诺今日把他带回家，无奈父亲等不及，今晨就离世。钟锡金遗下太太蔡碧茱（64 岁）及 4 名儿女，其遗体停柩在安邦园住家 5 天，并将于 20 日举殡至太平山庄火化。”

289　周唤（1940—2016）

马来西亚诗人、编辑，原名周唤欢，另署何原。1940 年 12 月 11 日出生于雪兰莪加影，祖籍中国广东赤溪。1960 年开始写作和发表作品，擅长现代诗及散文。留学中国香港，后负笈中国台湾，获得中国文化大学哲学硕士学位。

他约于 1970 年回到吉隆坡，在《新生活报》编辑部担任要职，并服务多年。1966 年 1 月至 1967 年 8 月，与姚拓、白垚合编《学生周报》；1970 年 10 月至 1973 年 2 月，与悄凌合编《学生周报》。后自创“信用商业编译社”“华南电脑打字植字社”。何乃健主编的《马华文学大系・诗歌（一），1965—1980》（2004），选录了周唤的创作《短诗集》（第 358—360 页）。

周唤于 2016 年逝世，享年 76 岁。

290　周宝振（1942—2006）

马华作家暨著名报人；1942年生，祖籍中国福建永春。离校后即协助其父亲周瑞标处理《马来亚通报》等业务。后来主持《生活报》《新生活报》，并出版多种杂志。许多由周家经营的报纸刊物，周宝振虽未挂名，然而他是幕后策划人，是公认的办报奇才，建树良多。曾用笔名周青等。

吉隆坡《东方日报》于2006年7月11日报道：

“（吉隆坡10日讯）被称为出版界奇才的前《中国报》董事周宝振，今日凌晨4时，在梳邦再也医药中心去世，享年65岁。

“周宝振次子周若涛说，父亲是在4个月前被证实患上肝癌，并在3个星期前接受手术治疗，但于今日不治。

“他说，周宝振的遗体停柩在灵市‘归源’殡仪馆，并于本月12日（星期三），下午2时出殡，安葬在富贵山庄。

“周氏是吉隆坡人，住在梳邦再也。他与遗孀汪素玲育有2名儿子，即长子周若鹏及次子周若涛。周若鹏及周若涛分别是The Name Technology的执行董事及技术总监。”

按：周夫人汪素玲原是位知名女记者，她与周宝振的两位公子已是当下马华著名诗人。

291　周曼沙（1916—1987）

马华文教界知名人士，是位教育家、书法家兼篆刻家。原籍中国湖南长沙，为湖南第一师范学校毕业生，曾任长沙市文艺中学教师。

1937 年 5 月南渡槟城，较后出任吉打州育强学校校长。其时，复与文教界名士任雨农合创《南风杂志》，针砭时政，宣扬抗战，知名于北马。

二战后，槟威华校教师会自 1946 年复兴以还，周氏即担任要职。其间，1960 年至 1963 年、1965 年至 1966 年、1969 年至 1973 年的这 3 段时期，都是他担任主席，领导该会与教总联系，共同争取华教平等地位，募集经费购新会所，筹募教师子女奖学金，创设教师合作社，皆有卓越的成就；尤以团结槟州华校教师团体，组织八教团联合工作委员会，且曾亲身领导，推动教学集体研讨及学生校外活动，有极佳表现。

1948 年起，他肩负行政工作之余，复应槟城教育局之敦聘，兼任华校师资训练班华文教师，先后完成 3 届学员之教学任务，为槟州华校培植不少行政与教学方面的专门人才，是维护华教的一股实际力量。周氏为教总服务，自 1956 年以迄退休，历任总会副主席达 17 年，曾与黎博文、林连玉、黄润岳、丁品松、沈慕羽等并肩工作。

他于 1987 年 3 月 28 日辞世，享寿 71 岁。追悼周曼沙工委会在同年 12 月底出版了《周曼沙先生追思录》，由司徒添主编，郑永美、陈森才、王素珍助编。

马华学人廖文辉这么赞扬他：

“周曼沙被称为马来西亚的湖南才子之一，也是马新吟坛翘楚，才华洋溢，可惜甚少发表，也少留存，但他的文采风流是无庸置疑的。湖南第一师范人才济济，气压三湘，他却能入‘一师八骏’之列；易君左教授曾以‘惟楚有才’美之；徐悲鸿看了他思亲怀乡十八首，说有逸才新意；魏维贤教授也叹惜他‘逸才困处一隅’。他的书法秀劲，有口皆碑，槟州多处宗乡会馆匾额皆出自其手笔。为人则富正义感，一诺千金，他为了兑现对槟城大会堂的认捐，忍痛将多年珍藏的水彩画卖掉，筹钱给大会堂。他胸怀磊落，涵养十足，即使遭受无理要求，亦和颜悦色，友人托其办事，言出无状，他仍平心静气代为处理。”（详见《周曼沙——为华人文化退而不休的教总领导》，收入《马来西亚华人人物志》，第 1616 页）

292 周清啸（1954—2005）

活跃于1970年代初的马华诗人，本名周聪升，后名周青箫，笔名休止符、周清啸等。生于1954年10月28日，原是霹雳美罗人，祖籍中国福建永春。1971年开始写作，1970至1980年代写得较勤。毕业于台湾大学外文系；曾担任过“天狼星诗社”财政、“神州诗社”总务与编辑。作品编入《大马诗选》，与黄昏星合著诗集《两岸灯火》（1977）；散文集《岁月是忧欢的脸》（1978）。

周清啸于1982年在《通报·八方》写专栏“草笔篇”，并于1983年以《独吟》和《灯塔》获得马来西亚华人文化协会1982年度第五届文学奖中的诗歌奖。他编过《学报》和《蕉风》月刊。1982年初接编《通报》的《文风》，直到1983年5月31日为止。他也曾出任吉隆坡《星洲日报》高级公关及业务促进主任。

他不幸于2005年8月23日辞世。

苏国平于2005年8月28日《星洲日报》的《悼念周清啸》一文披露：

“原名周聪升的周清啸，天狼星诗社社友，后来在台湾期间，又与温瑞安、方娥真、黄昏星、廖雁平等人创立神州诗社，若称他为大马现代诗元老，并不为过。1980年9月26日，神州诗社的周清啸、温瑞安、方娥真及黄昏星，被台湾警方破门而入带走，他们被判以‘匪谍’罪，但最后获得了平反，周清啸、黄昏星、廖雁平等人先后返马后，神州诗社也毁于一旦。”

293　周庆芳（1906—2004）

约生于1906年，原籍中国福建永春。长期住在柔佛麻坡，乃华校中小学校长，终生从事教育，历经30余年。1950年以后，与陈蕾士、李冰人、吴金谷、郑成勋及张逸民等人交往，共组诗社“麻坡丹绒吟苑”，继而又扩为“南洲诗社”，多所吟咏，寄情笔墨。1975年出版《象山�海楼吟稿》，出版人为其千金周翠霞博士。笔名白苹、伊兰、周郎、锦帆等。

周庆芳倡导南洲诗社，使之成为国内六大诗社之一。1978年获颁国际桂冠诗人荣衔，同年荣获亚洲国际自由大学授予名誉教育博士；1983年获得美国亚利桑那世界大学授予文化学博士学位，同年获得韩国忠北大学世界诗学研究所授予理事职；1999年获得天长学院颁予文学奖；2000年获颁赐优越国际诗人奖。周庆芳亦历任马来西亚诗词研究总会顾问及美国四海诗社永久名誉社长。

周庆芳于2004年7月2日辞世，高寿98岁。

294　周心默（1913—1989）

活跃于1930年代末的马华作家，原名周金海；1913年5月在中国广东潮安出生。擅写杂文和散文，笔名有：云山、卡达、耶夫、丁山、周力达、周心默等。曾任加影华侨中学教师。据他于1986年4月间回信给马仑披露：他体高1.6米，体重67公斤，从事电影发行工作。

早在1931年至1934年，他在上海是MK木刻研究会的负责人。1938年至1939年，在新加坡《南洋商报》《自由谈》和吉隆坡《马华日报》发表杂文；1940年至1941年，在槟城《现代日报》发表杂文；在这一段期间，也在新加坡《总汇报》《星洲日报》发表短篇小说、书评及短评；二战后的1945年至1948年，在吉隆坡《民声报》发表杂文和散文；1940年代后期返梓，仍常写作；1981年至1985年间，周氏在广州《南方日报》《南方周末》《电影与观众》等报刊发表电影评论。

他于1989年10月12日在广州辞世，享寿76岁。

295　朱昌云（1933—2002）

朱昌云生于1933年7月31日，是北马的名士，博学广闻，文章斐然。他祖籍中国海南省乐会县；留学香港新亚书院和澳门华南大学，获文学硕士。返马后，勤于写作；1960年代中期积极推广文艺活动。常用笔名有：朱哲、云哥等。1964年，与程万鹏、吴均昌编《学源》杂志。

1965年11月，他主编《新潮》期刊，出版了3年多，共有18期。1976年中，他短期编过《建国日报》怡保增版副刊《近打河畔》。

他于1961年11月出版书信集《书窗寄语》，全书199页，由星洲维明公司印行，温梓川和李若冰分别作序。《书窗寄语二集》则于1963年2月由同一家出版社印行，全书172页。《人物随谈》和《人物随谈二集》分别于1961年、1962年出版。《诗词人述评》则于1963年问世。可见，这5本书的内容，都与诗词有着不可割离的关系。

朱君爱读诗词，其作品也多与诗词有着密切关系。其他多篇如“也似情书”“读诗掇析”及“云心轩杂笔”等专栏文章，都未出专集。2001年6月，他的《最爱定庵哀艳句》收入合集《海南文学之梦》。他于2002年1月22日逝世，享年69岁。

296 朱晋韶（1921？—2005）

马华资深作家，长期从商。约于1921年生。在1990年代，朱晋韶是《中国报》专栏作者。他出身中国军旅，驰骋大马商场。

他的兴趣遍及国内外政治和经济课题。早在1950年代开始，便喜欢写作——写评论和杂文，针砭时事，长期在怡保地里者街的同益布庄上班，也出任怡保育才独中的副董事长多年。他亦担任过大马埔联总会名誉会长、埔联总会第二届值年常委会总会长（霹雳大埔同乡会）。

1990年代期间，朱氏是吉隆坡《中国报》小说版的常见作者；1996年在该报连载《现世聊斋》长文。已出版的著作有《朱墨集》（1990）、《商海四十年》等。他以3年时间细心钻研《孙子兵法》，融合本身智慧与兵法菁华，深入浅出详加注释，将古代的智慧引进当下世界，发挥无穷的力量。

到了1990年代后期，朱晋韶有更多的文章刊登在《中国报》各副刊版上，如在《自由讲场》版撰写“今日点题”专栏，同时也在小说版发表许多社会写实小说。

他于2005年11月1日离世，享寿84岁。

297　朱宗贤（1931—2016）

北马知名作者暨地方志研究专家，通古博今。他原名朱宗贤，笔名沛国。祖籍中国广东省南海县佛山镇。其父母于1928年南渡，卜居怡保；宗贤于1931年4月15日出生。当时日本攻打新加坡以及马来亚时，他只有11岁，继续在当地华校研习；1944年小学毕业，后充新村教师。嗣获侨务委员会奖助，赴台北师大教育专修科深造；1959年进安顺公立三民中学执教；1962年华文中学改制，调三民独中任文史地教职，一晃八载，因待遇日差，乃投去宜力“天孟莪”大水坝做事务员。水库建竣前转红土坎海军基地，当日语通译员。1980年代回怡保市深斋独中，再度往三民中学工作；1991年已届六旬退休，自此从事笔耕多年；自1998年开始，仅在《南洋商报·方志》副刊上，就发表超过300篇文稿。他同时也是《光华日报》《健康报》《中国报》等报章的常见作者。

吉隆坡燧人氏出版社于2007年3月印行了朱宗贤的专集《怡保城乡散记》（157页）。马仑自2014、2015及2016年所主编的三期《新文龙新苑杂志》，每期都利用了朱宗贤的散文小品。朱宗贤于2016年5月13日病逝，享寿85岁，遗留不少文稿（包括《太平洋战役见闻录》等）。

298　竺摩（1913—2002）

盛名远播的现代名僧。俗姓陈，浙江乐清人。12 岁于雁荡山净宗寺出家，自号雁荡山僧。毕业于闽南、武昌佛学院，为太虚大师入室弟子。从岭南画家高剑父学画，又擅诗文，书法尤自成一格，被誉为诗、书、画三绝。主编过《觉音》《无尽灯》等佛学刊物。

1954 年 5 月 4 日，竺摩抵达槟城，应聘为菩提学院导师，兼授菩提中学佛学课程。1959 年 4 月 19 日，竺摩领导创立“马来亚佛教总会”，假极乐寺召开成立大会，被公推为首届主席，并连任多届。1962 年 7 月，竺摩与众子弟发起筹建三慧讲堂。1963 年，竺摩联合本道、真果、金星、金明、清亮、广余法师等 13 人，发起购买车水路之地段，兴建佛总大厦。自此许身佛教，并为佛教办学，所负职责繁重。1969 年，竺摩与诸大德发起开办马来西亚佛学院，并担任院长。竺摩设立助学金，以栽培更多有志学佛人士，继续深造，希望他们将来回马后，为佛教服务。竺摩于 1990 年 3 月 23 日闭关进修三年，出关后多驻锡槟城。虽然已届 83 高龄，竺摩仍精神奕奕，神采依旧。1998 年，他荣膺槟州元首封赐拿督勋衔。

竺摩曾应槟城菩提学院之邀教授佛学，并在多名艺术家及教育老前辈的大力支持下，出版《竺摩法师书画集》。竺摩也曾先后在美国、澳大利亚、中国香港、新加坡及马来西亚各州举行多次书画展及欣赏会，深获各界佳评。星云大师尝言：“竺摩长老是我最尊敬的佛教大德，在佛教里精通诗书的文才不多，而竺摩长老却是个中高手，不但诗书、字、画全能，现代文学造诣也很深，他的特长是将佛教经典大众化、文学化。其文思敏捷，曾随侍太虚大师周游弘法，由于亲炙日久，对于太虚大师毕生所提倡之人生佛教别具心得。”

他连任马来西亚佛教总会会长十二年，并任马来西亚佛学院院长，被誉为“马来西亚北传佛教之父”。后赴美国夏威夷弘法，任檀香山中华佛教会导师、檀华寺住持等。曾多次在泰国、印度、澳大利亚教授佛学，举办书画展。著有《佛教与人生关系》《佛学问答》《石火诗集》《篆香室诗画集》等40余册。

299　庄金秀（1929—2005）

马华资深画家暨写作者。出生于中国福建惠安，7 岁南来，长期居留在雪兰莪巴生。1955 年考获新加坡南洋美专艺术教育文凭。致力美术教育及画展工作多年，并为巴生市皇城艺术家协会创办人之一，亦为该协会会长。曾任吉隆坡拔萃画廊主席、马来西亚艺术学院教务主任。1980 年代末，担任大马华人文化协会署理义务秘书、马来西亚华人文化协会理事会顾问，和《文道》月刊义务总编辑。

庄金秀偏爱旧文学，过去也曾用“庄子中”“静心”及“今秀”等笔名，在《南洋商报》《星洲日报》和《南方晚报》等报的副刊发表文章。2005 年 9 月 30 日《南洋商报》报载：

《名书画家庄金秀逝世　遗体下周一举殡安葬》

“（巴生 29 日讯）本国著名书画家庄金秀，星期四凌晨 5 时许于梳邦再也医药中心病逝，享年 76 岁。庄金秀于 1929 年生于中国福建惠安。1955 年毕业于新加坡南洋美术专科学校艺术教育系，1958 年曾任巴生兴华中学副校长兼美术主任。庄金秀擅长于中西画，最爱彩墨绘画创作，作品题材丰富，包括山水、人物、花鸟、风景画等。除了举办个人画展，也曾参与中国西安、河南、浙江、香港、新加坡、日本、韩国、台湾各地联展。

“除了个人艺术创作，他在推动美术工作方面不遗余力。1967 年，庄金秀设立巴生有史以来第一家画廊万和合画廊，同年也召集热爱艺术创作的画家朋友，组织‘雪州皇城艺术家协会’，担任会长并积极推动当地艺术活动，在巴生掀起艺术风气。80 年代起，庄金秀领导雪州皇城艺术家协会，配合其他文教团体、报界、画廊、商业机构等，通力推展艺术及发扬文化的使命，先后举办各项画展。此外，对于慈善公益也义无反顾，曾经捐出一千零一幅画作给华教，为巴生24间华小和独中筹募巨款，也曾在《南洋商报》总社举行义展，为肾病患者筹募医药费。

“50年来，庄金秀马不停蹄为推动国内各项艺术活动而努力，同时不遗余力为文化慈善事业作出贡献，对我国文化艺术作出不容忽视的贡献。2000年起，雪州皇城艺术家协会设立‘庄金秀美术奖’（共六届）表扬会，以示歌颂庄金秀在艺坛的贡献。

庄金秀的遗体已于10月3日由巴生直落玻璃丧居举殡安葬。”

300　庄泽宣（1895—1976）

北马教育家暨学者、作家。1895 年在中国出生，祖籍中国浙江常州嘉兴县。1916 年在北京清华学校毕业后，翌年获公费留美，先考获迈阿密大学教育系学士，后在哥伦比亚大学与普林斯顿大学完成教育学与心理学博士学位；1922 年归国后，即投入教育建设与教学、研究工作，曾在清华大学、厦门大学担任心理学教授，后转赴广州中山大学教育系、浙江大学教育系、国立社会教育学院等担任教职，也曾任广西大学文学院院长。清华原非大学，庄氏归国后，恰清华学校有改为大学之议，他遂受委为大学专科筹备处主任，因此，清华改为大学一事，庄泽宣具有无可磨灭的功劳，清华大学国学院之成立，即在庄氏任内成事。

1949 年，他由中国移居美国。1951 年，他由旧金山来到槟城屿，在韩江中学担任校长，之后他在韩中掌校只有 2 年时光，便辞职离开马来亚。他于 1950 年已加入新加坡南洋学会成为基本会员。

1976 年，庄泽宣逝世于新加坡。他一生著作等身，累计逾 30 种，包括《职业教育通论》（1926）、《教育概论》（1927）、《各国教育比较论》（1928）、《西洋教育制度的演进及其背景》（1928）、《如何使新教育中国化》（1929）、《各国教育新趋势》（1936）、《乡村建设与乡村教育》（1939）、《战争受害国的文化与教育》（1949）、《从巴黎到槟城》、《天下小事》（1955）等等。

301　庄之明（1921—1997）

马华名报人，服务报界 40 多年，曾任记者、编辑、总编辑和主笔。

他生于 1921 年，荣获 1986 年度“黄纪达新闻奖”中的新闻事业服务精神奖；1950 年前后，在槟城中华小学当教员。后来进入报界，出任《南洋商报》北马区采访主任，曾采访马来亚联合邦政府与马共的华玲会谈；1950 年代后期，因人事问题而离职，短期从事过农牧工作，即开辟农场养鹅；1968 年 7 月 15 日转入《通报》，曾任记者、编辑和主笔；自 1974 年起，一直担任总编辑，直至 1980 年退休。

他勤于写作，自创“辉煌出版社”，以笔名“温故知”“慈明”撰写文章，著有报告文学《采访生活》（1956）、《吉隆坡史话》、《第三恋——我爱科技》、《我是记者》、《华人的政治意识》、《报海浮沉四十年》、《仙师爷与师爷庙》等约 17 部著作。

庄之明于 1997 年 3 月病逝，享年 76 岁。

302　佐丁（1922—1969）

活跃于20世纪40年代初的马华作家；原名林宏昌，生于1922年2月8日，闽籍。1940年代初已开始写作，日侵时期浪迹印尼。

二战后，出任淡杯丹柏学校校长多年，但家庭却安在新加坡。喜欢写新诗，笔名有左丁、林佐、佐丁、凌佐等。作品多发表在《南洋商报·和平》副刊（1946—1950）。

二战后初期，他曾在新加坡与文友合编《星华写作者协会会刊》。他于1969年11月29日在新加坡谢世，享年47岁。著有《佐丁诗稿》（方修编，1991年1月，75页）。马仑编选的《柔华作家百人文集》，选录了林校长写于1941年的诗作《题未定》（第573页），原载于《南洋商报·狮声》。

303　醉梦斋（1936—1975）

活跃于1960年代中期的马华作家；原名冯兆昌，笔名：醉梦斋、杰森、风兮、灵谷、虚谷等。原籍中国广东四会，在雪州龙邦华文小学执教。

在1965年至1969年间，他写得很勤，多是散文与游记。他不幸于1975年年杪与世长辞。雪隆日间师训学院华文组同学会深感同情其家人的处境，便将他300余篇遗作精选编印为散文集《东海岸路上》，以此藉为他的子女筹募教育基金。遗下的作品，以散文为主，游记不少，描写细腻，情韵绵邈，具完美的形象。

碧澄在《远去了，只信赖自己的人》悼文中说："他给我的印象很深。健谈、坦诚，口才很好，英文也说得很流利，高兴时哈哈大笑。……从六五年至六九年间，他写得很勤。最令人难忘的是他的散文与游记。他的文笔谐趣而活泼，不拘泥死板，加上自小生活在农村，观察力又灵敏，故在他笔下的乡村生活，奇花异草、昆虫小语都使读者倍觉亲切。描写地方景物的有龙邦胜景与出产。《东行集》自67年至68年在《中国报·晓风》断断续续写了十多篇，五里村、龙运都是他描写的对象，而对东海岸各州的人情风俗，也都作了一番介绍。最难得的是《丁州怀旧录》，自69年4月9日至70年9月2日一共在《晓风》登了卅二篇，把丁州的奇风异俗、生活情况，名川胜景加以有条理的描绘，充满地方色彩。"

醉梦斋于1975年离世，得年39岁。

补遗（1946—2018）

A

艾柏（1949. 1. 15—2010. 4. 9）

北马作家，原名胡定发，毕业于槟城钟灵中学。在《星槟日报》担任编辑工作。著有杂文集《劲草集》（1979）等。

霭秀（1944. 2. 17—2018. 7. 5）

原名张美增，柔佛州笨珍人，祖籍福建南安。笔名霭秀、路沙等。在新马南益集团任职多年。作品收入多本笨珍文友合集。

B

白痴（1925. 3. 20—2012. 2. 1）

原名林宪荣，沙巴人。著有长篇小说《在水之湄》。

C

蔡良乾（1943. 8. 12—2010）

出生在印尼，到马六甲育民中学和圣芳济书院求学，自 1963 年开始担任新加坡《南洋商报》记者。著有《狮城采访》等书。

曹沫（1930. 1. 3—1980. 3. 10）

原名苏松盛，祖籍广东四会。1951 年新加坡中正中学毕业，从事教育工作。常发表诗作和论文，著有诗集《泥鳅与海檬果》，因患胃癌辞世，年仅 50 岁。

曹兮（1912—2003）

新马小说作家暨报人。曾在新马中小学出任教师。约于 1951 年至 1953 年，服务于笨珍培群中学。著有长篇小说《风雨湄公河》等书。

陈残云（1914—2002）

南来作家，曾居留在中马，1949 年返回中国广州，其小说作品有《南洋伯还乡》和《风砂的城》等。

陈徽崇（1947. 7. 23—2008. 7. 27）

祖籍海南，是名音乐家、中学教师。他与陈再藩二人首创廿四节令鼓，极受各界人士欢迎，名满天下。

陈普之（1911—1950）

原名陈建通，又名兰伽。生于广东澄海县。1936 年南来，曾在森美兰芙蓉中华中学执教。曾任《新民主报》编辑，1950 年在彭亨州的一场武装斗争中牺牲，年仅 39 岁。

陈清德（1938—2000. 2. 23）

出生于柔佛利民达，琼籍。毕业于新加坡南洋大学。笔名囫囵。在吉隆坡《星洲日报》报社任职多年，1978 年开始担任副刊主任。

陈清华（1910—1982）

原名陈清华，祖籍福建金门，笔名硕儒。少年时代南来新加坡。1946 年曾任教于柔佛笨珍文律乐育总校。出版有 5 人合集《橄榄》。

陈辛羽（？—1960）

1930 年代作家兼报人，一署秋江。曾与铁抗一同在邦咯岛教书。

陈育崧（1902—1984. 4. 1）

出生于槟城，在中国厦门大学深照。曾任华文视学官、编纂南洋教科书，并任南洋学会名誉会长。著有专集问世。

D

戴润霖（1917. 5. 10—1978. 5. 4）

出生于霹雳州太平，祖籍广东大埔县。是位教师、爱写作，作品以诗歌为主，在太平辞世。

戴淮君（1916. 5. 30—2005）

原名戴铁生，又署张彦文，生于槟城，曾赴中国求学。1938 年开始写作，诗作可观。早年教书，后来从商。

董天成（1922. 7. 14—?）

1960 年代写作人。二战前在槟城钟灵中学高中第三届毕业后，即在母校服务，并担任游泳教练，槟城童子军地区监督和圣约翰救伤会地区监督。马来亚光复后，先后出任柔佛峇株巴辖、森美兰芙蓉和霹雳等地视学官。后曾任彭亨、森美兰及吉兰丹等州的学校联络官。1977 年 7 月退休，他喜爱写作，著有《丹州长桥杂文稿》。

杜门（1909. 1. 27—1992. 6. 27）

原籍广东潮安，本名杜连孙。笔名杜李、杜之诗、李坚、杜门。曾在柔佛笨珍培群中学执教，后返回新加坡任教。是早期翻译界先驱。兼编纂中学华文课本。

F

方图（1909？—1972）

1930 年代末期槟城《现代日报》主笔，原籍广东普宁。笔名青天，中英文俱佳。1950 年代初，《现代日报》被取缔时，方图遭拘捕囚禁一年，后被递解回大陆，曾在北京接受劳改，身世坎坷。

方修（1921—2010. 3. 4）

新加坡先驱作家暨文史研究专家，潮籍。约于 1938 年南来巴生，曾任吉隆坡《新国民日报》校对兼记者。1951 年开始任新加坡《星洲日报》编辑，倾力整理和研究新马文学史料，著作丰硕，乃本土华文文学首号文史家。

弗特（1922. 9. 9—1986）

原名刘瑜。出生在北京。1947 年毕业于北京大学教育系。翌年偕夫婿邱新民到新加坡定居，担任中正中学教师，曾到居銮中华中学任教。著有数种散文及小说集，也编有几本学生作品选集。另用文湘、元元、冬冬等笔名。

G

龚道云（1937—2007. 7. 19）

生于霹雳怡保。是拥有博士学位的学者，曾任教于新加坡，著有专集问世。

郭史翼（1915—1994）

马新名报人兼主笔，二战后从印度移居新加坡。笔名方晴、竞仁等。替新加坡世界书局主编《南洋文摘》，选用了许多新马的报章作品，极受欢迎。

郭洙镇（1941. 4. 14—2018. 5. 21）

出生在柔佛州峇株巴辖，祖籍福建同安县。曾任教中学十载，后成为执业律师，参加民政党，中选为太平区国会议员，担任过马来西亚贸工部副部长。以高青为笔名，创作超过 1000 首诗作。出版有政论集《历史经验的剪贴》（1995）等。

H

韩槐准（1892—1970. 10. 2）

马新著名考古学家暨种植家。原籍海南。1939 年初，就有专论在《星洲日报》发表。1950 年代末，卖掉新加坡的种植园后移居北京，曾在故宫博物院进行研究工作。

韩山元（1942.6.1—2016.8.9）

1950年代末期马华作家。笔名：马德、章翰、宋丹、章明、丘文华、洪马义。出生于柔佛州古来，长期住在新加坡，是名报人、编辑，擅写各类作品，著作甚多。

胡榆芳（1909.3.13—1999.2.10）

北马槟榔屿名报人，祖籍福建永定。南来后，出任《星槟日报》董事经理30余年，并任《星洲日报》董事十余年，于1982年退休。

胡浪曼（1909—1991.11.17）

马新名报人、编辑兼作家，原名胡桂浪。曾任《星槟日报》编辑主任和《总汇报》编辑主任。1946年到《南侨日报》负责撰写社论。1950年，投笔从商。

黄思（？—1982.9.3）

马新名报人兼编辑。二战前已服务于新加坡《星洲日报》报社。1951年开始主编《星洲周刊》，曾任《星洲日报》总编辑，约于1977年6月退休。

黄皤溪（1919—2001.7.17）

怡保作家，乃养晦书室主人，热心教导古文诗词50余载，也常挥毫写字。出版有《皤溪诗文集》《报业兴替话山城》等5部书。

黄庆昌（1890—1978）

生于砂拉越古晋，热爱写作，他的儿子黄佛德所著之《回忆录》详载其生平事迹。

黄叔麟（1939.7.1—2012.7.22）

马新名作家、记者。曾任教师。生于新加坡，祖籍广东潮安。擅写各种文类作品，著作甚多，笔名贺天、黄为一、基督山、简桥等。为人热忱，知友通布南马各地，于1970至1990年代，常到笨珍、峇株巴辖、麻坡及马六甲等地与文友们谈天论艺，极受欢迎。

黄思聘（1919.12.8—1984.4.10）

香港名小说家，1957年到吉隆坡编《蕉风》月刊，1961年2月曾到麻坡中化中学任教。

黄羲初（1886—1961）

柔佛州新山华教先行者，有遗著流传下来。

黄奕山（1934. 11. 25—?）

原名黄奕山，出生在霹雳州太平，祖籍福建南安县。1955 年师范班毕业后，开始在太平华联小学执教，1972 年升任太平华联第一小学校长，1989 年退休，服务杏坛 34 年。他是继程法师的小学恩师。2011 年 8 月出版专集《爱的教学》。

黄哲夫（1909. 8. 18—1993. 10. 6）

祖籍海南，在柔佛峇株巴辖华小教书，课余爱写作。

黄尧阶（1922—2018. 12. 18）

资深报人，在报界服务超过 35 年。曾任《南洋商报》霹雳州采访主任及地方增版主编，过后调职吉隆坡总社出任副总编辑兼主笔，并常以笔名江夏撰写体育、时事评论、散文及游记等作品。黄老安葬于怡保打扪路基督教坟场。

J

姜凌（1913. 12—1977. 4. 15）

马新作家、中学教师。原名许若潮，生于福建诏安。1936 年南来，二战前已在新加坡《星中日报》等报刊发表各类作品，另用慧子、许理斯、周漱玉、许菊芳、李疆等笔名。著有小说集《你是纯洁的》《春暖》等书。曾在北马一家女子中学及柔佛笨珍培群中学任教。

金庸（1924—2018. 10. 30）

中国著名小说家暨报人，原名查良镛。1967 年 5 月 18 日与新加坡药商梁润之联合创办《新明日报》。金庸的多部武侠小说均是可传世之作。他于 1960 年中期有远大志向及眼光在新马合创《新明日报》，值得一赞。他因办报曾在马新居留过一些日子。

君绍（1927. 2. 17—2015）

原名王俊杰，生于新加坡，祖籍广东揭阳。从事教育工作多年，是马新散文名家。生前在柔佛振林山拥有种植园地，喜欢园艺工作。另用南山、君影、帆影、川曦等笔名。著有《狮岛上的春天》《云的姿》等散文集。

K

康乐（1920—2002. 4. 22）

北马作家，原名谢书金。代表作《一个天才的悲剧——忆王君实》。

L

李过（1929. 8—2009）

著名小说家。出生于柔佛麻坡巴莪。原名李今再，笔名：李过、辛见、贾旦、于常。小说作品甚丰，如长篇小说《浮动地狱》《曲折的路》等。李过曾在柔佛居銮中华中学任教。

李松（1936. 2. 20—2008）

原名李金龙，祖籍福建东山县。毕业于中国广州中医药大学，考获硕士学位，是新加坡中医学院教授。1956 年开始写作，曾到西马彭亨州探索写作题材，另署李凯。著有多种寓言、童话及游记单行本，如《彭亨河历险记》《飞向大汉山》等。

李大傻（1913—1989. 3. 22）

出生于新加坡，祖籍广东东莞县，原名李福鸿。自 1938 年开始，在马来亚广播电台讲古史，约达 50 年。他把写过、讲过的故事整理出版专集《谈天说地》。

李贩鱼（1941—1998. 8. 26）

出生于柔佛州，毕业于南洋大学。是诗人，也是专栏作家，笔名沉雷、大贝、李贩鱼。原名李大倍。著有《上海滩》等书。

<u>李家耀</u>（1901—1995. 1. 20）

马新名书画家。1922 年毕业于上海艺术专科学校西洋画科。曾在新加坡和吉隆坡担任中学美术导师及校长。著有《家耀书画集》。

<u>李炯才</u>（1924. 1. 29—2016. 2. 27）

名报人及政治家，出生在北马槟城威省北海。曾在报界担任采访主任。从政后步步高升，出任六国的大使，著有《出使六国记》和《南洋与华人》等书。

<u>李俊承</u>（1888—1966. 6. 11）

出生在福建永春县。17 岁奉父命南来习商，居住在森美兰州芙蓉，后移居新加坡；是位旧诗词作者，字元贤。作品收入《觉园诗集》和续集二书行世。

<u>李绍茂</u>（1915. 8. 8—1989 年 9 月初）

马新名学者、华族民俗专家。生于新加坡。曾任马来西亚雇员公积金局总经理、马来西亚宗亲社团联合会副主席，著有《中国宗教史》《中国文学精华》等书。

<u>李汝琳</u>（1914. 7. 5—1991. 3. 17）

原名李宏贲，原籍河南沁阳县。笔名李汝琳、黄康、司徒克、李延辉等。曾在新加坡师范学院及南洋大学当讲师。替青年书局主编数套新马文艺丛书，著有长篇小说《旋涡》等书。

<u>李润湖</u>（1913—1947. 11. 25）

早逝英才作家，原籍潮州。二战前，已是知名的马华作家，战后写得更勤，笔名：柳红玉、林曼、严韦蒙、宋千金等。其遗作由方修编选出版《李润湖作品选》（1980）。

<u>李叔鸣</u>（1938—1996）

原名李国敏，柔佛麻坡人。著有中篇小说《多彩的明天》。

<u>李星可</u>（1913 年旧历三月五日—1996）

马新名报人、《星洲日报》和《南洋商报》的社论主笔。出生于北京，留学法国；二战后南来新加坡，出版著作包括翻译和政论、剧本等近 30 种。

连士升（1907—1973. 7）

原名连士升，约于 1947 年前后南来新加坡，笔名子云。新马著名报人暨作家，擅写多类文学作品，共出版 24 部著作，另印行 2 套《连士升文集》（12 册），均广受欢迎。

梁纪元（1951. 10. 29—2017 年上半年）

出生于玻璃市，祖籍广东信宜县。长期居留在吉隆坡，担任过《人人周报》总编辑；擅写散文和文学评论，作品收入《守候着的鼓声》（1980）和《七喜》等合集。笔名慕容公子。1983 年 7 月前后，他在《通报》连载长文《金庸武侠世界里的爱情》。

梁若尘（1903—1990. 8. 19）

原名梁公溥，又名梁工甫，原籍广东丰顺县砂田镇黄岗坪。1927 年南来，曾任职槟城《槟城新报》《中南晨报》《现代日报》等。1935 年南下新加坡《南洋商报》当编辑。曾用过楚囚、力行、余学步、疾风、忠殊等笔名。其作品收入《马华新文学大系・理论二集》。晚年定居广州，著有自述《风雨流年》等书。

梁文华（1938. 8. 11—2018. 2. 8）

南马文艺作者，从事报社通讯员工作多年，常发表生活随笔和小品文，笔名史青、闪华等。著有《人类走向何方》《迷惑的社会》等五种专集。

廖颂扬（1902—1973. 3. 11）

新马名报人，祖籍广东梅县，精通中英文。南来后，先担任驻新加坡领事，于 1951 年应聘为《星洲日报》主笔，曾升任为该报经理及顾问，其文笔和口才超强。

林绿（1941—2018. 7. 6）

旅台的马华作家，原名丁善雄，祖籍海南文昌。是位出色的诗人及教授，著述甚丰。本土专栏作家游枝赞誉“林绿，是留台人一个典范”。据王润华与淡莹夫妇说：“……一直到逝世为止，他（指林绿）始终保留马来西亚国籍，虽然已入籍台湾。”［载于第 49 期《锡山文艺》，《星座陨落的绿色之星：追悼诗人林绿》（1941—2018）］

林明合（1916—1985）

砂拉越古晋写作者，任职于医药部。业余爱写作。他的胞弟林明发（1922—1985）也常发表文章，服务于古晋医院。

林文聪（1889. 9. 18—1975. 3. 1）

东马写作者、牧师；当过诗巫中、小学教师。著有《八十三自述》。

林雪乐（1956. 7. 20—2016. 2. 12）

原名林清吉，祖籍广东普宁；出生在吉打州居林。曾任报社编辑和主编娱乐杂志，也当过幼儿园园长。著有散文集《玫瑰叶》和《中风以后》。

凌叔华（1900. 3. 25—1990. 5. 22）

中国名女作家、教授及画家。1956 年至 1959 年曾任教于新加坡南洋大学。星洲世界书局出版其散文集《爱山庐梦影》，由李冰人作序；在书前第二页印上“献给新马鼓励我的朋友”字眼。新马多位上过凌叔华的课之学生（已成本土作家），至今仍缅怀这位良师。

刘抗（1911. 4. 1—2004. 6. 1）

闻名南洋的马新大画家，原籍福建永春县。年方 6 岁随父南来，居住在麻坡。中学毕业后进入上海美专和新华艺术大学深造，后留学法国，并旅欧数载。自 1946 年至 1958 年，出任新加坡中华美术研究会会长。出版有《刘抗文集》（1981）。他曾印行漫画册《杂碎画集》，此乃新马最早的一部漫画集。

刘仁心（1924. 8. 16—2000）

生于砂拉越诗巫，后移居新加坡。是位剧作家，笔名：少飞、天山、开山、剑客等。在新加坡执教多年，著有剧本《废除妾侍》《百年树人》《金鱼缸边》等，和新诗集《新加坡颂》等。

刘以鬯（1918. 12. 7—2018. 6. 8）

香港文学大师、著名小说家，原名刘同绎，生于上海。自 8 岁时就喜爱写作。他在香港逝世，高寿 99 岁。1952 年，他曾在新马近 10 家报社及小报任职，回香港后，他曾在 1958 年至 1959 年间，创作了近70篇南洋题材的小说连载在《南洋商报》小说版，署名葛里哥等。他在1963年出版的长篇小说《酒徒》，是中国文学史上首部意识流小说。尚有多部作品，也获得高度的评价。

柳北岸（1904. 6. 12—1995. 1. 6）

新马诗人，剧本写作人。原名蔡文玄。原籍广东潮安县。1927年南来新加坡，翌年到柔佛州大笨珍大同学校掌校。才智过人的柳北岸，在新加坡与邵氏机构老板邵逸夫交情深厚，受委任要职发展电影业。他用多个笔名发表作品，主要著作是《十二城之旅》《无色的虹》等。

龙学湖（1919. 12. 29—1999. 12. 29）

原名龙学湖，出生在海南文昌县。毕业于中国南开附中，黄埔军校第七期步科出身。移居山打根后，曾任酒楼茶室同业公会执行秘书和山打根中华商会文员。擅写杂文和小说，作品多发表在《华侨日报》。曾费时3年完成长篇小说《碧海青天夜夜心》，可惜尚未出版，逝世于山打根。

卢惠敏（1958—2005）

东马诗巫作家，小学毕业后，靠自修苦学，于2001年考获神学院教牧文凭，成为诗巫等地教会全职传道。暇时勤力创作，发表在砂华各报文艺副刊，逝世后，其胞兄卢友雄帮他编印3部散文集：《浪子回头金不换》《爱有希望》及《让我们的眼睛明亮》。

鲁达（1950. 11. 23—2011. 4. 8）

政论写作者，原名林达华。著有《怪论集》（1978）。

鲁俊（1931—1986. 10. 16）

原名符气湖，祖籍海南文昌县。在吉打州及雪兰莪州巴生当教师。课余常写作和发表作品。

吕罗拔（1939. 2—2018. 10. 10）

马来西亚孙子兵法学会创始人。出生于霹雳州怡保，是马新的成功学者与商人，撰著《孙子兵法》，扬名国际。

M

玛戈（1908. 9. 29—1993）

原名许钟锺祐，在原籍广东普宁县出生。长期居留在新加坡，擅写游记及美术评论。约于1930年代曾在柔佛大笨珍大同学校担任校长。另署亚诺。出版的专集有：《南洋之美》《欧洲名胜艺术巡礼》《萍踪处处》《印度艺术》和《峇厘、纽澳之游》等书。

马牛（？—1980）

北马作家，原名马超英，祖籍广东潮阳。曾在霹雳州安顺三民中小学、高乌仁丹学校、槟州威省甲抛峇底，打西牛汝路和槟城美湖培英小学等担任教师及校长职，常在槟城《星槟日报·莲花河》等副刊发表文艺作品，其《马牛白传》（又名《半身流浪记》即连载于《莲花河》副刊）

穆谷（？—1980年代末）

砂拉越华人作家，原名郑和贵，另署严微映，祖籍广东河婆。砂州《拉让文艺》成员。1950年代中期常发表诗歌和剧作；1960年代后似已封笔。

N

粘春生（1907—1992. 11. 9）

柔佛州峇株巴辖写作者，出生于福建晋江。笔名半僧。少年南来，历任当地多家报社通讯员，常为当地社区团体撰写文章，并担任社团名誉会长及顾问。

P

潘受（1911—1999. 2. 23）

原名潘国渠，笔名潘衣虹、虹；字虚之，号虚舟。1930 年南来新加坡，从事教学工作，曾到麻坡中化中学担任校长。1940 年至 1950 年返中国从商。1953 年任南洋大学执行委员；1955 年至 1960 年任南洋大学秘书长。早年常写诗及论文。约于 1930 年，他与张楚琨合编《叻报·椰林》副刊。潘受是书法及诗坛的大师，深受文教和艺术界人士爱戴。他先后出版约 7 部专著，如《海外庐诗》《潘受墨迹》《潘受诗集》及《潘受三帖》等，均极受珍视。

彭世灼（1948—2010. 1. 2）

马新诗人暨散文家，笔名：商彤、庚桑楚、依然，出生在柔佛州巴西咯咯，后移居新加坡。曾在多个文教界、银行界及警察部队任高职，著有《杨柳依依》《千山情》（2004）等专集。

Q

邱国材（1907—1988. 7. 7）

马新著名报人，原籍福建同安县。13 岁南来，后回中国求学；1929 年大学毕业后再度来新加坡，是南洋商报第 9 任编辑主任（实为总编辑），前后在南洋报社共服务 32 年。大约在 1933 年前后，他撰写过几个评论专栏，笔名子心、心等，亦擅写社评。

邱克难（？—2011. 12. 4）

原名邱观求，又名邱光璆。出生在柔佛州三合港，多年前移居新加坡，毕业于黄昏中学，喜爱创作新诗。出版三部诗集：《生活之歌》（1972）、《这一条幽静的路》和《凤眼蓝》。

邱新民（1914. 10. 27—1995. 9. 20）

新马历史学家、教育家暨书法家。出生在新加坡，曾回中国深造，西南联合大学毕业（1940—1944）。在新马任教多年，课余勤笔，用朱飞、静山、依之飞、罗者等笔名发表文学作品，出版不少史地专著。大约在 1953 年至 1957 年，邱新民出任居銮中华中学校长。

S

思霞（1948—1999. 2. 13）

东马男诗人，原名陈焕炀，潮籍。另用梦雨为笔名，从事验眼业。诗作收入《砂劳越现代诗选》。

史立桓（1926. 10. 26—1987）

原名史立桓，祖籍海南，出生在彭亨州关丹。从事过多种行业。在1950年代末写得较勤，出版过小说集《头家的健忘》。

施祖贤（1910—1990. 6. 4）

马新报坛强人。曾在当年设在新加坡的马来亚电台中文部任主任多年。1960年代出任《南洋商报》总编辑兼总经理（自1961年至1969年10月）。离开新加坡后到香港也大有作为，担任过《星岛日报》总编辑。1954年出版报告文学《伦敦散记》。

孙彦哲（1964—2018. 1. 30）

原名孙彦哲，出生于麻坡，后随父母（马汉夫妇）移居新山。爱好写作，笔名莽流、颜哲等。主编过少年文学合集。2013年前后导演数套少儿电影卡带，风行一时。

T

铁戈（？—1949）

令后人怀念的不寻常的诗人。原名陈果来，是二战后初期的优异诗人。马华史料工作者马仑以汉俳书写铁戈："用钢铁铸戈/入牢狱中写诗歌/《在旗下》呼喝。"出版有诗集《在旗下》。马仑试图追寻铁戈的遗照已四十年，可惜始终无处寻！据苗秀透露：铁戈不幸在居銮南峇山遭英殖民政府的雇佣兵杀害。

田流（1930. 12. 28—2017. 8. 16）

马新著名小说家，剧作家兼刊物主编。生于新加坡，原名钟文灵。祖籍广东省丰顺县。1950 年代初，曾由新加坡到马来半岛北部担任临时教师。返新后曾任职于文化部及教育出版社，主编过多种文艺刊物和文丛。出任过新加坡作家协会副会长，著作甚丰，是最早在中国出版长篇小说的马新作家之一。

W

韦翰章（1905—1993）

教授兼歌词大师，酷爱吟咏旧诗词及写诗。1960 年代居住在砂拉越州古晋，晚年返回中国。

吴华（1933. 2. 15—2018. 5. 9）

原名吴坤记。马华资深作家、校长和历史及社团发展的研究家，成绩斐然。吴华于 1955 年在新加坡中正中学高中毕业后，就担任教师，早年用干戈的笔名出版小说集《彭亨河畔》。他善于利用课余时间从事华团研究工作，数十年如一日，故而有丰硕的成果——出版了多种族群、会馆及地方史迹的专集，贡献甚多。

吴金谷（？—1981. 8）

原名吴金谷，在福建惠安县出生。南来后，居留 30 余载，曾在麻坡和巴生多间社团任要职。擅写旧体诗和词，是南洲诗社发起人之一。担任过多届的理事，发表过相当数量的诗作。

吴志超（1921—2011. 7. 6）

原名吴志超，祖籍广东潮安，一署志航，生于霹雳州丹绒马林。从事教育工作，课余勤写作，甚受报社编辑的赏识，成为特约撰稿员。他对二战期间日本兵占据马来亚的恶行毒辣的手段描述深刻，著有专集《日本的侵略战争与我——一个老报人的回忆录》。

X

谢松山（1891？—1995. 9）

马华著名报人，祖籍福建诏安县。1934 年秋南来，出任《槟城新报》主笔。约于1937年到吉隆坡《马华日报》任主笔兼代总理。二战后南下新加坡，担任《南洋商报》编辑。社论撰述代表著作：《血海》《赤雅轩忆话》等。

谢倬荣（1905—1962）

原名谢倬荣，潮籍。1929年出任小笨珍培群小学校长。曾在新加坡端蒙学校掌校多年，用过石金声、石佛等笔名。著有中篇小说《顽童闹学记》等书。

杏影（1912—1967. 1. 5）

原名杨守默，是新马文艺界最获好评的文艺副刊编辑，提拔过最多的文坛接班人，以主编《南洋商报·文风》副刊永垂美名。笔名里奇、爱欲生、公孙哲等。代表著作《想想写写》及《书写人》等。

邢白婴（1914—1992. 6）

马华写作者，原名邢定洲。祖籍海南文昌。笔名蓝娜、白婴等。1956年左右，任教于文律乐育学校。1970年代定居在吉隆坡。

徐然（1938—2017. 7. 9）

本名徐元福，生于砂拉越诗巫，祖籍福建海澄。1960年毕业于新加坡南洋大学。另用阿然、苗夫、李艳、公孙羊等笔名。曾任东马报社编辑20多年，也曾从商数年。掌美里笔会达8年，著有散文集《谈诉怀久》和小说《青山依旧在油城》等书，其文学评价极高。

许武荣（1924—？）

原名李锡耀，祖籍广东普宁，毕业于广州南武中学。南来槟城，曾任教于北海励华学校，出版有中篇小说《失踪的女郎》《爱的纠纷》和《小凤的悲剧》。

许云樵（1905. 6. 18—1981. 11. 17）

原名徐钰，号梦飞，笔名许云樵，原籍江苏无锡市。1930年代南来，初抵新加坡，他南来的第一份工作，是在新山宽柔学校任教一年。1952年至1961年，担任新加坡南洋大学史地系副教授。1961年创设东南亚研究所，出版《东南亚研究》，其著作有40余种。

Y

严三湄（？—2017）

原名严汉平，是现代派诗人白垚（刘戈）的夫人，台大外文系毕业。随夫来吉隆坡，担任《学生周报》总秘书，负责《知慧之窗》专栏翻译，擅写小品文或随笔，逝世于美国。

杨满枝（1933—1980）

北马吉打人，潮籍。曾任华玲区及吉南僞佬等地的华小校长。出版有散文集《乡下人语》。

杨实夫（1903？—1977）

原名杨凤阳，生于广东省大埔县，在槟城辞世。他在中山大学毕业后，于1920年末期南来，曾任槟城《槟城新报》主笔，兼编《椰风》《关仔角》《碧野》《浪花》等文艺副刊；他本身发表过不少的小说及杂文，中篇小说《锡矿场》收入方修编选的《马华文学大系》。其胞弟杨实君是1920年代末期北马的浪漫诗人，原名杨立达。

叶冠复（1914—2009.10）

1930年代末马华散文作家，潮籍。曾居住柔佛新山陈厝港，后移居新加坡，在某银行机构服务多年。出版有散文集《停晷集》（1962）。

叶世芙（1916.10.1—1997）

出生在广东省高州。1932年负笈北京，1939年毕业，南回粤桂，参加抗日战争，主编《战时南路》月刊。1950年，叶世芙定居新加坡；他从1958年11月至1961年12月，所策划出版的《蜜蜂月刊》，一共印行40期，培养了不少文学青年，日后成为本土作家，1959年年杪，受聘于《星洲日报》，主编过《妇女》《青年园地》及《儿童园地》等副刊，也甚受写作人支持，他著有《中国印象》等专集。

叶玉昭（1949.1—2008.10.14）

原名叶玉昭，笔名叶恬。是位专栏作家，分别在《南洋商报》和

《光华日报》撰写专栏“眼见有你”“雪泥鸿爪”。著有“既然是我”“十年抗癌不言败”等散文集。

莹姿（1909. 11. 15—1991. 6）

原名刘耕之，笔名莹姿、耕之。二战前著名诗人。1934 年春，莹姿随夫婿林芳声抵马来亚居住了 7 年，先后在新加坡、吉隆坡和马六甲等地的中小学任教。1941 年 8 月，她因父病逝赶返长沙。此后她在长沙等地执教至 1967 年才退休。她二战前在新加坡《南洋商报. 狮声》副刊发表的诗作及小说极受好评，多被选入《马华文学大系》等书中。

应敏钦（1924. 1. 23—2013. 3. 10）

出生在霹雳州实兆远。她是独立民主运动领导人、传奇女战士。后改名为素丽亚妮·阿杜拉（Suriani Abdullah）。著有《应敏钦回忆录——战斗的半个世纪》（2007）。

袁曼（1942—2011）

原名陈水生，马华散文作家，曾任职于吉隆坡《生活报》社。除散文随笔之外，也是本土美食的撰稿专才。

袁悦凌（？—2015）

砂拉越华裔写作者，擅长写作。自 1981 年至 1984 年出任砂拉越警察总监。出版有《袁行动》（1998）、《袁悦凌传记》和《先国后己》等书。

云里风（1933. 5. 20—2018. 12. 21）

1950 年代中期马华小说家，原名陈春德，笔名司马云飞，陈晓飞、云里风、上官慕云等。中国初中毕业，雪州师训班毕业。1952 年起即在华小任教，兼任《星洲日报》及《中国报》驻加影记者。曾任雪兰莪州龙溪国民型华文小学校长。曾担任过 5 届马来西亚华文作家协会长。于 2018 年 12 月 21 日逝世，寄居于世 85 载。

他 1933 年出生在福建莆田华亭园头村，1949 年前往马来亚谋生，在华文教育界服务和从事文艺创作。

他在 1985 年退休后管理自己的事业，并积极推广马华文学活动。

他连任10年马华作协会长，2002年6月引退让贤，曾任该会顾问、马来西亚儒商联谊会及世界华文文学学会名誉会长，也担任大马兴安会馆副总会长和其他华团要职。

他曾大力推展马华文学界、企业界及新闻界的三结合运动，多次率领马华作协代表团访问中国，并邀请中国作家前来大马做文学演讲，促进马中文学交流。

云里风擅小说创作，已出版5本短篇小说集，2本散文集及1本选集。他主编文丛数量之多和范围之广，创大马华文文学界的记录。

他每年均捐资在莆田市及仙游一中举办“云里风文学奖”，在2018年已是第13届，也曾在马华作协举办“云里风年度优秀作家奖”。

他曾在1995年荣获“马华文学奖”、2002年荣获“东盟华文文学奖”、2001获马华作协“文学精神奖”，以及2003年荣获“莆田文学特别贡献奖”。

Z

曾希邦（1929？—2017）

原名曾希邦，原籍江西南昌县。二战后南来新加坡，属于1950年代多才多艺的作家、艺术家，擅长雕刻、刻印、书法及画画。曾任新加坡邵氏机构宣传部人员，后担任过新加坡《星洲日报》国际新闻主任。笔名有韩铮、王奥奇等。早在1950年代末曾到柔佛峇株巴辖华侨中学（现华仁中学前身）任教。出版有：小说集《蓝蝴蝶》（1958）、散文集《黑白集》、《消磨在戏院里》、《浪淘沙》等。

张荃（1911.2.11—1959.3.17）

原名张荃，字孙簃，别号念孙，原籍广东揭阳。在中国受高深教育，曾任母校之江大学及厦门大学讲师。1946年赴台工作，1951年随夫陈恺南来，先后应聘到麻坡中化中学、霹雳女中、吉隆坡尊孔中学及马大中文系执教。张荃是备受校方和学生欢迎的良师，出版有

《孙篴集》《张荃诗文集》和《中国女文学家的故事》3 部书。

芝青（1909. 5. 7—1988. 10. 29）

原名葛菁凡，原籍浙江杭州。她是著名报人冯列山博士的夫人。1939 年南来，曾任教新加坡中正中学及师训学院。擅写传记、游记及散文作品，著有《绝代佳人》及《中国诗词史》等 10 部专集。

钟祺（1928—1970）

马新著名诗人。原名钟应祺，潮籍。曾在 1954 年到柔佛州笨珍培群中学担任图书馆主任。著有诗集《土地的话》等。